명재 윤증의 학문연원과 가학

한국철학총서 26
명재 윤증의 학문연원과 가학

편저자   충남대학교 유학연구소
펴낸이   오정혜
펴낸곳   예문서원

편 집   송경아
인 쇄   상지사
제 책   상지사

초판 1쇄 2006년 11월 15일

주   소   서울시 동대문구 용두2동 764-1 송현빌딩 302호
출판등록   1993. 1. 7 제6-0130호
전화번호   925-5913~4 · 929-2284 / 팩시밀리 929-2285
Homepage http://www.yemoon.com
E-mail   yemoonsw@unitel.co.kr

ISBN 89-7646-218-1   93150

YEMOONSEOWON 764-1 Yongdu 2-Dong, Dongdaemun-Gu Seoul KOREA 130-824
Tel) 02-925-5914, 02-929-2284 Fax) 02-929-2285

값 17,000원

한국철학총서 26

명재 윤증의 학문연원과 가학

충남대학교 유학연구소 편

예문서원

　　충남대학교 유학연구소가 또 하나의 학술총서를 발간하게 되었음
을 매우 기쁘게 생각한다. 명재 윤증(1629~1714)은 17세기 조선조의 대
표적인 유학자로서, 학문적으로나 정치적으로 매우 중요한 위치에 있
는 인물이다. 그는 이른바 '우계학파'의 중심인물로 평생을 재야에서
학문연구와 강학에 힘써 온 순유醇儒였다.

　　윤증의 유학은 같은 기호학파 내에서 율곡학파와는 또 다른 의미
를 갖는다는 점에서 주목된다. 특히 율곡학파 직계가 성리학의 이론
적 탐구에 몰두하고 율곡학설의 계승에 주력하는 것과는 달리, 윤증
를 비롯한 이들은 더욱 개방적인 입장에서 양명학을 수용하고 유학 본
래의 마음공부에 주력하는가 하면, 실심實心·실공實功의 무실務實학풍
을 강조하는 점에 특징이 있다.

　　이러한 관점에서 우리 유학연구소는 명재 유학의 학문적 뿌리가 무
엇이며, 가학의 영향은 어떠하고 가학의 실체는 무엇인가를 학술적으
로 조명해 왔다. 이제 두 차례 학술대회의 연구성과를 모아 하나의 책
으로 엮어 학계에 내놓게 되었다.

　　명재 윤증의 학문적 연원은 멀리 고려 말 포은 정몽주, 야은 길재의
의리학파에 닿아 있고, 가까이는 우계 성혼에 연결되어 있다. 즉 고려

말의 의리학파, 조선 초의 도학파, 창녕성씨의 가학, 파평윤씨의 가학이 명재유학의 뿌리가 되고 있는 것이다. 특히 명재 윤증의 조부인 팔송 윤황은 우계의 사위로 우계학을 전승하였고 창녕성씨의 가학을 파평 윤씨의 가학으로 물려받아, 그의 아들 윤순거, 윤문거, 윤선거, 그리고 조카 윤원거에게 전승하고, 이를 다시 윤증이 계승하였던 것이다. 따라서 이 책은 윤증 유학의 학문적 뿌리가 무엇이며 그의 가학적 연원이 무엇인가를 학술적으로 조명하여, 기호유학의 또 한 갈래라 할 수 있는 이른바 우계학맥의 연원을 발굴했다는 점에서도 의미가 있다.

이 책에 옥고를 주신 여러 교수님들께 감사드리며 그동안 우리 유학연구소에 물심양면으로 성원해 주신 주식회사 한국야쿠르트 윤덕병 회장님께도 감사의 인사를 드린다. 아울러 이 책의 편집과 기획을 주관해 준 충남대 김세정 교수님과 황국하 군, 그리고 어려운 여건에서도 이 책을 발간해 주신 예문서원에게 감사의 인사를 드린다.

2006년 10월
충남대 유학연구소장
황의동

차 례 •─────────────────────────────────────

책을 펴내며 / 5

제1부 윤증 유학의 연원 / 11

윤증의 유학과 우계 성혼 [이애희] ······ 13
1. 머리말 ▪ 13
2. 가계와 교우관계 ▪ 14
3. 사상의 내용과 계승·연원 ▪ 17
4. 맺음말 ▪ 43

율곡학과 윤증의 유학 [리기용] ······ 45
1. 머리말 ▪ 45
2. 윤증의 유학에 대한 연구현황 ▪ 48
3. 윤증 유학의 연원과 율곡학 ▪ 54
4. 송시열의 외명과 윤증의 내실 ▪ 55
5. 윤증 유학의 방법론 : 입지·무실과 지경·강학·성찰 ▪ 58
6. 맺음말 ▪ 68

윤증 유학사상의 가학적 연원 [황의동] ······ 71
1. 머리말 ▪ 71
2. 윤증 유학사상 형성의 배경 ▪ 73
3. 윤증 유학사상의 가학적 연원 ▪ 75
4. 맺음말 ▪ 88

윤증 유학사상의 예학적 연원 [유권종] ······ 91
1. 머리말 ▪ 91
2. 윤증의 유학과 실학 ▪ 94
3. 윤증의 예학과 실학 ▪ 101
4. 윤증 유학의 예학적 연원 ▪ 108

윤증 유학의 성리학적 연원-송시열을 중심으로- [김문준] ⋯⋯ 113

   1. 머리말 ▪ 113

   2. 송시열의 학맥과 성리학의 특징 ▪ 114

   3. 윤증 성리학의 연원과 특징 ▪ 120

   4. 맺음말 ▪ 125

윤증 유학의 심학적 연원-탄옹 권시를 중심으로- [권정안] ⋯⋯ 127

   1. 머리말 ▪ 127

   2. 이황과 성혼·이이의 심학적 영향 ▪ 131

   3. 권시의 심학, 그 계승과 전개 ▪ 139

   4. 맺음말 ▪ 156

명재 윤증의 성리학 [楊祖漢] ⋯⋯ 159

   1. 치지와 격물, 물격과 지지의 관계 ▪ 160

   2. 인심도심론 ▪ 171

   3. 맺음말 ▪ 180

명재 윤증의 무실학풍 [樓宇烈] ⋯⋯ 183

제2부 윤증의 가학 / 199

팔송 윤황의 생애와 사상 [김민준] ⋯⋯ 201

   1. 머리말 ▪ 201

   2. 수학과 출사 ▪ 204

   3. 국난기의 경장론 ▪ 209

   4. 항전의지와 척화대의 ▪ 219

   5. 맺음말 ▪ 224

미촌 윤선거의 생애와 사상 [황의동] ······ 227
  1. 생애와 인품 ▪ 227
  2. 학문적 연원 ▪ 237
  3. 예학과 무실학풍 ▪ 240
  4. 경세사상 ▪ 247

석호 윤문거의 생애와 사상
  – 폐복자수廢伏自守의 출처관을 중심으로 – [이상익] ······ 253
  1. 머리말 : 윤문거의 생애 ▪ 253
  2. 병자호란과 윤문거의 처신 ▪ 258
  3. 윤문거의 폐복자수와 그 논거 ▪ 263
  4. 맺음말 ▪ 278

동토 윤순거의 생애와 사상 [이형배] ······ 283
  1. 머리말 ▪ 283
  2. 생애와 저술 ▪ 285
  3. 시문학에 나타난 안빈낙도 ▪ 291
  4. 리학사상 ▪ 297
  5. 정치사상 ▪ 303
  6. 맺음말 ▪ 309

찾아보기 / 311
필자소개 / 316

제1부

윤증 유학의
연원

윤증고택

명재 윤증의 학문연원과 가학

윤증의 유학과 우계 성혼

이 애 희

1. 머리말

이 글은 조선 후기인 17세기의 학자 명재明齋 윤증尹拯(1629~1714, 자 子仁, 호 明齋·酉峯)의 사상적인 연원을 밝히는 작업의 일환으로 그의 사 상과 우계牛溪 성혼成渾(1535~1598, 자 浩源, 호 牛溪)의 사상을 비교하는 시 각에서 고찰될 것이다. 윤증의 사상을 성혼의 그것과 비교하는 연구는 별달리 시도되지 않았던 관계로 이러한 연구는 의미 있는 연구가 될 수 있을 것이다. 그러나 이러한 연구는 자칫 표면상에 드러나는 사실 을 열거하는 것으로 끝나기 쉬운데다가, 연구자의 주관적인 시각이 지나칠 경우에는 객관성을 유지하기도 어렵다. 뿐만 아니라 윤증은 사 상의 학문적인 연원이 매우 복잡하게 얽혀 있기 때문에 연원적인 계승의 문제를 밝히기가 쉽지 않을 것으로 짐작된다. 그러나 이 작업은 누군가가 반드시 이루어야 할 일인 까닭에 지나치게 궤도를 벗어나지 않는 범위에서 객관성을 유지하면서 윤증과 성혼의 학문과 사상이 갖는 관련성을 밝히는 시각으로 연구를 진척시켜 보려고 한다.

윤증이 자신의 부친인 미촌美村 윤선거尹宣擧(1610~1669)의 학문을 우암尤庵 송시열宋時烈(1607~1689)과 비교할 때 '실질적이다'라고 평가한 데서 그 자신의 학문적인 선호를 짐작할 수 있다. 뿐만 아니라 이 언급은 그 자신이 송시열의 학문을 따르지 않겠다는 뜻을 드러내는 말이기도 하다. 그러면 윤증의 학문과 사상은 어떠한 특성을 지니고 있는가? 이 점에 관해서 우리 학계는 이미 윤증의 학문과 사상에 관한 상당한 연구성과를 쌓아 그 결과 『무실과 실심의 유학자 명재 윤증』이라는 종합적인 연구서를 발간하기에 이르렀다.

이 논문은 지금까지의 연구성과를 검토하고 윤증의 학문이 지니는 특성을 조명하기 위해 그의 학문 형성에 영향을 미친 가학家學과 교우관계를 확인한 후에 윤증 학문의 정수라고 할 수 있는 무실학務實學, 리기설理氣說, 심성설心性說 및 경세사상經世思想의 성격을 검토하면서 이러한 학문들이 성혼의 학문에서 어떻게 계승되었던 것인지를 밝히는 순서로 논술될 것이다.

2. 가계와 교우관계

조선시대 숙종에 이르면 서인西人이 전횡하는 정권이 이루어지나 여러 가지 사정으로 갈등이 생기게 된다. 그 과정에서 노소老少 양파가 대립하게 되고, 노론인 우암일파를 맹렬히 공격하고 비판함으로써 소론少論의 영수領袖가 된 인물이 명재 윤증이다.

윤증과 송시열의 학문에 관해 명촌明村 나량좌羅良佐(1638~1710, 자 顯道)는 "니산尼山(윤증)의 도道는 우재尤齋(송시열)와 같지 않은데, 누가 옳고 누가 그른지 모르겠다"[1]라고 하였다. 그러나 현석玄石 박세채朴世采(1631~1695)는 "니산尼山은 덕행德行을 오로지 하고, 모든 일이 치밀하며 효우孝友를 실행하고 향리에서는 근신勤愼하였으니 모든 사람들이 미치기 어려웠으나 단지 언론에 풍절風節이 부족하였다. 이로 말미암아 후학이 비록 검칙檢飭하는 아름다움이 있다 하더라도 점차 쇠퇴하기에 이를 것이다. 우재는 덕행이 부족하다. 오로지 기절氣節을 좋아하고 언론에 남음이 있기 때문에 문하가 오직 언어문자를 좋아하여 피차가 함께 그 폐단이 있다"[2]라고 말했다. 이처럼 윤증에게는 "덕행을 오로지 한다"고 하고, 송시열에게는 "덕행이 부족하다"는 평이 있었다. 윤증 자신도 "선인(윤선거)의 학은 내內요 실實이나, 우옹尤翁의 학은 외外요 명名이다" 하였으므로 윤선거의 학문은 내실을 추구하며, 송시열의 학문은 외명外名을 좇는다고 구별함으로써 자신은 외명을 좇는 송시열보다 내실을 추구하는 부친 윤선거의 학문을 따르겠다는 생각을 은연중에 내비치고 있다.[3]

---

1) 『明齋遺稿』別集, 권3, 「答朴和叔兼示羅顯道附明村答書」, "尼山之道尤齋不同, 未知孰是孰非."
2) 『明齋遺稿』別集, 권3, 「答朴和叔兼示羅顯道附明村答書」, "玄石答曰, 尼山專爲德行, 凡事愼密, 家行孝友, 居鄕勤愼, 皆人所難及, 而但言論風節不足, 由此後學, 雖有檢飭之美, 然漸至於委靡, 尤齋德行不足, 而專尙氣節, 言論有餘, 故門下徒尙言語文字, 彼此俱有其弊."
3) 『明齋遺稿』別集, 권3, 「答朴和叔」, "先人之學主於實, 師門之學主於名,……先

명재 윤증은 인조 7년에 서울 대묘동大廟洞 외가에서 태어나 숙종 40년 유봉정사酉峯精舍에서 향년 89세로 생을 마칠 때까지 군주의 얼굴 한 번 보지 않고 앉아서 우의정右議政에 올랐던 보기 드문 인물이다. 그는 파평윤씨로 자字를 인경仁卿·자인子仁이라 했으며, 명재·유봉노 인酉峯老人이라 호號하였고, 평와平窩 윤탁尹倬 후예로 팔송八松 윤황尹煌 (1572~1639)을 조부로 한 미촌 윤선거의 아들이며 우계 성혼의 진외증 손이다.4)

그는 일찍이 신독재愼獨齋 김집金集(1574~1656), 시남市南 유계兪棨, 탄 옹炭翁 권시權諰(윤증은 권시의 사위다), 동춘同春 송준길宋浚吉(1606~1672), 백 호白湖 윤휴尹鑴(1617~1680), 초려草廬 이유태李惟泰(1607~1684), 우암 송시 열 등을 스승으로 섬겼으며, 이들은 모두 윤선거과 두터운 친교가 있 었다. 한편 윤증은 박세채朴世采, 윤지선尹趾善(1627~1704, 호 杜浦), 신익상 申翼相, 조지겸趙持謙, 나량좌羅良佐, 백광서白光瑞, 이세필李世弼, 민이승閔以 升(1649~1698), 임영林泳(1649~1696), 이세덕李世德, 이정걸李廷傑, 권이진權以 鎭, 이광우李光佑, 서계西溪 박세당朴世堂(1629~1703), 임상덕任象德(『東史會綱』 의 저자) 등과 학문적인 좋은 동료였다. 박세당의 중형仲兄 박세후朴世垕 는 그의 매형姊兄이요, 박태보朴泰輔(1654~1689)는 양외생養外甥이며, 하곡 霞谷 정제두鄭齊斗(1649~1736)는 재종매再從妹의 남편이다.

人之學用力於內而德修於己, 師門之學託重於人而聲施於外, 此其入處固已不同 矣.……故先人之學, 卑近平實而反躬彌切, 師門之學, 高遠卓絶而衛道益尊."
4) 일반적으로 윤증을 성혼의 외증손으로 언급하는 견해는 그가 진외증손임을 잘못 착각한 것이다. 외증손이면 어머니인 이씨부인의 할아버지의 外曾孫子 라는 말이 된다. 진외증손이라고 해야 윤증의 할머니의 할아버지인 성혼의 眞外曾孫이 된다.

17세기 당시 이이 계열의 학풍을 좇는 서인계가 노론과 소론으로 분파分派되고, 이황 계열을 좇는 남인계의 북인학파가 몰락한 상황에서 학계와 정계는 노론과 소론 및 남인으로 분열되어 각자의 정파적政派的 견해는 특히 예론禮論을 중심으로 분파되고 있었다. 그러나 당시의 학문적 풍토는 예론에서의 상이한 의견뿐만 아니라 정통주자학에 대한 견해에서도 다양한 시각이 등장하였고 이단시異端視되던 양명학陽明學에 대한 본격적인 논의도 일어나는 등 학문에서의 개방적 분위기가 성숙하고 있었다. 이러한 학문적인 풍토의 새로운 발전과 관련해서 명재 윤증이 교류하였던 인물들의 면모만 생각해 보아도 윤증의 학문적인 폭이 어떠하였는지를 짐작할 수 있다. 그는 예론과 주자학에 대한 새로운 해석을 제기함으로써 송시열 계열로부터 사문난적으로 비판받았던 윤휴 및 박세당과 학문적으로 깊은 공감대를 확대하고 있었다. 또한 조선의 양명학을 집대성했다고 평가되는 하곡 정제두와의 관계와 그의 심학에서 드러나는 양명적 경향은 그의 학문성향을 짐작하게 한다.

3. 사상의 내용과 계승·연원

1) 무실학적 특성

조선시대의 성리학은 그 성격상 역대의 어느 유학보다 개인의 도덕적인 자기 수양을 위한 규범학(修己學)의 성격이 강하다. 그 원인은 성리학이 출발점에서부터 불교의 출세간적出世間的 세계관과 도교의 은둔적인 세계관에 대항해서, 현실세계의 규범질서를 확립하며, 그 규범을 실천함으로써 바람직한 사회와 이상적인 삶을 실현하는 데 목표를 두고 있기 때문이다. 그렇기 때문에 조선시대의 성리학자들은 자신이 추구하는 학문을 실학이라고 자부한다. 모든 학문은 시대의 변천과 사회적인 요구에 따라 그 성격이 달라진다. 그렇기 때문에 어떤 학문을 참다운 학문 곧 실학이라고 볼 것인가 하는 문제는 시대성과 관련이 있다. 결국 실학에 관한 생각은 시대의 흐름과 학문적인 경향이 달라짐에 따라 달라질 수 있다. 그러한 실례를 우리는 성리학을 실학으로 보는 조선 전기의 실학과 사회·경제적인 경세사상을 실학으로 간주하는 조선 후기의 실학의 차이에서 찾아 볼 수 있다. 그러면 예학시대를 살았던 윤증의 실학은 조선의 전기와 후기의 실학과는 어떤 차이점이 있는가?

윤증이 살았던 조선 중기사회는 이이의 주장처럼 중쇠기中衰期에 접어들고 있었다. 국가적으로도 조선 전기 이래로 관리들에게 제공되던 녹봉인 영업전永業田이 과도하게 팽창하게 됨에 따라 관리를 지망하는 사대부士大夫 가문의 과거 응시자들 사이에 경쟁이 치열해졌다. 그 결과 과거科擧에서 부정이 생겨날 정도로 사환仕宦에의 길이 어려운 시대로 접어들었다. 그에 따라 학문의 경향마저 과거를 위한 사장학辭章學을 중시하는 성격으로 변질되어 성리학 본래의 위기지학의 성격마저 상실하게 되었다. 결국 유학을 연구하는 학자들의 목표도 국가에서 실시하는 관리등용을 위한 과거시험에 합격하고자 하는 데 맞추어지고 있었다.

그러나 윤증은 일찍부터 과거에 응시하는 일을 포기하고 자기 수양을 목표로 하는 공부에 매진하였기 때문에, 학문에 임해서 뜻을 올바로 세우는 일(立志)과 실천을 돈독히 하는 일(務實)을 특히 중시했다.

그는 성혼의 '위학지방爲學之方'에 관한 그림을 설명하는 「제위학지방도題爲學之方圖」에서 "입지立志와 무실務實의 두 조목條目은 제가 분수를 넘어 우계·율곡 두 선생의 뜻을 가지고 첨가한 것이다. 대개 입지가 아니면 시작이 없고, 무실이 아니면 끝마침이 없다"[5]라고 말한다. 이는 그가 입지와 무실을 모든 학문적 탐구의 궁극적 목표로 삼고 있음을 보여 준다. 또한 그는 "입지立志가 독실하면 '성인聖人의 성품이 곧 나의 성품'이 될 수 있다"[6]라고 말한다. 그의 이러한 언급을 통해서 알 수 있듯이 그가 추구하는 학문(實學)은 한낱 허구적이고 현학衒學적인 이론적 탐구를 위한 학문이 아니라 올바른 삶을 살아가기 위해 뜻을 세우고(立志), 그 뜻을 실천하기 위해 올바른 마음의 자세를 확립하며(實心), 그러한 마음을 구체적으로 구현하는 데 필요한 실질적인 행동의 방향을 결정 지울 수 있는 구체적인 방법(實功)에 관한 학문일 수밖에 없었던 것이다. 윤증의 실학은 이렇게 실천을 결여하고서는 성립될 수 없는 학문인 까닭에 무실학務實學이라고 일컬어진다.

실천을 강조하는 실학인 까닭에 윤증은 "학문을 시작하는 동기가 올바로 정해지지 못하여 학문의 결과가 성인의 경지에 이르지 못하면 우리(나)의 성품에 미진함이 있게 된다. 그러나 뜻을 올바로 세워 성인을 목표로 배워 나가서 무실務實의 태도가 극진해지면 관계하는 대상이 '모두 실리實理'라고 말할 만큼 어떤 사물이든지 모두 체득할 수 있

---

5) 『明齋遺稿』, 권30, 「雜著」, "立志務實二目, 則拯僭取兩先生之意, 而添之者也. 蓋無立志則無以始, 非務實, 則無以終."
6) 『年譜』 附錄, 권1, 「家狀」 참조.

게 된다"[7]라고 한다. 여기서 우리는 윤증이 자신이 추구해야 할 학문이 실질성과 진실성을 표방하는 무실의 학이 되어야 한다고 생각하며, 그러한 학문의 탐구에 매진하게 되었음을 확인할 수 있다. 그러면 윤증이 추구하는 이 무실의 학문이란 구체적으로 어떤 학문일까? 이 점은 조선시대의 유학 특히 그가 스승에게 전승받은 학문과 관련해서 좀 더 구체적으로 확인해 볼 필요가 있다.

조선시대의 유학에서 실학의 개념에 대한 혼란은 정주계통의 성리학을 받아들이는 과정에서 초래되었다. 여말선초麗末鮮初의 실학은 불교佛敎나 도가道家와는 달리 사회질서의 혼탁상混濁相을 예학적인 윤리관의 확립으로 바로잡으려는 학문으로, 그것은 바로 성리학이다. 그렇기 때문에 성리학이 윤리적 실천의 근거를 찾는 과정에서 비록 리기ㆍ심성을 탐구하는 형이상학을 정립하였다고는 하나, 그 이론은 어디까지나 인륜ㆍ도덕을 실천實踐하기 위한 방편으로 정립된 것이기 때문에 불교나 도교와 같은 출세간적出世間的이거나 초현세적超現世的인 학문이 아니라 성인의 가르침을 탐구하는 명경明經ㆍ수행修行의 실학이라는 것이다.

그렇지만 윤증은 당시의 학자들이 성리학을 도입했던 초기의 학풍과는 달리 이단을 배척하고 지나치게 이론적인 탐구에 몰두하면서 유학의 본래 모습인 지행합일知行合一을 등한시等閑視함을 걱정했다. 그래서 참다운 학문은 인간적 자기 완성을 통해서 진실眞實된 인간의 길을 추구해야 한다고 생각했다. 그는 학문이란 남에게 보이기 위한 것

---

7) 『年譜』附錄, 권1, 「家狀」참조.

이 아니며, 과거를 위한 수단이 되어서도 안 된다고 생각했다. 그렇기 때문에 학문은 실질적인 삶의 태도를 변화시킬 수 있고, 생각과 행동이 일치하는 진실성이 요구되는 것이어야 한다고 보았다. 윤증은 무실을 추구하는 학문은 바로 성실한 자기 성찰을 통해서 이루어질 수 있다고 보았기 때문에 '무실務實'을 성실함(誠)으로 이해하고,[8] 성실을 통해서 진실한 삶의 결과를 이룩할 수 있다고 생각했다.

> 학문은 요체를 아는 것이 중요하고, 일은 성실誠實에 달려 있습니다. 그렇지 않고 밖으로 글의 형식만을 갖추고 내실이 거의 없다면, 하루에 책 1천 쪽을 보고 마음속에 책 1만 권을 간직하고 있더라도, 헛되이 보고 듣기에 좋을 뿐이지, 자기를 위해 날마다 새로워지는 요체에는 아무런 도움이 없습니다. 신이 주자의 책을 조금 읽어 보니 그 한 글자 한 구절이 지론至論·격언格言이 아닌 것이 없습니다. 또한 제왕帝王의 학문에 더욱 절실한 것이 있고 또한 꼭 맞는 것이 있었습니다.[9]

학문의 목적은 단순히 많은 책을 읽어서 많은 지식을 쌓는 데 있지 않고, 성실성을 가지고 참된 삶과 세상을 이끌어 나갈 수 있는 방략(帝王의 학문)을 터득하는 데 있다는 말이다. 그가 이처럼 무실을 성誠으로 해석하는 입장은 주목할 필요가 있다.[10]

그런데 윤증 이전에도 많은 학자가 성誠 또는 경敬의 마음가짐을 강조했다.[11] 성誠·경敬을 강조하는 이러한 사고는 원시 유학 특히 『중

---

8) 『明齋遺稿』別集, 권3, 「擬與懷川書」, "天有實理, 人有實心, 人無實心則悖乎天理矣. 一心不實, 萬事皆假, 一心苟實 萬事皆眞."
9) 『宋子大全』, 권7, 「辭召命兼論聖學疏」(庚寅八月二十一日).
10) 윤사순, 「명재 윤증의 성리학적 실학」, 『무실과 실심의 유학자 명재 윤증』, 청계출판사, 2001, 499쪽 참조.

용』에서 더욱 강조되고 있다. 즉 "성誠 자체는 천도天道고, 성誠하려는 것은 인도人道다"라는 『중용』의 사고를 따라 많은 성리학자는 성실성과 공경의 태도를 학문과 수양을 통해서 이루어야 할 목표로 생각했던 것이다. 윤증이 무실을 강조하는 이면에는 이러한 생각이 바탕이 되어 실질實質·실용實用·실효實效의 효과까지 거둘 수 있어야 참다운 무실이 완성될 수 있다고 생각했다. 윤증은 무실의 실천이 이루어지면 우리의 마음이 진실될 수 있으며, 그러한 진실된 마음이 바로 실심實心이라고 말한다. 그래서 그는 마음의 성실함을 강조하면서 "일심一心이 부실不實하면 만사萬事가 다 거짓(假)이지만, 일심이 진실眞實로 실實하면 만사가 다 진眞이다"[12]라고 했다. 그리고 이런 맥락에서 한 걸음 더 나아가 "실심實心이 있으면 저절로 실공實功이 있게 된다"[13], "모름지기 실심으로써 실공을 이루어야 한다"[14], "무릇 실심이 있은 뒤에 실공이 있고, 실공이 있은 뒤에 실덕實德이 있다. 실덕이 있은 뒤에는 밖으로 드러나는 것이 모두 실實하지 않음이 없다"[15]고 말한다.

이와 같은 윤증의 언급을 살펴보면 성誠을 통한 무실의 실현이라는 그의 학문관은 조선시대 성리학자들의 전형적인 실학관을 계승하고 있음을 알 수 있다. 다만 그의 실학은 조선 전기 성리학자들의 실학과 어느 정도 차이가 있는데, 즉 조선 전기 성리학자들은 심성탐구를 통해서 올바른 인간의 행위준칙의 근거가 될 의식의 내면구조인 본성에 대

---

11) 이애희, 「河西 金麟厚의 誠敬思想」, 『朝鮮前期 性理學 研究』, 189~218쪽 참조.
12) 『明齋遺稿』 別集, 권3, 「擬與懷川書」.
13) 『明齋遺稿』, 권18, 「擬李翁(世龜)書」.
14) 『明齋遺稿』, 권19, 「與閔以升彦暉」.
15) 『明齋遺稿』 別集, 권3, 「擬與懷川書」.

한 탐구와 그 본성이 우주적인 본질 혹은 질서와 일치함을 밝혔다는 것이다. 이 점에서 전기 성리학(實學)은 리기설과 심성설에 대한 이론적 탐구에 몰두하는 방향으로 발전하였다. 그러나 윤증의 학문(실학)은 전기성리학이 추구하는 형이상학적 이론 탐구보다 이미 어느 정도 해명된 성리학적인 이론을 실천하려는 실천학實踐學으로서의 성격을 갖는 무실학務實學으로 이해될 수 있다. 결국 윤증의 실학은 이론적 탐구보다 실천을 강조하는 성격을 지니며, 그것은 바로 실질적인 삶에 보탬이 되는 학문이어야 했던 것은 두말할 나위 없다. 이러한 그의 실학은 무실학務實學을 근간으로 하는 성혼의 실학으로부터 영향을 받고 있다.

윤증 할머니의 친정부친(진외증조부)인 우계 성혼은 "신심身心을 수습收拾하고 정신精神을 보호하여 아끼는 데 마음을 오로지 하여 견고하고 안정되게 하면서(專一凝定) 지기志氣를 항상 맑게 하면, 본원本源이 맑아지고 의리義理가 드러난다"는 점을 강조했다. 이는 몸과 마음을 가다듬어야만 생각이 바르게 되며, 생각이 바를 때 비로소 인간의 도리를 바로 알게 된다는 말이다. 성혼의 이러한 사고를 이어받은 윤증은 「제위학지방도題爲學之方圖」에서 '입지立志'와 '무실務實'의 중요성을 강조하면서 "입지·무실의 이목二目이라 한 것은 증拯이 분수를 넘어 우계友溪·율곡栗谷 두 선생의 뜻을 가지고 첨가한 것이다. 대개 입지立志가 아니면 시작이 없고, 무실務實이 아니면 끝마침이 없다"[16]고 해서 입지와 무실은 학문의 시작과 끝이 된다고 주장한다. 이는 윤증이 모든 학문 연구와 수양을 위해 성혼과 이이가 강조하는 입지와 그 실천을

---

16) 『明齋遺稿』, 권30, 「雜著」, "所謂立志務實二目, 則拯僭取兩先生之意, 而添之者也. 蓋非立志則無以始, 非務實, 則無以終."

강조하는 무실의 이념을 계승함을 잘 보여 준다. 성혼의 학문하는 태도가 바로 윤증의 실천을 강조하는 무실학務實學으로 정착된 것이다.

2) 리기설적 특성

사단칠정四端七情에 대한 조선시대 성리학의 해석에서 시작된 리발理發의 문제는 퇴계학파와 율곡학파의 주기설과 주리설이 나누어지는 관건關鍵이 된다. 양촌陽村 권근權近과 정지운鄭芝雲에서 발단한 이 문제는 이황이 사단과 칠정을 리기설로 해석하는 과정에서 사단을 리발이기수지理發而氣隨之로 칠정을 기발이리승지氣發而理乘之로 보는 호발설互發說을 주장함으로써 인간본성의 자발적인 발현을 통해 규범적 행위를 주체적으로 수행할 수 있는 인간의 주체성을 확립하려 한 데 반해, 이이가 형체도 없는 리가 발현한다는 말은 '리는 형체도 없고, 작용도 없는 것'이라는 대전제를 어기는 결과를 빗게 됨을 들어서 리발을 부정하며 기발리승일도설氣發理乘一途說을 주장함으로써 평행선을 긋는 논쟁으로 계속되어 왔다. 이이는 이 과정에서 인간의 욕구를 지나치게 부정시하는 결과가 빗어지게 될 위험성을 간파하고, 이황의 '존천리알인욕存天理遏人欲' 이론보다 인심도심人心道心의 종시설終始說을 주장하였다. 이러한 이이의 입장은 은연중에 리의 독존성獨尊性만 주장하게 되는 조선 후기 유리론자唯理論者들의 실리와 현실을 도외시하고 오직 명분만 고집하는 위험성을 감지한 측면도 없지 않다. 리기·심성설에 내포되는 이러한 구체적인 문제를 미루어 두고 조선시대 성리학에서 리발을 인정하는가, 인정하지 않는가 하는 문제는 모든 성리학자의 가장 근본 문제로 전개되었다. 이 문제가 단순한 리기설의 구조로 끝나는 것이 아니라 심성에 대한 해석과 실천의 문제, 가치의 문제 같은 모든 성리학의 문제와 결부되기 때문이다.

윤증의 리기설을 살핌에 있어서 리발설을 보는 그의 시각은 그가 어떠한 철학(理氣說)적인 입장을 취했는가의 문제와 결부된 중요한 문제다. 그는 출발점에서부터 이이의 기발리승일도설을 따르고 있다. 즉 그는 "율곡이 말한 '기발리승氣發理乘' 네 글자는 바꿀 수 없는 이론이다"[17]라는 말과 "율곡 선생이 말한 '발하는 것은 기氣고, 발하게 하는 것은 리理다'라는 말은 절대로 잘못될 수 없는 말이다"[18]라는 말을 통해서 이이의 학설이 합당하다는 생각을 단정적으로 밝히고 있다. 이처럼 윤증은 철학적 시각에서 이이의 리기설을 따르고 있기 때문에 조선시대 성리학자를 분류하는 주기설主氣說로 분류될 수 있다. 특히 그가 리기를 설명하기 위해서 주희(晦庵, 1130~1200)의 "응취조작凝聚造作하고 정의계탁情意計度한다"는 말을 모두 기유위氣有爲 리무위理無爲의 뜻을 형용한 말이라고 밝히는 점에서 리의 무위성無爲性을 강조한 것[19]으로 보이므로 리발설을 긍정하지 않을 것으로 생각될 수도 있다.

그렇지만 윤증에게는 이황의 호발설의 입장을 완전히 부정하지 않는 면이 보인다. 이것이 그가 우계 성혼의 입장을 계승한 점이다. 그는 인심도심을 해석할 때 이이가 주장하는 인심과 도심은 상호 전환될 수 있다는 시종설終始說을 따르지 않고, 성혼의 인심도 선善한 것이

---

17) 『明齋遺稿』, 권24, 「與梁得中擇夫」, "栗谷所論氣發理乘四字, 已爲不易之論."
18) 『明齋先生言行錄』, 권4, 「問答上」, "又曰, 栗谷先生所謂發者氣也. 發之者理也. 是顚撲不破底語."
19) 『明齋遺稿』, 권24, 「與梁得中擇夫」, "凝聚造作, 情意計度云者, 皆言氣有爲而理無爲之意, 而形容之說耳."

라는 견해를 받아들인다. 그는 "인심은 형기에 가려져서 성명의 본연이 제대로 이루어지지 못한 것으로, 이것에는 과불급過不及이 있어서 절제하지 않으면 안 되는데 절제하는 것이 도심道心이다"[20]라고 주장하는데 이 점이 바로 성혼을 따르는 입장이다. 그의 이 주장은 성혼이 "사四·칠七과 인심도심은 비록 그 말을 세운 의미는 다르지만 모두가 성정의 용用일 뿐이므로 만일 리기호발설이 천중天中의 정리定理가 아니라면 주자가 왜 이 말을 했을까?"[21]라고 말하면서, "인심도심을 혹생或生 혹원或原으로 말할 수 있다면 사四·칠七도 그렇게 말할 수 있다.……성性을 주리주기主理主氣로 구분한다고 해서 정情에도 주리주기의 구분이 있다고 할 수는 없지 않는가?"[22]라고 말하는 주장에서 성혼의 영향을 받은 것으로 파악된다.

윤증은 이처럼 사四·칠七과 인심人心을 해석하는 데 있어서 무조건 이이의 설이나 이황의 설로 기울지 않는다. 무분별하게 치우치지 않는 그의 태도가 바로 실질·사실·타당성을 추구하는 그의 무실적務實的 실학을 대변해 준다. 그런데 윤증의 리기설을 살펴보면 그가 리기의 개념에 대한 명료성을 추구하고자 할 뿐만 아니라 리기의 관계 또한 적절히 파악하려 했음을 분명히 알 수 있다. 그는 리와 기의 개념적 명료성이나 그 의미를 분석하고자 하는 관심보다 리기의 관계를

---

20) 『明齋遺稿』, 권26, 「答或人」, "情之拚乎形氣, 而不能直遂其性命之本然者, 目之以人心, 使人審其過不及而節制之, 節制之者道心之所爲也."
21) 『牛溪先生集』 권4, "大抵四七與人心道心, 雖其立言意味之差不同, 皆其說性情之用耳, 然則若非理氣互發之說爲天下之定理, 則朱子何以有此言也."
22) 『牛溪先生集』 권4, "論人心道心可如此說則, 論四端七情亦可如此說,……愚以爲於性有主理主氣之分言則, 於發於精也. 何以無主理主氣之異乎."

어떻게 규정할 것인가 하는 문제에 더 많은 관심을 갖고 있었다. 다음의 언급에서 윤증의 리기관을 살필 수 있다.

> 대개 리理와 기氣는 서로 섞이는 존재도 아니고 서로 떨어지는 존재도 아니다. 선후와 상하를 나눌 수 없으나, 음양·동정에는 반드시 소이연所以然이 있기 때문에 형이상과 형이하를 나누고 마침내 먼저 리가 있다고 말하는 것이다.23)

이 말은 리기는 섞일 수 없기 때문에 둘(二)이고, 떨어질 수 없기 때문에 하나(一)라는 말이다. 여기서 그는 한 걸음 더 나아가서 "태극과 음양은 서로 떠나지도 않고 또한 서로 섞이지도 않는다. 떠날 수 없으니 하나의 존재가 되고, 섞일 수 없으니 두 개의 존재가 된다"24)라고 말한다. 그의 이 말은 리理(太極)와 기氣(陰陽)를 불상리不相離와 불상잡不相雜의 관계로 설명하는 성리학자의 견해를 따르고 있다. 물론 리기理氣의 관계를 보는 이러한 그의 시각은 특별한 것이 아니라, 주희의 리기관을 이해하는 조선 성리학자들의 일관된 관점이다. 그러나 윤증의 리기관과 관련해서 특별한 의미를 보여 주는 언급이 있다. 도道와 기器에 대한 윤증의 생각이 그것이다.

도와 기를 '유형이하有形而下, 무형이상無形而上'이라는 사고로 이해할 경우 현상계의 사물과 본체계의 이법 사이에 단절이 있게 된다고 우려한 윤증은 이를 '형이상, 형이하'로 규정한다면 그 단절이 더욱 심각하게 될 것이라고 비판한다.25) 그가 도기론道器論에서 주장하려는 요

---

23) 『明齋遺稿』, 권15, 「答羅顯道」.
24) 『明齋遺稿』, 권25, 「答鄭萬陽葵陽」.

점은 "두 개의 형자形字를 하나의 존재로 여기고 그 가운데 나아가 상하를 나누어 보아야 한다"는 것이다. 이러한 주장은 형이상자인 도道와 형이하자인 기器는 독립된 두 개의 실체가 아니라 형체를 지닌 사물의 두 측면이라는 점을 강조한 것이다. 이와 같은 그의 견해는 "리여기합理與氣合이라는 네 글자를 잘못 보면 리와 기를 두 가지 사물로 여기는 병통이 있게 된다"[26]는 구절에서도 찾아볼 수 있다. 『중용장구』 안의 "기로써 형체를 이루고 리 또한 부여한다"(氣以成形而理亦賦焉)라는 주희의 주석에서 그 전형을 엿볼 수 있는 것처럼 사물을 '리와 기의 합'으로 설명하는 것은 성리학의 일반적인 이론인데, 이것을 잘못 이해하면 리와 기라는 두 개의 존재가 합쳐져서 사물이 성립되는 것으로 이해할 수 있다고 지적한다.

이렇게 볼 때 윤증의 도기론은 리와 기를 사물의 두 측면으로 보아야 하는 것이지 두 실체로 보아서는 안 된다는 것을 지적하고 있는 것이다. "도는 음양 밖에 있는 하나의 존재가 아니며, 음양의 소이연所以然일 따름이다"[27]라는 구절도 이러한 주장의 타당성을 입증하는 논거가 된다.

이와 같은 문제의식에서 윤증의 리기론을 검토해 본다면, 그는 리理와 기氣의 부잡성不雜性과 이에 근거하여 리理의 선재성을 부정한 것은 아니지만, 핵심은 리기불리성理氣不離性에 놓여 있다고 말할 수 있다. 도道와 기器, 음양陰陽과 도道, 성性과 형形의 관계에 대한 윤증의 견

25) 『明齋遺稿』, 권17, 「答奇子亮」.
26) 『明齋遺稿』, 권15, 「答羅顯道」.
27) 『明齋遺稿』, 권24, 「與梁擇夫」.

해는 현상적 사물의 관계를 어떻게 이해할 것인가 라는 시각에서 리기의 관계를 해명하고 있음을 볼 수 있다. 이 점이 바로 그가 이이의 기발리승일도설을 따르고 있다고 평가되는 점이며, 그의 학설이 주기설로 평가받는 까닭이다.

윤증은 리기의 관계를 파악하면서 이이나 이황의 학설이 자신의 견해에 부분적으로 옳다고 해서 그들의 학설을 무조건 따르지는 않는다. 따져 보고 따져 봐서 타당한 점이 있을 경우에는 그 점을 받아들이지만, 다른 해석의 관점과 모순된 점이 발견되면 그 타당성을 입증하기 위해 노력한다. 이러한 학문적인 태도가 바로 그의 실질實質·사실事實·타당성妥當性을 추구하는 무실적務實的 실학을 대변해 주는 점이다. 리기관에서 보이는 윤증의 생각은 심성론의 영역에서도 발휘되고 있다.

3) 심성·수양론적 특성

유학은 그 학문의 목표를 개인의 수양을 통한 자기 완성(修己)과 그 완성된 자아의 사회적 실현(治人)에 두고 있다. 그렇기 때문에 한 유학자儒學者의 자기 완성을 향한 노력은 심성·수양론으로 구체화된다. 윤증역시 수기修己를 매우 중시하며, 그 수기를 바르게 하기 위해 심성과 수양에 관한 문제를 깊이 논의한다.[28]

사실 성리학은 인간의 자기 수양(修己)과 그를 통한 사회적 이상의

---

28) 윤사순, 「명재 윤증의 성리학적 실학」, 502쪽 참조.

구현이라는 유학 본래의 목표를 실현하기 위한 도덕철학적 성격의 학문(性命義理之學)이다. 따라서 수양의 일차 목표를 우리의 마음일반(심성)에 대한 정화淨化에 맞추고 우리의 의식 전반에 대한 구체적인 이해를 시도한다. 결국 성리학은 인간의 의식인 마음(심)과 그 내면구조인 성性 및 그 발현인 정情에 관한 분석과 심층적인 이해를 시도한다. 성리학은 주희 이래 심과 성 및 정의 관계를 다음과 같이 정의하고 있다.

성은 심의 리고, 정은 성이 발동한 것이며, 심은 이러한 성과 정을 주관하는 것이다.[29]

"성이 심의 리다"라는 말은 성이 심의 내면구조임을 의미하고, 성의 발동이 정이라는 말은 심이 작용하면 정으로 드러난다는 말이다. 그리고 그 정을 주관하여 주인 노릇을 하는 것이 심이라는 말은 심이 성을 갖추고 있으면서 정의 발동에까지 관여하여, 통섭統攝ㆍ통어統御한다는 말이다. 이처럼 심이 성과 정을 통섭ㆍ통어하기 때문에 성리학에서는 심통성정心統性情을 일반 명제로 받아들이고 있다.[30] 그렇기 때문에 심은 바로 우리의 의식의 일반인 것이다. 윤증도 심心에 대해 그것을 의식 일반이라고 생각하며, 심과 성을 체용體用관계로 해석하는 전통을 이어서 심을 체와 용의 두 측면으로 언급하고 있다.

심心은 진실로 중리衆理를 갖추고 만사萬事에 응하지만 그 형形은 기氣다. 기

---

29) 『性理大全』, 권33, 「性理五」, '心性情', "性者心之理也. 情者性之動也. 心者性情之主也."
30) 『性理大全』, 권33, 「性理五」, '心性情', "張子曰心統性情者也."

위에 리가 갖추어져 있으니 심을 기로 여긴들 무슨 병통病痛이 있겠는가? 비록 심을 기로 여기더라도 그 신명불측神明不測한 작용에는 해가 되지 않는다. 기가 리를 갖추고 있기 때문에 신명불측하다.[31]

심이 중리를 갖추고 있다는 말은 의식의 활동이 일어나기 전의 의식활동이 없는 상태(靜)를 말하며, 만사에 응한다는 말은 의식활동이 일어나서 모든 외부사물에 상응하는 활동을 하는 것(動)을 의미한다. 그렇기 때문에 성리학자들은 의식활동이 없고(靜) 있음(動)을 기준으로 심을 체體와 용用으로 구분한다. 그러나 윤증은 체와 용은 한 마음의 두 측면에 불과하므로, 심의 체와 용은 의식의 두 측면일 뿐 별개의 것으로 나누어져 있다고는 생각하지 않는다. 별개가 아니라고 생각하기에 "용用을 말하면 체體는 이미 그 안에 있다"[32]고 하며, 아울러 "심의 체는 무형無形하고, 용은 유저有底하다"[33]고 말한다. 의식이 보이지 않는 것이라는 뜻에서 체體를 무형한 것으로, 지각·정감·기억·경험 등의 의식작용이 있다는 뜻에서 용用을 유적有跡하다고 표현한 것이다.[34] 또한 그가 "심은 응취조작凝聚造作하고 정의계탁情意計度한다"고 한 것은 모두 기유위氣有爲 리무위理無爲의 뜻으로 언급한 말이다.[35] 따라서 심心에 대한 파악 내지 공부는 당연히 작용이 드러나는 측면인 '유적처有

---

31) 『明齋遺稿』, 권25, 「答鄭萬陽葵陽」, "心固具衆理應萬事, 而若乃其形則氣也. 氣之 具理, 則以心爲氣, 有何病也. 雖以心爲氣, 自不害爲神明不測, 氣具理故神明不測耳."
32) 『明齋遺稿』, 권16, 「答李君輔」.
33) 『明齋遺稿』, 권16, 「答李君輔」.
34) 윤사순, 「명재 윤증의 성리학적 실학」 참조.
35) 『明齋遺稿』, 권24, 「與梁得中擇夫」, "凝聚造作, 情意計度云者, 皆言氣有爲而理無爲之意, 而形容之說耳."

跡處'에 의거해야 한다.

그런 까닭에 윤증은 심의 용用을 중시하고, 심의 체體에 대해서도 "경敬으로써 심을 보존하면, 참으로 (그 상태도) 체體다"[36]라는 견해를 갖게 된다. 그래서 그가 말하는 심의 체는 단순한 공적空寂한 상태가 아니라, 물결이 일어나지 않은 호수와 같이 작용이 일어나지 않았을 뿐으로, 즉 의식작용意識作用이 없는 것이 아니라 의식작용이 일어나기 이전의 단계를 뜻한다. 이처럼 의식의 작용이 일어나지 않은 생태를 중요시한다는 점에서 불교의 무심無心의 경지와 다른, 맹자가 말하는 부동심의 경지를 의미하게 된다. 그의 심성론이 현실적인 인간의 의식세계를 대상으로 하고 있다는 점과 '경험적經驗的 사실'의 중시라는 의미에서 주기철학의 입장과 무실務實을 중요시하는 생각과도 상통함을 알 수 있다.[37] 우리의 의식(심)에 대한 윤증의 이러한 사고 경향은 그의 인심도심설人心道心說에서 더욱 구체적으로 나타난다. 윤증 역시 이이의 견해에 영향을 받아서 마음은 본디 하나임을 전제로 인심人心과 도심道心을 이해한다.

> 만약 인심에도 유일함이 있고 도심에도 유일함이 있다고 한다면, 중中 역시 그러하다. 정精하면 그 두 가지 사이를 살펴서 혼잡하지 않게 되고, 일(一)하면 그 본심의 바름을 지켜서 분리되지 않는다. 이미 '본심의 바름'이라 했는데, 인심의 과불급이 없는 것이 곧 이른바 본심의 바름이다. 본심의 바름은 또한 도심이다. 어찌 인심이나 도심에 분속할 수 있겠는가? 만약 나뉘어진 뒤에야 옳다면 유일한 것이 아니다.[38]

---

36) 『明齋遺稿』, 권24, 「與梁得中擇夫」.
37) 윤사순, 「명재 윤증의 성리학적 실학」, 503쪽 참조.

요컨대 본심이 과불급過不及이 없이 바르게 작용한 것(本心之正)이 도심이고, 과불급하여 잘못 작용한 것이 인심일 뿐이라는 말이다. 따라서 그도 이이처럼 과불급 여하에 따라 도심이 인심이 될 수도 있고, 인심이 도심이 될 수도 있다고 생각한다.

도심 또한 과불급이 있다. 그러나 이것은 다만 인심에서 말한 것일 뿐이다. 과불급은 형기에서 생겨나는데, 도심에 과와 불급이 있으면 역시 인심이다.

그렇기에 인심과 도심의 구분은 어디까지나 기작용의 과불급에 근거한다는 것이 그의 주장이다. 더욱이 그는 이렇게 주장하기도 한다. "기는 본연의 리에서 변하기도 하고 본연의 기에서 변하기도 한다. 그런 까닭에 리 역시 그 변한 기를 타고 인심이 되어 혹은 과하게 되고 혹은 불급하게 된다." 기는 본연의 리에서는 물론 본연의 기에서마저 변하여 스스로 과불급으로 작용할 뿐만 아니라 기를 타고 있는 리理로 하여금 과불급하지 않을 수 없게 한다는 것이다. 기에 의해서 리가 과불급하게 된다면 리가 기의 영향을 받는 것이며, 여기서 그의 주기적 경향이 드러난다. 그는 현실적인 인간의 의식작용을 올바로 이해하기 위해서 이러한 주기적 해석을 하고 있는 것이다.

성과 정에 대해서도 윤증은 주기의 경향을 뚜렷이 드러낸다. 즉 윤증의 심성론 역시 '기포리氣包理'39), '물선리후物先理後'나 기氣의 가변성과 물物의 가역성可逆性에 따라 설명되고 있다. 윤증은 먼저 성과 형을

---

38) 『明齋遺稿』, 권24, 「與兪相基」.
39) 『明齋遺稿』, 권23, "且如理氣守學, 則可以氣包理在中也."

리기지묘합理氣之妙合의 관계로 설명하고 있다. "리기가 묘합하여 형을 이루니, 형이 있으면 성이 그 가운데 있게 된다."[40] 형과 성의 관계를 리기의 묘합의 관계와 같다고 보면서, "단지 리를 위주로 말하면 성을 이루지만, 기를 위주로 말하면 형을 이룬다. 성은 형을 떠나서 홀로 이루어지지 않으니, 성 없이 독립적으로 이루어지는 형 또한 있을 수 없다"[41]고 말함으로써 형 없는 성이 있을 수 없고 성 없는 형이 있을 수 없다는 성형불리性形不離의 현상적 관계를 강조하고 있다. 따라서 윤증은 "천에 있는 것을 리라고 말하고, 사람에게 있는 것을 성이라 말한다. 성이라고 말하면 이미 기 속에 떨어진 후다. 비록 기 속에 있더라도 리는 본래 선하다. 그러므로 선을 본연지성이라 한다"[42]고 하였다. 성을 초월적으로 이해하지 않고 현상의 형체 속에서 이해하려고 했던 것이다. 이것은 바로 '기질포성氣質包性'이라 말하면서 기질을 그릇에 비유하고 성性을 그릇에 담긴 물에 비유한 이이의 입장을 그대로 따른 것이다.[43]

주희의 철학에서도 성의 개념은 리의 개념과 다르다. 즉 리와 성은 상관관계일 수는 있으나 동일관계는 아니다. '리재기중理在氣中'의 개념이 성이기 때문이다. 윤증은 이 점을 분명히 하고 있다. 즉 "타고난 것을 성이라 하며, 아직 태어나기 이전의 것은 성이라 말할 수 없다"[44]

---

40) 『明齋遺稿』, 권24, 「與羅顯道」, "理氣妙合而成形, 有形則性在其中矣."
41) 『明齋遺稿』, 권15, 「與羅顯道」, "主理而言則成性, 主氣而言則曰成形, 性非離形而獨成, 則亦安有無性獨成之形哉."
42) 『明齋遺稿』, 권15, 「答羅顯道」, "在天曰理, 在人曰性. 만說性時, 皆已墮在氣中之後也. 雖在氣中而理本善, 故以善爲本然之性."
43) 『栗谷全書』, 권14, 「論心性情」, "大抵氣質之性非別性也. 氣質包性, 與性俱生, 故謂之性也. 氣質如器, 性如水."

는 것이다. 이러한 그의 생각은 이이가 "성은 리가 기속에 내재(墮在)한 이후의 이름이다"[45]라고 정의하는 입장을 철저히 따르고 있음을 반증한다. 윤증은 본연지성과 기질지성을 근원이 다른 서로 독립된 것으로 보지 않고 하나의 성 속에서 내포된 양면성으로 파악한다. 주희와 이이의 심성설을 계승하는 윤증은 성이란 우리가 이 세상에 태어난 뒤에 가지고 있는 것(生之謂性)이므로, "미생未生 이전에는 성이라 말할 수 없다"는 주장을 따른다. 또한 "성을 말할 때는 어느 경우든 기 가운데 이미 들어간 뒤다"라고 말한다. 그렇기 때문에 그가 말하는 성은 사실상 기질지성이다. 본연지성이란 단지 "비록 (리가) 기 중에 있지만 리는 본래 선한 것이기 때문에 그 선으로서 본연지성을 삼는 것"일 뿐이다. 그는 이것을 바꿔 말해서 "기질의 성과 본연의 성은 두 가지 성이 아니다. 다만 기질 중에서 리 한쪽(일변)을 거론한 것이 본연의 성이다. 지금 이 두 가지는 다른 것이 아니다"고 한다. 성설에서 그는 기질과 관계없이 선험적으로 존재하는 본연지성 같은 것을 인정하지 않는다. 이와 같이 사실상 기질지성만을 상정하는 사고가 주기의 경향임은 더 말할 나위가 없다.

위에서 윤증이 말한 '기중氣中의 리理'는 바꿔 표현하면 이이의 '기포리氣包理' 외에 다른 것이 아니다. 윤증 역시 "기포리재중氣包理在中"이라고 말한다.[46] 그러므로 정情을 리기理氣로 해석하는 경우에도 그는 사단四端과 칠정七情이 모두 '기발리승일도氣發理乘一途'라는 이이의 학설

---

44) 『明齋遺稿』, 권17, 「答朴君」, "生之謂性, 未生之前不容說."
45) 『栗谷全書』, 권14, 「論心性情」 참조.
46) 『明齋遺稿』, 권25, 「答鄭萬陽察陽」, "可以氣包理在中矣."

을 따른다. 뿐만 아니라 리기理氣관계에 대한 견해에서도 이이의 이른바 리기지묘理氣之妙를 받아들여 "하나이면서 둘이고, 둘이면서 하나다"(一而二, 二而一)라는 상호 불상리不相離·불상잡不相雜의 사고를 계승하며, 기포리氣包理를 주장할 때도 대체로 '불상리不相離'를 입각점으로 택하였다. 윤증은 이러한 주기主氣의 경향을 어디서나 일관되게 견지하면서, 경험과 사실을 중시하는 무실의 정신을 리기철학으로 뒷받침한다. 따라서 실학을 표방한 그의 성리학에는 일종의 일관성이 유지된다고 볼 수 있다.

한편 윤증은 이이의 '기발리승일도氣發理乘一途'설을 이어받고는 있으면서도, 인심도심을 해석할 때는 차이를 드러낸다. 즉 인심도심을 해석하는 그의 견해는 이황과 성혼의 학설을 이으면서 이이와는 다른 입장을 취하는 것으로 알려져 있다.

그는 "형기로부터 생겨난다는 말은 형기가 있는 까닭에 인심이 형기로 말미암아 생겨난다는 말일 뿐이며, 율곡선생의 '발할 즈음에 기가 이미 작용하니 인심이다'라고 한 것과는 의미가 조금 다른 것 같다"[47]라고 말한다. 또한 "기가 발하고 리가 타는 한 길이 진실로 인심·도심과는 틈이 없으나, 이미 성명을 따라 발하고 형기를 따라 발한다고 했으니 어찌 많거나 적음으로 치우치게 되지 않을 수 있겠는가? 이는 다만 도심이 또한 기가 발하여 된 것임을 알면서도 인심이 오로지 형기임을 알지 못하고, 인심이 인욕이 아님을 알면서도 기가 이미 작용했다면 인욕이 됨을 막을 수 없음을 알지 못하는 것이다. 성명

---

47) 『明齋遺稿』, 권16, 「與李君輔世弼」, "生於形氣者, 言有形氣故, 人心由此而生云爾, 與栗谷先生所謂發之之際, 氣已用事則人心也云者, 意似少異."

을 좇아서 발하면 즉 발한 것이 비록 '기'일지라도 리 또한 작용하는 것이다"[48]라고 말하기도 한다. 특히 그가 인심도 도심을 해석하는 이 견해에서 리기설에서 이황의 리발을 부정하고 이이의 '기발리승일도氣發理乘一途'설을 따르는 입장을 바꾸어서 리발理發까지를 용인하고 있음을 볼 수 있다. 이처럼 윤증은 이이의 성리설을 따르면서도 그 가운데 타당하지 않은 학설이 있을 경우 다른 학설 곧 성혼의 학설을 좇기를 망설이지 않는다. 여기서도 그의 타당성을 추구하는 무실적 실학의 성격을 확인할 수 있다.

이상의 내용에서 보았을 때 윤증의 주기主氣철학은 주희의 현상론적인 관점을 기포리氣包理와 기발리승일도설氣發理乘一途說의 내용으로 전개시킨 이이의 철학을 더욱더 실증적이고 실천적인 방면으로 발전시켰다고 평할 수 있다. 즉 윤증은 '물선리후物先理後'의 세계관을 가지고 '기질포본연氣質包本然'과 '인심포도심人心包道心' 학설을 실천적으로 이끌어 와서 외주내왕外朱內王의 평가를 면하기 어려운 상황에까지 이른 것이다. 그러나 아직 윤증의 철학을 완전한 양명학적인 심학心學으로 평가하기에는 무리가 따른다. 다만 주기철학을 현상적이고 실천적으로 강조하면서 심의 주체적 실천을 중시한 점에서 어느 정도 상통성을 추론할 수 있을 뿐이다.

---

48) 『明齋遺稿』, 권16, 「與李君輔世弼」, "氣發理乘一途, 固無間於人心道心, 而旣曰從性命發, 從形氣發, 則安得爲無偏多偏少也. 此徒知道心之亦爲氣發, 而不知人心純是形氣也. 徒知人心非人慾, 而不知氣已用事之不害爲人慾也. 從性命發則發之者雖是氣, 而理爲用事矣."

4) 경세론적인 실학관

앞에서도 언급한 바와 같이 유학은 그 학문적인 목표를 수기修己와 치인治人에 두기 때문에, 한 유학자의 사회적인 자기 실현(治人)은 그의 경세관經世觀으로 구체화된다. 윤증은 일생 동안 자기 완성과 사회적 이상을 구현하기 위해 학문 연구에 매진한 17세기의 대표적인 유학자였다. 그렇기 때문에 그에게 뛰어난 경세사상을 기대하게 되지만 그는 남다른 독창적인 경세이론을 탐구하기보다 선인들의 이론을 실천하는 데 더 많은 관심을 가졌던 듯하다. 그의 저서 가운데서 소疏·계啓·서書·잡저雜著 등에는 그의 경세사상을 보여 주는 내용이 풍부하다.

그는 공맹孔孟 이래의 다른 유학자들과 마찬가지로 이상사회의 구현은 올바른 정치를 실현할 때 가능하며 더불어 올바른 정치는 그 정점에 위치한 군주의 마음이 올바를 때 가능하다고 생각했다. 그렇기 때문에 윤증은 이상적인 정치를 이루기 위해서는 군왕이 바른 마음을 갖는 것을 가장 중요하게 여겼다. 군왕이 올바른 마음을 갖는다는 것은 다름 아니라 혼란한 시대를 바로잡을 수 있는 실심實心을 지니는 것임을 강조하고 나아가 실심을 통한 실공實功을 이룩할 수 있다면 쇠망해 가는 국가도 진흥시킬 수 있으며 혼란한 국가현실도 바로잡을 수 있음을 강조한다.[49] 왜냐하면 국가의 위기가 닥쳤을 때 그 위기를 극복할 수 있는가, 없는가 하는 문제는 오로지 그 국가의 지도자 곧 군주가 올바른 마음을 다짐하는가에 달려 있다고 생각했기 때문이다.[50] 이

---

49) 『明齋遺稿』, 권5, 「辭別諭求言疏」(五月), "以實心做實功. 興衰撥亂."

50) 『明齋遺稿』, 권5, 「辭別諭求言疏」(五月), "危可使安, 亂可使治, 唯人主可以造命,

어서 주장한 것이 군주의 올바른 마음을 보필해 주는 신하의 대안(賢策)의 제시가 뒤따라야 한다는 것이다. 아무리 신하가 국가의 위기를 걱정하는 마음이 있다 해도 그 위기를 극복할 수 있는 대안을 제시하지 못한다면 국가적인 직책(녹봉)만을 허비하는 결과를 빚게 됨을 우려한다.[51] 그렇기 때문에 윤증은 군주의 정치를 안정시키고자 하는 결심과 함께 그를 뒷받침해 줄 수 있는 현능賢能한 신하의 역할을 강조하면서 현능한 신하를 얻기 위해서는 군주가 인재를 등용하고 대우하는 마음을 가져야 함을 다시 한번 주장한다.

윤증은 "중용구경中庸九經의 전체적인 의미는 바로 현능한 자를 존중하는 것이다. 현능한 인재를 임용하지 않고 나라를 다스릴 수 있다는 말은 들어본 적이 없다"[52]고 말한다. 이러한 그의 생각은 유학의 전통 특히 조선의 성리학자들이 시무時務에 관한 정책대안을 제시할 때마다 언급하는 용현用賢의 중요성에 대한 사고다.[53] 임금이 현자를 알아보고서 그에게 세상을 위해 자신의 능력을 발휘할 수 있게끔 하는 일은 정치에서 가장 중요한 일이다. 이러한 뜻을 담아 윤증은 "임금이 뜻을 세우는 데는 성학聖學의 취지에 따라야 한다. 참된 선비를 얻었으면 진강進講하는 자리에 참석케 하는 것이 어찌 근본적인 계책이 아니

則得移之機, 豈外於人主之一心."

51) 『明齋遺稿』, 권5, 「辭別論求言疏」(五月), "憂時雖切, 而莫知救時之術, 受恩徒深 而未有報恩之路, 而未有報恩之路."

52) 『明齋遺稿』, 권5, 「辭別論召命疏」(八月), "中庸九經之義, 必也尊賢爲本, 不能任 賢而能治其國者, 曾未之聞也."

53) 이러한 사고는 조선시대의 사림과 학자들의 정치적 이상으로서 趙光祖 이후 대부분의 성리학자들의 일반적인 사고로 자리 잡게 된다. 이이의 『聖學輯要』 「用賢章」이 대표적인 경우라 할 수 있다.

겠는가? 하물며 시국의 곤란함을 구하려 한다면, 마땅히 시무를 잘 아는 준걸俊傑을 찾아야 하리라"54)고 말한다. 이처럼 윤증은 임금이 나라를 잘 다스리려면 백성을 사랑하는 마음이 바탕이 되어, 인재를 발굴하고 직책에 맞게 임용하는 일을 무엇보다 중요하게 생각했다. 시무를 잘 아는 선비를 채용해서 그의 건의建議를 잘 받아들이는 것은 바로 현능한 자를 존중하는 중요한 일이지만 현능한 관리를 임용한 뒤에 그로 하여금 직분에 충실하여 나라와 백성을 위해 봉사하도록 하는 것은 초현招賢 이상으로 중요하다. 그렇기 때문에 여론이나 추천에 따라서 그 채용된 선비의 능력과 판단의 정확성을 시험해 보아야 한다. 한 학자 혹은 관료의 능력을 검증하는 조선시대의 제도가 바로 경연제도다. 윤증은 이 경연제도를 염두에 두고 선비를 선발한 후에 그의 현능을 공개적으로 검증하는 의미에서 "진강하는 자리에 참석케" 하라는 제안을 한 것이다. 국가의 인재를 선발하기란 이처럼 힘들다. 여론에 따라 현능한 자로 판단해서 채용했어도 과연 어느 정도의 능력이 있는지, 조직을 관리할 인품이 있는지 없는지를 검증하지 않고서는 그에게 국가적인 큰 책임을 맡길 수 없는 것이다.

이처럼 윤증은 한 국가가 정치적인 안정과 번영을 누리기 위해서는 최고 지도자의 국가를 걱정하는 마음과 함께 인사제도 곧 용현제도用賢制度가 중요함을 주장한다. 관리를 뽑아 직책에 임용하는 것과 더불어 그가 중요시하는 점은 임명된 관리가 정치적 현실을 정확하게 진단한 후에 공정한 행정을 실시하는 일이다. 이에 윤증은 행정(吏治)의

---

54) 『明齋遺稿』, 권5, 「辭別諭召命及執義疏」(八月), "聖志之立, 實在於聖學之進, 若得眞儒, 俾參講席, 豈不爲根本之至計也. 況乎匡濟時艱, 當求於識務之俊傑."

중요성을 강조한다.

윤증이 당면하고 있던 당시의 상황은 임진·병자의 양란을 겪은 후의 혼란기였음에도 불구하고 관리들이 국가적인 현실과 백성의 고통을 도외시하고 갖은 수단으로 백성을 수탈할 뿐만 아니라 당파싸움에 몰두하여 부패가 만연하여 정치적인 혼란이 가중되던 때였다. 이러한 상황에서 윤증은 처음으로 관직에 나아간 자신의 아들 윤행교尹行敎에게 행정의 중요성을 일깨워 주기 위해 관리가 마땅히 해야 할 직분, 처세, 정사政事, 언행에 관해서 훈계하고 있다.[55]

그는 아들에게 매사에 반드시 공경하고 조심하며 모든 일을 성심誠心으로 처리할 것을 부탁하면서, 관리가 된 자가 가장 명심해야 할 사항은 "백성을 구제하겠다"는 생각을 갖는 것이라고 훈계한다.[56] 관리가 백성을 구제하는 일은 좋은 정치(善政)를 하는 것이다. 윤증은 좋은 정치를 위해선 법을 공정하게 집행해야 한다고 주장한다.

그는 법 중에서도 특히 체형體刑에 대해 강조하면서 "대저 태형笞刑에는 정도의 차이가 있고, 그 형량에 따라 정해진 법도가 있다. 이른바 태형은 작은 죄에 사용하는 형벌이므로 지나치게 심한 정도로 형벌을 가해서 죄인의 몸을 망가뜨려서는 안 된다. 이미 시행되고 있는 제도조차도 이와 같이 개혁해야 하거늘, 하물며 새로운 법을 만들어서야 되겠는가? 반드시 법을 고쳐서 형을 적게 해야 마땅하다. 태형의 작은 것은 피부를 아프게 하지만, 큰 경우는 뼈를 상하게 하여 병을 얻게도 하

---

55) 윤증의 경세사상의 구체적인 내용에 해당하는 吏治는 조직관리 등에 해당하기보다 관리의 행동강령에 해당된다.

56) 『明齋遺稿』, 권28, 「與子行敎」, "今日救民之事, 當爲第一急務."

니, 어찌 작은 죄로 중상을 입힐 수 있겠는가? 이러한 일은 반드시 조심해야 한다"57)고 말하면서 "법을 집행할 때 공정성을 잃어서 후회하거나 원망을 사는 일이 없어야 한다"58)고 강조한다. 그리고 관리의 자기 관리 또한 중요하다고 주장한다. 관리의 자기 관리란 법에 저촉되는 일을 하지 않는 일이다. 관리가 된 자가 법을 집행할 때 오류를 범하지 않기 위해서는 언제나 모든 판단의 기준이 되는 의를 투철하게 인식하고 지키려는 태도를 견지해야 한다. 그렇기 때문에 그는 "의義로써 밖을 방정方正하게 한다고 말할 때의 의義란 일의 마땅함을 말한다. 모든 일을 의義로써 결단한다면 밖이 스스로 방정해지는 것이다"59)라고 말하였다.

뿐만 아니라 의를 밝게 알고 실천하는 자세로써 자신의 행동을 올바로 하지 않으면 가문과 선비로서의 체면을 손상하게 됨을 명심하라는 뜻에서 그의 아들에게 "너는 유가儒家의 본색을 지닌 집안의 아들이다. 황은皇恩을 입어 한 현縣의 관리가 되었으니, 마땅히 공검恭儉 근신하고 자신을 검사하고 단속하라"60)고 하면서, 만약 "의리를 두려워하지 않고 법을 두려워하지 않으며 근신을 생각하지 않는다면 결국 크게 낭패를 당할 것이다"61)라고 충고한다.

---

57) 『明齋遺稿』, 권28, 「與子行敎」, "夫杖有大小, 自有定制, 所謂笞者, 所以用於小罪也. 不可太大, 使之致傷也. 雖官中舊制如此可改也. 況自我新造也. 須改而小之可也. 蓋笞之小者, 只爲痛其皮膚, 大者傷其骨肉, 或至於病, 何可以人之小罪, 而致重傷也. 如此等事須留意."

58) 『明齋遺稿』, 권28, 「與子行敎」, "凡百祥審, 俾無尤悔極可."

59) 『明齋遺稿』, 권28, 「與子行敎」(丁丑 至月 二十六日), "義以方外云者, 義乃事之宜也. 凡事以義裁之, 則外自方矣."

60) 『明齋遺稿』, 권28, 「與子行敎」(戊寅 上元), "汝以儒素家子, 官忝侍從, 乞養蒙恩, 始得一縣, 所當恭儉勤愼, 檢身律己."

그리고 『목민심감牧民心鑑』을 보내어 그 요어要語에 따라 아들이 언행을 단속하게끔 했다.62) 윤증은 심지어 "공무가 끝난 뒤에는 곧 서재의 조용한 곳에 앉아서 서책을 벗으로 삼는 것이 손님과 잡담을 하는 것보다 낫다"63)고 하는 등 공무에서가 아닌 평소생활에서의 언행과 몸가짐에 이르기까지 올바른 태도에 대해 일일이 훈계하고 있다. 여기에는 나라와 백성을 위기와 곤궁에서 구하려는 그의 독특한 치국 요결要訣이 반영되어 있다. 그의 이런 충고는 사실상 당시의 모든 관리에게 적용되는 것이며, 그의 경세사상의 핵심을 이룬다고도 볼 수 있다. 물론 윤증의 경세사상에서는 후기실학자다운 이용후생, 경세치용, 실사구시와 같은 좀 더 구체적인 현실적인 실천이념을 찾을 수 없다. 이점은 그가 역시 성리학적인 실학에 머물러 있음을 뜻하기도 한다.

4. 맺음말

윤증은 자신의 조부인 윤황과 부친 윤선거를 통해서 외증조인 우계 성혼의 학문을 전수받은 것으로 알려져 있다. 우계 성혼의 학문에 관해서 이이가 "보고 이해하는 정도는 자신보다 못하지만 조신操身하고 행하는 일에는 돈독敦篤하고 견확堅確하여 자신이 미치지 못할 정

---

61) 『明齋遺稿』, 권28, 「與子行敎」(丁丑 臘月 二十九), "凡事不畏義, 不畏法, 不思勤愼, 如此則終必大敗矣."
62) 『明齋遺稿』, 권28, 「與子行敎」(戊寅 臘月 三日), "牧民心鑑一冊, 極好看, 極有要語, 故送去, 精謄而常覽可也."
63) 『明齋遺稿』, 권28, 「與子行敎」(己卯 元月 十三日), "公事罷後, 則入內靜處, 以書冊爲伴, 勝於與客雜談也. 淸心省事, 事至斯應, 無事時則以書冊潛玩可也."

도"라고 한 데서도 알 수 있듯이 성혼의 학문은 이론적인 탐구보다 배운 것에 대한 확고한 신념을 가지고 실천에 매진하는 정도가 투철하였음을 알 수 있다. 결국 성혼은 사단칠정설이나 인심도심설에 대한 연구에서 이이와 같은 독창적인 이론의 개발보다는 이황의 학설을 견지하는 정도의 업적을 남겼을 뿐이지만 그의 학문이 궁리·거경의 실천이론에 투철하였음은 이이에게도 인정받을 정도였다.

윤증은 「제위학지방도題爲學之方圖」에서 '입지立志'와 '무실務實'을 보태어 특히 강조했는데, "입지立志와 무실務實의 두 조목條目은 제가 분수를 넘어 우계·율곡 두 선생의 뜻을 가지고 첨가한 것이다. 대개 입지가 아니면 시작이 없고, 무실이 아니면 끝마침이 없다"고 해서 입지와 무실을 학문의 시작과 끝마침으로 삼았다. 윤증은 그 자신이 정주나 율곡 이이, 우계 성혼을 매우 존숭하여 자신의 학문적 연원으로 삼고 있음이 분명하다. 다만 우암 송시열, 수암 권상하, 남당 한원진으로 이어지는 이이 직계의 사변적인 학풍과 달리 경敬을 중심으로 하는 실천적 학풍을 강조하며, 리기심성론에 천착하기보다는 실심과 실공을 중시하는 무실학務實學에 입각한 무실학풍을 보이고 있다. 이러한 점은 그가 비록 모든 성리설에서 이이의 학설을 따른다고 해도 자신의 학문사상의 특색을 드러내는 점에 있어서는 리기심성설에 대한 이론적 탐구에 뛰어났던 이이보다 실천에 매진한 성혼의 학풍을 따른다고 보아야 할 것이다. 이 점은 윤증 자신의 가학家學 성격이기도 하다. 이런 점에서 윤증의 유학은 이이에서 송시열로 이어지는 노론학계의 그것과 차별된다고 평가해도 좋을 것이다.

율곡학과 윤증의 유학

리 기 용

1. 머리말

명재明齋 윤증尹拯(1629~1714)[1]은 뛰어난 학문과 명성 높은 학통과
가문, 그리고 평생을 선비다운 삶을 살았음에도 불구하고 당쟁에 휘말
린 것과 우암尤庵 송시열宋時烈(1607~1689)과 시남市南 유계兪棨(1607~1664)
두 스승을 배사背師한 제자라는 이유로 역사상 부정적인 평가를 받아
왔다. 윤증에 대한 이러한 삶은 실록 안에 담긴 그의 평가에서 단적으
로 나타나며, 이것은 윤증의 유학에 대한 교차되는 대립된 두 관점을
잘 보여 주고 있다.

---

1) 자는 子仁, 호는 明齋·酉峯, 시호는 文成이다.

행판중추부사 윤증이 졸하니 나이 86세였다. 임금이 하교하여 애도함이 지극하였고 뒤에 문성이란 시호를 내렸다. 윤증은 이미 송시열을 배반하여 사람에서 죄를 얻었고 또 유계가 편수한 예서를 몰래 그 아버지가 저작한 것으로 돌려 놓았다가 수년 전에 그 사실이 비로소 드러나니 유계의 손자 유상기兪相基가 이를 노여워하여 편지를 보내 절교하였다. 윤증은 젊어서 일찍이 유계를 스승으로 섬겼는데, 이에 이르러 사람들이 말하기를 윤증이 전후로 두 어진 스승을 배반했으니 그 죄는 더욱 용서하기 어렵다고 하였다.

숙종055/40/01/30(임신)

윤증이 죽은 뒤 실록에서의 그에 대한 언급은 문성이라는 시호가 내려졌다는 긍정적인 평가와 배사와 기만이라는 부정적인 평가가 교차한다. 특히 배사했다는 이유로 윤증에 대해 전반적으로 부정적인 혹은 격하시켜 평가하고 있음을 쉽게 알 수 있다. 윤증에 대한 실록의 기록, 즉 숙종실록을 수정한 이전과 이후의 대비된 평가는 영욕이 엇갈리는 그의 삶에 대한 조선시대의 상반된 이해를 잘 드러내 주고 있다. 윤증이 영의정에 제배된 숙종 35년(1709) 1월 16일의 실록 기사와 보궐정오실록의 기사를 대비시켜 보기로 하겠다.

윤증을 우의정으로 제배하였고,…… 윤증은 본시 미련하여 분명하지 못하고, 또 배사한 죄가 있는 사람인데, 어쩌다가 시배들의 추앙을 받아 곧바로 백으로서 정승에 제수되므로, 식견 있는 사람들이 세상에 도의를 위해 근심하였다.

숙종 047/35/01/16(무자)

명재를 우의정으로 삼았다. 윤증은 마음가짐이 순실醇實하고 행동함이 지극하게 독실하였고, 격물·치지와 신사·명변은 비록 우월하지 않은 것 같았지만, 원만한 덕성과 정직하게 쌓은 존양이 은은하게 날로 드러났고, 삼가고 후덕한 가법과 온화하면서도 맑은 용의가 자못 근세의 유자들이 미칠 바가 아니었다.

숙보 047/35/01/16(무자)

소론의 영수로서 17·18세기 붕당과 당쟁, 예송의 핵심인물이라는 점을 의식한다면 숙종실록에서 보이는 부정 일면의 평가가 보궐정오 실록에서는 상당히 긍정적인 평가로 전환되었음을 알 수 있다. 윤증에 대한 상반된 평가는 자연스런 귀결인지도 모른다. 하지만 그에 대한 평가가 전반적으로 부정적인 면에 더 치중되었음을 부인할 수는 없다.

그런데 역사적으로 당연시했던 배사의 문제에 대해서 우리는 잠시 주목할 필요가 있다. 그 이유는 신유의서(1681)에서 윤증 자신이 그의 학문적 연원에 대해 언급하고 있는 부분을 어떻게 이해할 것인가에 다소 논란의 여지가 있기 때문이다. 윤증은 자신의 학문적 연원에 대해서, 송시열에게서 배웠던 사승관계가 아니라 송시열에게서는 주희의 글만 받았을 뿐이며, 사계沙溪 김장생金長生(1548~1631)과 신독재愼獨齋 김집金集(1574~1656) 부자가 서로 학문을 정해 주었듯이 자신도 부친인 미촌美村 윤선거尹宣擧(1610~1669)로부터 사사를 받은 가전적 전통을 갖고 있으며, 그렇기 때문에 송시열의 계통이 아님을 스스로 천명하고 있는 점2)은 그에 대한 부정적 평가에 대한 근원적 회의를 초래

---

2) 이 신유의서로 인해 송시열의 제자 崔愼이 배사 문제를 논죄하는 상소를 숙종 10년(1684)에 상소를 올렸고, 다음해에는 옥촌의 유생들까지 통문을 돌려 윤증을 규탄함으로써 노론과 소론 양측 유림 사이는 도저히 화합할 수 없는 사태로까지 악화되기에 이르렀다.(이이화,「조선조 당론의 전개과정과 그 계보」,『한국사학』8, 1986, 64쪽 참조)

할 수도 있다. 동시에 윤증에 대한 부정적 평가의 원인이 된 배사 문제는 그 자체 이상으로 당시 당쟁과 분당에 연관된 정치적 이해득실과도 떼어 놓을 수 없음을 추정해 볼 수 있게 한다.

본고에서는 문제의 초점을 율곡학과 윤증의 유학에 맞추고『명재유고明齋遺稿』를 중심으로 유고 내에 단편적으로 언급되어 있는 철학적 주제 혹은 문제를 율곡학과 대비시켜 그 특성을 찾아봄으로써 율곡학이 윤증 안에서 어떻게 계승되어 있고, 윤증이 율곡학을 어떻게 전개시켰는지 살펴보기로 한다. 구체적으로는 율곡학 가운데 기호학파의 형성과 윤증의 유학에 대한 연원을 살펴보고, 윤증의 유학이 가지는 방법론과 독자적 특성에 관한 문제를 중심으로 살펴볼 것이다.

2. 윤증의 유학에 대한 연구현황

붕당정치 특히 노소의 분당과 예송을 중심으로 한 윤증 당시의 정치・사회에 대한 많은 연구에도 불구하고 윤증 유학에 대한 연구는 1990년 이전까지는 홀시되어 왔다. 1990년대 접어들며 윤증 유학에 대한 관심이 일어나기 시작하였고, 1996년을 기점으로 고조되기 시작한 윤증 유학 연구는 더욱 활력을 띠며 다양한 연구성과를 내놓게 된다. 윤증 유학의 정상화와 활성화에는 충남대 유학연구소의 역할을 빼놓을 수 없다. 특히 유학연구소 명재유학연구실의 노력으로 윤증 유학은 선양을 위한 문중학의 층차를 넘어 본격적으로 활성화된 지성사연구의 한 지평을 맞게 되었다.

구체적으로 살펴보면, 명재 윤증의 사상을 전문적으로 다룬 시작은 한우근이 윤증의 실학관을 독립적으로 연구한 것이라고 해도 과언 이 아니다. 한우근 연구 이전의 윤증 연구는 당쟁과 붕당 속에서 배사 의 문패를 달고 언급되고 있었다. 이 연구는 윤증 연구를 독립적으로 분리시키는 동시에 실학적 측면에서도 접근하게 했지만, 아울러 명재 연구의 특성에서 실학적 성향을 강하게 띠게 하는 선입관으로도 작용 하였다. 윤증의 유학을 전문적으로 연구한 오성욱(1992), 권기원(1995), 정경원(1996), 남지만(2000) 같은 이가 석사학위논문을 제출하였으나, 아 직 박사학위 논문까지는 나오지 못한 실정이다. 전문적 연구가 시도 됨에도 불구하고 그의 사상을 총체적으로 다룬 박사학위논문이 나오 지 못한 이유 가운데 하나는 그의 철학에 대한 전문적인 저술이 거의 없어 『명재유고』 안에 담겨 있는 단편적인 글을 통해서 추론해야 하 기 때문일 것이다. 여기서 다시 한번 짚고 넘어가야 할 점은 윤증의 학문적 명성과는 달리 그의 철학적 저술은 미약하여 단편적 언급, 특 히 질문에 답하는 문답 형식의 언급 속에 드러난 윤증의 대답을 통해 서만 그의 철학을 추론할 수밖에 없다는 것이다. 윤증 연구에 대한 자 료가 부족한 또 다른 하나는 윤증 스스로는 학문의 보급과 실천에 힘 을 기울였지만 자신의 저작을 펴내는 데는 겸손한 학문적 태도를 가 졌기 때문이다. 그런데 더욱 중요한 이유는 윤증이 성리학 일반 이론 에 대하여 이이의 이론을 거의 대부분 수용하기 때문에 그의 철학이 가지는 독자성을 변별하기 어렵게 만든 것이기도 하다. 이러한 점들 을 십분 전제하더라도 윤증이 붕당과 예송 쟁점의 소용돌이 속에 휘말 려 있었기 때문에 그에 대한 연구는 주로 당시의 정치적 상황 전반과 함께 고찰되어 왔다.

윤증의 유학에 대한 연구는 1996년 '명재 윤증의 철학사상에 대한 체계적 조명'이라는 주제하에 개최된 국제학술대회를 기점으로 활성화되기 시작하였다. 특히 2000년 유학연구소 내 명재연구실 신설과 이를 기념한 '명재 윤증의 사상과 현대사회'를 주제로 한 국제학술대회와, 보완시켜 중간된 『명재유고』 표점본은 윤증 유학 연구의 기폭제가 되었다고 할 수 있다. 『명재유고』 간행과 수차례에 걸친 국제학술대회와 세미나 등을 계기로 윤증 유학의 본격적 연구가 시작된 것이다. 이 연구성과들을 개괄적이고 총체적으로 묶어 보여 준 것이 바로 『무실과 실심의 유학자 명재 윤증』(청계, 2001)과 『명재 윤증의 생애와 사상』(청계, 2001)이다.

학문적 연원을 중심으로 기존의 연구성과에 나타난 명재 윤증의 학문적 성격에 대한 연구자의 해석은 크게 다음과 같이 구분하여 살펴볼 수 있다. 첫째는 실학적 사유의 맥락에서 윤증의 유학을 이해하려는 관점이다. 대표적인 학자로는 실학에 대한 해석의 차이를 달리하는 한우근, 유명종, 윤사순 등을 들 수 있다. 둘째는 이이와 성혼의 사상을 계승한 기호성리학의 연장선에서 보려는 것으로 황의동, 최영찬, 최영진, 오성욱, 남지만 등이 이에 해당한다. 첫째와 둘째 입장은 적지 않은 공통분모를 갖고 있다. 윤사순은 첫째에 속한다고 볼 수 있지만 둘째와의 공통지평을 공유하는 절충적 입장을 취하고 있다. 따라서 첫째와 둘째의 입장 즉 윤증의 유학을 실학적 경향과 기호성리학적 경향으로 파악하는 두 평가는 절충적 관점에서 본다면 그 학문적 연원을 같이하고 있다고 해도 과언이 아니다. 셋째는 외주내왕外朱內王 혹은 양주음왕陽朱陰王적 관점에서 육왕적 심학의 갈래로 이해하려는 것으로 윤남한, 김길락, 송석준, 이은순 등이 여기에 해당한다. 이렇게 여러 윤증에 대한 이해와 접근의 차이에도 불구하고 윤증 유학의 직접적인 학문적 주맥主脈을 율곡학의 연장선에서 이해하고 있는 점은 공통적이다.

윤증 유학의 연구 경향을 이와 같은 대별을 통해서 윤증 유학의 연원에 대한 이해의 차이도 쉽게 구분해 볼 수 있다. 앞의 두 입장의 경우 윤증 유학은 주로 가학적인 영향에 기인한다고 보고 있지만, 그 본질적 측면을 살펴보면 이이와 성혼 성리학의 계승 혹은 율곡학이 가지는 실학적 성격에 근원하고 있다고 보아야 할 것이다. 송시열의 형식주의적 측면에 대한 윤증의 반론을 의식할 때, 송시열이 이론적 측면을 강조하는 데 반해서 윤증의 유학에서는 율곡학의 실천적 측면을 더 강조한다고 할 수 있다. 이는 송시열과 윤증 즉 노론과 소론의 분당이라는 정치적 배경에 기인하는 기존의 연구 경향3)과는 다르게 계보학을 전제로 그 이론적 발전의 측면에 주중을 두었다고 할 수 있다.

한편 윤증 연구 경향 가운데 외주내왕적 방식으로 나타나는 양명학의 영향에 대해서는 다소 논란의 여지가 있다. 그 이유는 조선 초

---

3) 윤증의 유학에 대한 기존의 연구 경향의 대강을 살펴보면 주로 노론과 소론의 분당 즉 송시열과 윤증의 반목에 초점을 맞추고 있었다. 현상윤(1949)은 송시열과 윤증의 반목은 회니시비에 근본이 있으며 이는 두 사람 모두의 잘못으로 보았다. 이병도(1958)는 황산서원에서 윤휴의 주자주해를 사문난적으로 규탄할 때 송시열과 윤선거 두 사람의 소견 대립에서 연유한 것으로, 성락훈(1965)은 송시열과 윤선거, 윤휴대까지 거슬러 올라가 송시열이 윤휴를 사문난적하는 시비에서 비롯되어 대를 이어 윤증에까지 미쳐 노소 분당의 중요 문제가 제기된 것으로 보았다. 한편 강주진(1971)은 분당의 원인을 윤증과 송시열의 불화가 아니라 윤증의 3대명분론을 우암이 받아들이지 않고 배척하는 과정 즉 정론에서 시작된 것으로 파악하고 있다. 이은순(1988)은 조선후기의 시대적 변화에 따라 상이한 시국관과 정견의 대립 즉 대청실리론과 숭명의리론의 의견대립이 서인 사이에서 자체 분열로 표출되었다고 보았다. 이러한 연구 경향의 변화는 윤증 유학 연구가 분당과 배사의 측면에서 당시의 정치 사회적 현안에 대한 체계적 조망으로 발전되고 있었음을 보여 준다.

성리학의 정립을 주자학의 정립과 동일하게 간주하곤 하지만, 이미 주자학과 양명학이 수정·종합된 형태로 도입되었기 때문이다. 또한 심경心經이나 『대학연의大學衍義』 등이 주요한 교재로 읽혀지면서 조선 성리학은 심학적 리학이라는 독특한 경향이 강조되며 사단칠정론과 인심도심론 같은 전문적 논의가 전개되었다. 이황이 당시에 『전습록傳習錄』을 읽고 그에 대한 비판을 쓴 것을 굳이 상기하지 않더라도 주희의 제자들이 양명학을 바라보고 비판하면서 직·간접적인 영향을 받았음은 부정할 수 없을 것이다. 여기에 이황과 이이를 정점으로 조선성리학이 심학적 리학의 경향을 띠게 되며 형이상학적 논의의 측면이 강조되기 시작하였는데, 양란을 계기로 조선 사회가 총체적 변환기에 접어들자 윤증은 형식적이고 이론적인 특성을 강하게 보인 송시열에 대한 비판의 전략적 방편으로 양명학적 사고에도 열려 있었다고 보아야 할 것이다.4) 그 이유는 조선조의 대표적 양명학자 가운데 한 명인 윤증의 제자 하곡霞谷 정제두鄭齊斗(1649~1736)와의 교류는 『명재유고』나 『하곡집霞谷集』에 수록된 서한들 즉 윤증이 60대 중반인 1697년부터 83세(1711)까지 왕래한 간략한 편지를 통해서 알 수 있다. 그러나 윤증 유학의 양명학적 특성은 유고의 '동행이정同行異情'에 대한 언급 등 단편적인 글을 통해서 추론되고 있을 뿐 양명학에 대한 직접적인 논변을

---

4) 윤남한은 20여 년에 걸친 윤증과 정제두의 학문적 교류를 외주내왕의 경향으로 평가하고 있다.(『조선시대의 양명학 연구』, 1982, 202~203쪽) 한편 이은순은 윤증의 학문은 스승인 송시열과는 달리 그의 학문적 성역을 뛰어넘기 위한 시도의 하나면서 당시의 시대적 변화에 부응하려는 노력의 흔적과 함께 실리론적 이론에 바탕을 두고 있음이 분명해진다고 보았다.(이은순, 『조선후기 당쟁사 연구 – 노소당재의 논점과 명분론』, 일조각, 1988, 27~28쪽)

찾아보기는 어렵다. 다시 말하면 윤증의 글 중에 양명학적 특징이 나타난다는 서한들 속에는 양명의 저서 혹은 양명학의 체계나 본질에 관한 구체적인 논의는 없으며, 다만 윤증이 하곡 정제두의 양명학이 정립되는 가교적 역할을 했을 것으로 추측될 뿐이다. 그럼에도 불구하고 이 시기가 송시열과의 대립이 첨예한 시기인 점을 감안한다면 심층적으로는 송시열의 이론에 대한 비판적 논거로 양명적 사유를 원용했을 가능성에 대해서는 부정할 수 없다.

그런데 정제두는 윤증에게 보낸 임오서한에서 양명학은 상식적인 것이며 양명학이 비록 정주학과는 차이가 있으나 그 내용상에는 차이가 없음을 밝히고 있다. 이를 통해서 간접적으로나마 윤증의 유학에서 양명학적 특성을 찾아볼 수 있다 하더라도, 그 본질은 성리학임을 엿볼 수 있다.

> 이른바 왕씨의 설이란 것도 그 나름대로의 근거가 있는 것입니다. 비록 정주와 같지는 않으나 그 취지는 본래 정주와 다른 것이 없습니다. 그러나 한두 가지 점에서는 자세히 살펴보지 않으면 안 될 것이 있습니다. 이러한 까닭에 곧 버리라고 말하기도 어렵고 또 변명하여 말하기도 어렵게 되었습니다.[5]

이 편지는 윤증이 정제두와 주고받은 것으로 위 인용에 의하면, 정제두가 왕양명의 주장에 대한 논거를 대어 변론하며 정주학과 다름 아님을 주장하는 것은 윤증이 양명학에 대하여 비판적 입장을 취하고

---

5) 『霞谷集』, 권33, "所謂王氏之說, 亦自有本源. 雖云不同於程朱, 其指則固是一程朱也. 然於其一二之間, 容有不得不審察者. 此所以難言直棄, 亦難於爲說."

있음을 단적으로 알 수 있는 부분이다. 이 때문에 양보하여 양명학과의 연관을 십분 인정하더라도 윤증의 학문적 개방성과 실천성은 이이철학의 특성에 기인한 것이라는 점에서 윤증 유학의 핵심적 연원은 율곡학이라고 할 수 있다.

3. 윤증 유학의 연원과 율곡학

윤증의 학맥을 이해하기 위해 그의 생애를 학문적 연원에 초점을 맞추어 개괄적으로 살펴보기로 하겠다.[6] 소론의 영수로 잘 알려진 명재 윤증은 율곡栗谷 이이李珥(1536~1584)의 학문적 적통을 이어받은 사계 김장생의 아들인 신독재 김집의 문인이었던 미촌 윤선거의 장남이다. 그리고 윤선거는 우계牛溪 성혼成渾(1535~1598)의 문인이었던 팔송八松 윤황尹煌(1572~1639)의 아들이다. 조부 윤황을 통해 내려오는 성혼의 학문과 부 윤선거가 이어받은 율곡학이 잘 조화된 가학의 전통을 윤증 유학의 기본적 연원이라고 할 수 있다. 윤증은 어려서부터,

---

6) 고영진은 윤증의 사상 형성을 다음과 같이 크게 세 시기로 나누고 있다. 첫째 시기는 1638년(10세)~1557년(29세)으로 가학적 전통을 계승하고 유계, 권시, 김집, 송시열 등 당대 명유들에게 수학하며 학문적 깊이를 더해가는 시기다. 둘째 시기는 1658년(30세)~1680년(52세)으로 사우들과 사신을 통해 활발히 학문토론 및 주요 사건이나 쟁점에 대한 견해를 피력하던 시기다. 셋째 시기는 1681년(53세)부터 죽을 때까지로 송시열과 결별하며 무실과 실심을 강조하는 등 본격적으로 변화가 나타나고, 이러한 변화가 노론의 공세에 정치적 학문적으로 대응하며 점점 체계화되고 정체성을 띠어 가던 시기다.(「명재사상의 형성과정과 한국사상사적 위치」,『무실과 실심의 유학자 명재 윤증』, 36쪽)

유배를 마치고 금산에 자리 잡은 부친 윤선거의 친구인 시남 유계의 가르침을 받게 된다. 윤증 형제는 유계에게, 유계의 아들 유명윤兪明胤 형제는 윤선거에게 수학하였다. 윤선거와 유계는 그곳에서 후일 문제가 되는『가례원류家禮源流』를 함께 저술한다. 윤증은 18세에 탄옹炭翁 권시權諰(1604~1672)의 딸과 결혼하고 권시에게 수학하게 되는데, 이 계기를 통하여 퇴계학과도 직접적으로 접하게 되는 동시에 양명학의 연원으로 알려진 권시의 부친인 만회萬悔 권득기權得己(1570~1662)의 영향도 간접적으로 받았을 것으로 사료된다. 이후 윤증은 1651년 김집, 1652년 동춘당同春堂 송준길宋浚吉(1606~1672)을 찾아가 수학하고, 1657년 우암 송시열에게 수학하며 폭넓은 학문적 연원을 갖게 된다. 이렇듯 윤증의 학문은 성혼과 이황[7] 등 여러 사람의 학문에서 영향을 받았지만 기본적으로는 율곡학파의 범주에서 이해해야 한다.

4. 송시열의 외명과 윤증의 내실

송시열과 윤증은 기본적으로 이이의 철학을 계승하고 있다. 그들은 철학적 전제를 같이하면서도 그 구체화의 주중主重을 달리하면서

---

7) 윤증이 최주일에게 답한 글에서 "근래 퇴옹이 편집한 理學通錄과 師友 간에 문답한 것을 읽어 보았더니 위기지학으로 신심에 절실하지 않은 것이 없었다"(『明齋遺稿』, 권18, "答崔主一, 近讀退翁所理學通錄, 師生朋友問所問答, 無非爲己之學, 切於身心者")라고 이황의 저술을 읽고 평한 것과 魯岡書院에서 자신이 지은 齋規 및 석담서원의 재규와 함께 이황의 성학십도를 걸어 놓고 후학들에게 익히게 한 것을 종합해 볼 때 그는 퇴계학에도 열려 있는 다양한 학문적 경향의 열린 태도를 가졌다고 볼 수 있다.

노론과 소론으로 길을 달리한다. 그럼에도 그들의 철학적 전제에는 큰 다름이 드러나지 않는다. 즉 양자는 원론적 전제인 이기심성에 대한 철학적 원칙에 대한 이이의 입장에 동의하고 있다.[8] 굳이 이들의 학문을 대별하자면 송시열은 형식적이고 체계적인 면을 강조하는 한편, 윤증은 실용적이고 현실적인 측면을 강조한다고 할 수 있다. 양란 이후 당시의 시대적 상황에서는 이론적 문제의 정립을 통해 사회를 안정시켜야 한다는 주장과 그보다는 현실적으로 실천할 수 있는지의 문제가 더 절박하다는 주장이 양립되었고, 붕당과 예송 등을 통해 드러나는 현실 문제를 해결하기 위한 방법론의 입장 차이를 찾아볼 수 있다.

송시열이 방대한 저작을 남기고 있는 반면, 윤증은 이기심성 등 성리학의 형이상학적 논의에 대한 체계적이고 전문적인 글이 거의 없다고 해도 과언이 아니다. 윤증의 경우는 많은 책을 편찬하기는 하였지만 자신의 저술은 거의 남기지 않았다. 따라서 윤증 성리학의 체계를 이해하기 위해서는 유고 내의 여러 편지글에 산재한 편린片鱗을 통해서 그의 생애와 학문적 연원을 의식하며 추정하고 복원해야 한다.

그런데 윤증의 저서가 적은 것은 외형적 명분에 치중하지 않고 내실에 만전을 기했던 그의 실천적 학문관에 기초한다고 볼 수 있다. "문인들이 선생의 저술을 청하자, 선생은 '이 시대에는 경전에서 정주서에 이르기까지 서책들이 매우 풍부하다. 학자는 그 책들을 읽고 진

---

8) 『明齋遺稿』에 나타난 리기심성, 본연지성, 기질지성에 대한 논의는 대체적으로 주희와 이이의 입장을 지지 계승하고 있다. 굳이 이이와의 차이점이 드러나는 부분을 찾는다면 심성론에 대한 전문적인 논의 가운데 인심도심설의 경우 그 영역을 확충시켰다고 볼 수 있다. 이 문제에 대해서는 뒤에서 구체적으로 논하기로 한다.

지眞知를 실천實踐할 일이지, 그와 관계없이 저술에 힘쓰는 것은 무실務
實의 학문이 아니다"[9]라고 한 것은 잘 알려진 일화다. 뿐만 아니라 윤
증은 벼슬하면서 공리공론을 일삼기보다는 성현의 말에 의거하여 학
문에 힘쓰는 것이 가문을 위해서나 학자적인 삶을 위해서 유익한 것이
라고 후손들에게 누누이 강조하고 있다.

이러한 윤증의 학문관을 송시열의 학문관과 비교해 보면 그 대비
는 명확하게 드러난다. 앞에서 언급한 바와 같이 윤증은 「신유의서」
에서 자신은 가학의 영향을 가장 크게 받았다고 밝히고 있다. 이것을
존중한다면 윤증의 유학은 가전지학의 특성을 그대로 계승한다고 보
아야 한다.

윤증은 부친 윤선거와 우암 송시열의 학문을 비교하여 부친의 학
문이 내內와 실實을 중시했다면, 송시열의 학문은 외外와 명名을 중시
한 것이라며[10] 윤증 자신의 내실적 가학과 송시열의 외명적 학문 경향
을 구분하여 말한 바 있다. 즉 송시열의 학문과 윤증의 학문은 명과
실, 형식과 실용으로 구분된다[11]는 것이다. 명촌明村 나량좌羅良佐(1638~
1710)는 남계南溪 박세채朴世采(1631~1695)의 말을 빌어 윤증과 송시열을
비교하여 말한 바 있다. 윤증과 송시열의 도는 같지 않은데, 윤증은
덕행에는 뛰어나지만 언론은 부족하여 후학이 쇠퇴하게 된 반면, 송

---

9) 『明齋先生年譜』, 권2, 崇禎75 임오 編大近思後錄條 세주.
10) 『明齋遺稿』 別集, 권3, 「答朴和叔」, "先人之學, 內也實也. 尤翁之學, 外也名也."
11) 최영찬은 內와 實은 진리성과 철저한 실천성을 말하는 것, 즉 윤증 유학의
특징은 철저한 진리의 규명과 실천 그 자체에 있었으며, 이것을 송시열의 외적
인 결과 즉 명리획득과 구분하고 있다.(「명재사상의 주기철학적 심성관」, 『무
실과 실심의 철학자 명재 윤증』, 136쪽) 이러한 윤증 유학의 특성은 다음 장에
서 구체적으로 확인할 수 있다.

시열은 덕행은 부족하지만 언론에 진칠 정도의 뛰어남이 있다며 양자 모두 장단점이 있다고 보았다.[12] 이 단편적 언급들에서 우리는 송시열의 외명적外名的 학문에 대해 윤증 자신의 학문은 내실적內實的 학문에 초점을 맞추었으며, 양자는 각기 언론과 도덕에 장단점을 모두 갖추고 있음을 알 수 있다.

5. 윤증 유학의 방법론 : 입지 · 무실과 지경 · 강학 · 성찰

1) 초학획일지도

윤증의 내실적 학문관은 「초학획일지도初學劃一之圖」(54세, 1682)와 「위학지방도爲學之方圖」(73세, 1691)에 잘 나타나 있다. 「초학획일지도」는 '총도總圖'와 '지신持身', '독서讀書', '응사應事', '접물接物'에 대한 도식과 설명으로 구성되어 있다. '총도'는 숙흥夙興과 야매夜寐 사이에 일용日用을 두고, 일용 아래 다시 지신持身, 독서讀書, 응사應事, 접물接物의 4항목을 두고 있다.

배우는 사람의 일용은 아침부터 저녁에 이르기까지 이 네 가지를 넘어서지 않는다. 각각에 해당하는 도식을 아래에 그린다. 그 이치를 진실로 알아서

---

12) 『明齋遺稿』, 권14, 「答羅顯道」, "尼山之道尤齋不同, 未知孰是孰非. 玄石答曰, 尼山專爲德行, 凡事縝密, 行孝友, 居鄕謹愼, 皆人所難及, 而但言論風節不足, 由此後學, 離有檢飾之美, 然漸至於委靡. 尤齋德行不足, 而專尙氣節, 言論有餘, 故門下徒尙言語文字, 彼此俱有其弊."

실천해 갈 수 있다면 위로는 성인이 될 수 있고 다음으로 현자가 될 수 있다. 그 아래라 하더라도 맑게 닦은 길사가 되는 것은 잃지 않을 수 있다.[13]

'지신持身'에는 다시 구용九容, 지경持敬, 사물四勿의 조목을, '독서讀書'에는 독서지의讀書之義, 독서지서讀書之序, 독서지법讀書之法을 두고 있다. 윤증은 주희의 독서를 통한 궁리를 강조하며 독서의 방법으로 다음과 같은 6가지 요령을 제시하고 있다.

학문은 궁리보다 시급한 것이 없으며, 궁리의 요령은 반드시 독서에 있다. 독서의 방법에는 여섯 가지 세칙이 있다. 순서에 따라 점차 나아가는 것, 자세히 읽어 정밀하게 생각하는 것, 마음을 비우고 함영하는 것, 자신에게 절실한 것을 몸으로 고찰하는 것, 긴요한 것에 힘쓰는 것, 거경으로 뜻을 지니는 것이니 이것은 모두 주자의 말씀이다. 주자가 사람을 가르친 천마디 만마디 말이 여기서 벗어나지 않으니 후학들이 성현이 되고자 하고 현인이 되고자 한다면 이것을 버리고는 다른 길이 없다.[14]

주희의 학문은 독서를 통한 궁리에 있으며, 6가지 독서법을 제시한다. 이것이 바로 주희가 사람을 가르치는 독서의 요법이다. 윤증은 이 독서공부법을 수차례 언급하고 있는데, 그 요체는 독서는 실심으로 해야 함을 강조하고 있다.[15] 윤증의 실심으로 하는 독서는 기억하

---

13) 『明齋遺稿』, 권30, 「初學畫一之圖」, "學者日用, 自朝至暮之間, 不過此四事而已. 各有小圖于下, 苟能眞知其理而實踐之, 則上可爲聖, 次可爲賢. 下猶不失爲淸修之吉士矣."

14) 『明齋遺稿』, 권25, 「答李世衍」, "爲學莫先於窮理, 而窮理之要, 必在於讀書. 讀書之法有六條. 曰順序漸進, 曰熟讀精思, 曰虛心涵泳, 曰切己體察, 曰着緊用力, 曰居敬持志, 此皆朱夫子之說也. 夫子之敎人, 千言萬言不越乎此, 後學之欲希聖而希賢者, 捨此無他道矣."(『明齋遺稿』, 권25, 「答韓配宗」 참조)

고 외우는 것이 아니라 몸과 마음으로 체인하는 것으로 이해하면 될 것이다.16)

벗들에게 바라는 것은 역시 오로지 실공에 있을 뿐이다. 우리의 학문이 나아가 서로 더불어 의리를 강구하고 힘써 직무를 행하여 뒤떨어진 사람들로 하여금 선인들이 남겨 놓은 은덕을 입게 하는 것, 이것을 바랄 뿐이다.17)

천은 실심이 있은 뒤에 실공이 있고, 실공이 있은 뒤에 실덕이 있다. 실덕이 있은 뒤에는 밖으로 드러나는 것이 어디를 가든지 참되지 않을 수 없다.18)

윤증은 실심實心이 서지 못하면 실공實功에 나아가기 어렵다19)라고 했지만 아울러 실심으로 하는 독서를 통해서 실심을 세우고 실공에 나갈 수 있다고 보았다. 이는 윤증이 추구하는 궁극적 도달점은 실공實功에 있으며, 실공이 있으면 실덕實德이 있게 된다고 보았기 때문이다.

의로움(義)과 올바름(是)은 천리고 이로움(利)과 그릇됨(非)은 인욕이다. 마주

---

15) "옛 사람들의 학문하는 방법은 모두 책에 있는데, 세상의 학자들은 참으로 실심을 가지고 있는 경우가 드물다."(『明齋遺稿』, 권21, 「答李彦緯武叔」, "古人爲學之方, 具在方冊, 而世之學者, 罕有眞實心地.")

16) "학문하는 것은 오로지 독서에 있지 않고 오로지 기억하고 외우는 것에 있지도 않다. 오직 몸과 마음으로 체인한다면 언제 어디서나 학문하는 일이 아닌 것이 없다."(『明齋言行錄』, 권4, 「問答上」, "又答學者曰, 爲學不專在讀書, 不專在記誦. 惟體認身心, 則隨時隨處, 無非爲學之事矣.")

17) 『明齋遺稿』, 권21, 「與李燔希敬」, "所望於朋友者, 亦唯做實功. 進吾學, 相與講究義理, 强勉服行, 使衰朽者, 得借餘光, 是冀而已."

18) 『明齋遺稿』別集, 권3, 「擬與懷川書」, "細註, 天有實心而後, 有實功, 有實功而後, 有實德. 有實德而後, 發於外者, 無往而不實."

19) 『明齋遺稿』, 권18, 「與鄭君啓」, "實心未立, 實功難進."

치는 일마다 의리 시비를 분별하여 취사한다면 인욕은 물러가고 천리가 유행될 것이다.[20]

'응사應事'는 의리와 시비로 나누어 설명하고 있다. 의義와 시是는 천리고, 이利와 비非는 인욕人慾으로 파악하고 매사에 의리 시비를 분별하여 취사한다면 인욕은 물러가고 천리가 유행될 것이라고 보았다. 그리고 '접물接物'은 주희 「여위응중서與魏應仲書」의 겸손자목謙遜自牧, 화경대인和敬待人과 「백록동규白鹿洞規」의 기소불욕물시어인己所不欲勿施於人과 행유부득반구제기行有不得反求諸己로 정리하고 있다. 정리해 보면 「초학획일지도」는 배우는 사람이 일상생활에서 지키지 않으면 안 될 구체적 세목으로 지신持身, 독서讀書, 응사應事, 접물接物을 제시하며 그 구체적 세목들을 서술하고 있다.

2) 「위학지방도」

먼저 살펴본 윤증의 「초학획일지도」가 학문하는 구체적 세목을 제시한 것이라면, 그의 「위학지방도爲學之方圖」에는 윤증 유학의 강령이자 방법론이 구체적으로 드러나 있다. 「위학지방도」에 제시된 강령은 입지立志와 무실務實을 전제로 한 '지경持敬', '강학講學', '성찰省察'이다. 윤증의 학문은 이 세 가지 가운데 하나라도 힘쓰지 않으면 학문이라 말할 수 없는 체제를 갖는다. 이는 이이가 제시하는 '거경'·'궁리'·'역

---

20) 『明齋遺稿』, 권30, 「初學畫一之圖」, "義與是天理也, 利與非人慾也. 遇事無大小, 分別義利是非, 而取捨之, 人慾退聽而天理流行矣."

행'의 방법과는 다소 차이가 있는 듯하지만, 그 내용을 살펴보면 오히려 좀 더 구체적인 학문방법을 제시한 것이라고도 할 수 있다.

윤증에 의하면 「위학지방도」는 본래 성혼이 주희의 저서에서 내용을 채록하여 편찬한 『위학지방』 가운데 「답임백화答林伯和」의 내용을 이이가 한 장의 그림으로 정리한 것이다. 좌우양변에 쓴 입지와 무실은 윤증 자신이 성혼과 이이의 뜻을 참작하여 첨가한 것이다.

> 위 그림은 율곡선생이 작성한 것이다.…… 원래 그림에는 도·문·학 세 글자가 거꾸로 쓰여 있다. 존덕성과 상대하여 수미를 이루도록 하기 위해 서로 향하게 만든 듯하지만 지나치게 안배했다고 생각하여 바로잡았다. 이른바 입지와 무실 두 조목은 내가 분수에 넘치게 율곡과 우계 두 선생의 뜻을 취하여 덧붙인 것이다. 생각건대 입지가 아니면 시작할 수 없고 무실이 아니면 끝마칠 수 없다.[21]

이렇게 볼 때 윤증이 양변에 둔 입지와 무실은 학문의 시작함과 마침의 조건이라고 보았다. 「위학지방도」는 '입지立志'와 '무실務實'을 양변에 두고[22], 사이에 '지경持敬'에는 정의관正衣冠, 일사려一思慮, 장정제

---

21) 『明齋遺稿』, 권30, 「爲學之方圖」, "右卽栗谷先生所爲圖也. (而牛溪先生嘗抄朱子書題曰爲學之方, 其中有答林伯和一書, 此圖卽因此書而爲之者, 而亦以爲學之方爲目, 則兩先生之所共訂定, 可見也.) 原圖道問學三字, 倒書之, 說者以爲與尊德性相對爲首尾, 故象其相向也, 然恐太涉安排 故直書之. 所謂立志務實二目, 則拯之僭取兩先生之意, 而添之者也. 盖非立志則無以始, 非務實則無以終. (此擊蒙要訣及聖學輯要, 皆以立志爲首章, 而學方所撫諸書, 無非實下工夫之意故也.)"

22) 윤증은 1676년 酉峯에 새 집을 지어 鳳夜齋라고 이름짓고 본격적으로 제자 양성할 때 이이의 擊蒙要訣과 성혼의 爲學之方을 제시하고 초학자들로 하여금 立志와 務實을 학문의 근본으로 삼게 하였다. 입지와 무실은 명재가의 가전지결이기도 한 학문의 요체이기도 하다. 『明齋先生年譜』, 권1, "以栗谷擊蒙要訣牛溪爲學之方二書, 爲初學門庭, 而又必以立志務實爲本, 此乃先生家傳旨

숙장정제숙整齊肅, 불기불만不欺不慢을, '강학講學'에는 허심평기虛心平氣, 정좌잠완
靜坐潛玩, 숙독정사熟讀精思, 체인체험體認體驗을, '성찰省察'에는 공사사정
公私邪正, 시비득실是非得失, 위미조사危微操舍, 폐흥존망廢興存亡을 중용의
'존덕성'과 '도문학'으로 다시 구분하고 있다.

이이에 의하면 학문은 본래 규정이나 개념의 정의를 갖고 있었던
것이 아니며, 그 구체적 내용 역시 언어로 표현된 것이 아니었다. 단
지 마땅히 해야 할 일만 하면 되는 것이었을 뿐이며 일상의 옳은 것에
처하여 행하는 것이라고 보았을 뿐이다.

> 옛날에는 학문이란 이름이 없었고 일상생활에서 이륜彝倫의 도道는 사람마
> 다 모두 마땅히 해야 하는 것이어서 따로 학문이란 명목이 없었고, 군자는
> 단지 그 마땅히 해야 할 일만 할 따름이었다. 후세에는 도학이 밝지 못하여
> 이륜의 행실이 폐하여 행해지지 않자 이에 그 당연히 행할 바를 행하는 사람
> 을 가리켜 학문한다고 하였다.…… 학문이 어찌 별 다른 것이 있겠는가.
> 다만 일상에서 옳은 것에 처하여 행하는 바를 구하는 것일 뿐이다.[23)]

이이는 학문의 연원을 군자가 마땅히 해야 할 일에서 비롯된 것으
로 사회가 문란해지고 이륜彝倫의 행실이 이루어지지 않게 되자 부득
이하게 생기게 된 것이라고 보고 있다. 즉 이이는 학문을 사람들이 당
연히 행해야 할 바를 가리키는 것으로, 일상에서 옳은 것을 접하면 그

訣爾."

23) 『栗谷全書』, 권29, 「經筵日記」, "古者無學問之名, 日用彝倫之道, 皆人所當爲, 別
無標的之名目. 君子只行其所當爲者而已. 後世道學不明, 彝倫之行, 廢而不擧, 於
是以行其所當爲者, 名之以學問.……學問豈有他異哉. 只是日用間, 求其是處行之
而已矣."(『栗谷全書』2, 354면 35:28a, 「行狀」 참조)

것을 행하려는 '도학道學'으로 파악한 것이다.

윤증 유학의 도 또한 이이가 학문을 이해하는 이와 같이 생각과 같은 맥락에서 이해할 수 있다. 그 이유는 윤증이 자신의 학문적 연원을 이이에게 두고 있기 때문이다. 윤증 자신은 이이의 리기론에 대해서도 아무런 의혹이 없다[24]고 수차례 언급하고 있으며, 이를 통해서도 이이의 철학을 철저하게 계승하였음을 알 수 있다.[25]

윤증 역시 도는 일상의 일이라며, 비교하자면 선비가 학문하는 것은 농부가 밭을 가는 것과 같이[26] 농부가 하지 않으면 안 되는 일상의 도로 해석하기도 하였다. 윤증에게 이러한 일상의 도는 예禮로 표현되기도 한다. 바로 이 점이 이이를 계승하면서도 윤증 유학의 고유성을 드러내는 부분이라고 할 수 있다. 윤증이 도학을 예로 대체하여 표현한 것은 김장생 – 김집으로 이어지는 그의 학맥이 조선시대 예학의 핵심이며 그가 이를 계승하고 있기 때문이다. 그러나 한편 양란 이후 사회의 혼란을 정립시키기 위한 예에 대한 논의의 풍조가 성숙되며, 이것이 붕당정치의 이론적 쟁점으로 부상하면서 더 강조되기도 한다. 이 때문에 윤증을 포함한 당시의 학문들은 예학적 경향을 강하게 갖

---

24) 윤증은 이이가 사단칠정, 인심도심, 리기론에 대해서 통찰한 바가 있고 말한 바에 차이가 없을 뿐더러 아주 조리 정연하게 하나의 이치로 체계를 가지고 있다고 파악하여 이이의 학설에 이의나 의혹을 제기하는 것에 단호히 자신의 신념을 펼치고 있음을 유고 곳곳에서 확인할 수 있다.(栗谷所謂聖賢之言或橫或竪 세주 참조. 『明齋遺稿』, 권24, 「與梁得中擇夫」 細註, "四端七情 人心道心 橫底說也, 發之者氣也 所以發者理也 一言卽竪底說也. 理有一本有萬殊 氣質流行 有對待 言有橫有竪 皆一理也.")

25) 『明齋遺稿』, 권19, 「與朴泰輔士元」, "栗谷理氣書, 未知何處有疑也.";『明齋遺稿』, 권24, 「與梁得中擇夫, 栗谷之說, 其論大本處, 固至矣.";『明齋遺稿』, 권24, "答梁擇夫, 栗谷先生之說, 自無可疑."

26) 『明齋言行錄』, 권4, 「問答上」, "士之爲學, 如農之爲耕."

게 된다.

그러나 윤증의 경우 예禮가 형식적으로 지나치게 될 것을 경계하며 일상의 도임을 천명하여 그 실천성을 강조한다. 앞의 논의들을 종합하여 본다면 윤증은 농부가 밭가는 것 역시 예禮이자 곧 도道라는 입장을 취한 것이다.

윤증에게 이러한 예禮는 형식이나 규범적 계약이 아니다. 오히려 천리에서 나온 것이며, 사람의 감정에 그 뿌리를 둔다고 보았다.27) 즉 윤증의 도학 즉 예학은 바로 천리 인욕의 문제와 밀접한 관계를 맺고 있다. 여기에서는 예禮의 검속과 관련하여 그 대강만을 살펴보기로 하겠다.

> 대저 의로움이란 천리고 이로움이란 인욕이다. 천리에 순수한 것이 왕도고, 인욕에 섞인 것이 패술이다.28)

윤증에게 천리와 인욕은 다시 의義와 이利의 문제로 연관되며, 전자의 구현은 왕도고 후자로의 전도는 패술이라고 보았다. 따라서 그는 학문은 마땅히 인욕을 막고 천리를 보존하는 것을 본령으로 삼아야 한다29)고 주장하고 있다. 이렇게 본다면 예禮를 지키는 것은 형식이 아니라 천리에서 나오고 인정에 근거하되 인욕에 섞이지 않게 하

---

27) "禮는 천리에서 나오고 사람의 감정에 근거한다."(『明齋遺稿』, 권31, 「代湖西儒生論禮疏」, "伏以禮者, 出於天理, 而根於人情")
28) 『明齋遺稿』 別集, 권3, 「擬與懷川書」, "夫義者天理也, 利者人慾也. 純乎天理者, 王道也, 雜乎人慾者, 覇術也."
29) 『明齋言行錄』, 권5, 「問答下」, "爲學, 當以遏人欲存天理, 爲本領."

는 것 즉 천리를 보존하고 인욕으로 치우침을 막는 학문의 요령이 된다.

한편 이이가 제시하고 있는 도학적 학문관의 방법론은 『만언봉사 萬言封事』와 『성학집요聖學輯要』에 언급되어 있는 '거경·궁리·역행'으로 요약할 수 있다.

학문의 방법은 성인의 교훈 속에 실려 있는데 그 요체가 세 가지다. 곧 궁리와 거경과 역행이니 이와 같을 따름이다.[30]

이이는 『만언봉사』에서 주희의 『대학』 팔조목을 실천의 문제에까지 적극적으로 확대시켜 '거경居敬·궁리窮理·역행力行'의 종합적 방법으로써 제시하기도 하였다.

궁리는 곧 격물치지며, 거경과 역행은 바로 성의·정심·수신이다. 이 세 가지 궁리·거경·역행을 모두 갖추어 동시에 진전시켜 나가면 리理에 밝아져서 접촉하는 곳마다 막힘이 없게 되며, 안이 곧아져서 의義는 밖으로 나타나며, 자신의 사욕私欲을 극복하여 그 본성의 처음을 회복하며, 성의와 정심의 공효가 그의 몸에 온축되어 얼굴은 화락하고 몸은 윤택해지며, 집안의 본보기가 되어 형제들이 법으로 삼기에 족하며, 나라에 도달하여 교화가 행해지고 풍속이 아름답게 될 것이다.[31]

---

30) 『栗谷全書』, 권5, 「萬言封事」, "學問之術, 布在謨訓, 大要有三曰, 窮理也, 居敬也, 力行也, 如斯而已."

31) 『栗谷全書』, 권5, 「萬言封事」, "窮理乃格物致知也, 居敬力行, 乃誠意正心修身也. 三者俱修竝進, 則理明而觸處無礙, 內直而義形於外, 己克而復其性初, 誠意正心之功, 蘊乎身而睟面盎背, 刑于家而兄弟足法, 達于國而化行俗美矣."

이이는『대학』의 팔조목을 궁리와 거경 그리고 역행으로 풀이하여 해석하고 있다. 그리고『중용』의 '박학·심문·신사·명변·독행'의 방법으로 풀이하여 구체적인 학문방법론으로 제시하였다. 이이는 이것을 '거경·궁리·역행'으로 집약하여 설명하면서 이것을 통해서 자신의 사욕을 극복하고 본성의 처음을 회복할 수 있을 뿐만 아니라 집안의 본보기가 되어 형제들이 법으로 삼기에 족하며(齊家), 나라에 도달하여 교화가 행해지고 풍속이 아름답게 될 것(治國, 平天下)이라고 보았다.

윤증 역시 입지立志와 무실務實을 전제로 한 지경持敬 강학講學 성찰省察을 제시하며 구체적인 학문과 그 실천방법도 제시하고 있다. 윤증은 초학자에게 반드시『격몽요결擊蒙要訣』과『주문지결朱門旨訣』을 읽게 하여 공부의 근본을 세웠다. 특히 그는『위학지방』과『격몽요결』두 책을 초학자들의 필독서로 꼽는다.[32] 그 다음에 성혼과 이이가 정해 놓은 글 읽는 순서에 따라 차례대로 공부하도록 가르쳤다. 특히 그는 이이의『격몽요결』을 강조하였는데, 이이의『격몽요결』과『성학집요』의 핵심이 입지와 무실에 있다고 보고 자신의 학문적 방법의 양맥으로 삼았다.

> 『격몽요결』과『성학집요』에는 모두 입지로 수장을 삼았다. 생각건대 뜻(志)이 있은 뒤에야 비로소 그 일을 할 수 있기 때문이다. 비록 일을 하더라도 성誠이 아니면 일을 성취할 수 없으므로 무실務實하고자 하는 것이다.[33]

---

32) 『明齋遺稿』, 권19, 「與閔彦暉(丙廣)」; 권23 「答權汝柔」.
33) 『明齋遺稿』, 권26, 「答或人」, "擊蒙要訣, 及聖學輯要, 皆以立志爲首章. 蓋有是志, 然後方可爲其事故也. 雖爲其事, 不以誠, 則不能成, 故欲其務實."

이 인용에서 확인할 수 있듯이 윤증 「위학지방도」의 두 강령인 입지立志와 무실務實은 이이의 사상을 계승한 것이다. 즉 그는 입지와 무실을 통해 이이의 학문에서 구체적 강령을 이어받되, 지경持敬, 강학講學, 성찰省察의 방법을 자세히 제시함으로써 내실內實의 윤증 유학에 대한 지평을 열었다고 할 수 있다.

6. 맺음말

윤증은 전환기를 맞은 조선시대 혼란의 정점에 서 있던 학자로 그에 대한 상반된 평가는 당시의 혼란상을 단적으로 보여 주고 있다. 윤증에 대한 이질적 평가는 학문적이라기보다는 정치적 관점에서 유래한다. 당시의 붕당과 당쟁, 예송 등의 치열한 대립과는 반대로 그 안에서 휩쓸리던 사람들은 동일한 학문적 연원과 전제를 공유하고 있었다. 특히 율곡학에 대한 계승은 당시 첨예한 대립의 정점에 섰던 송시열과 윤증 모두 천명하고 있었다. 그리고 이이의 리기심성론 등 이론적 문제들에 대한 양자의 입장은 뚜렷한 차이를 변별할 수 없다는 점에서 이들을 율곡학의 연장선에서 이해할 수밖에 없었다.

윤증의 유학에 대한 연구는 이미 정상의 궤도에 들어섰다. 이에 따라 윤증 유학의 연원과 학맥에 대한 다양한 의견도 제기되었다. 그럼에도 불구하고 『명재유고』 곳곳에서 확인할 수 있는 것은 율곡학에 대한 일체의 의혹을 부정하고 있다는 점이다. 이것은 표피적으로 볼 때 율곡학의 아류나 복제라고 평가절하되기에 충분할지 모른다. 하지만 윤증은 율곡학을 철저하게 계승하면서 당시의 현실적 문제에서 이를

실현시키기 위해 힘쓰면서(務實) 외명外名의 송시열에 대해 내실內實의
윤증의 학문이라는 독자적 지평을 열었다. 입지立志와 무실務實을 전제
로 한 지경持敬·강학講學·성찰省察의 학문적 방법은 이이의 사상을 철
저하게 계승한 것이면서 동시에 그의 독자적 영역을 구축한다. 이러
한 윤증 유학의 방법론을 통해서 그 지평을 단적으로 확인할 수 있을
것이다.

명재 윤증의 학문연원과 가학

윤증 유학사상의 가학적 연원

황 의 동

1. 머리말

명재明齋 윤증尹拯(1629~1714)은 17세기 조선조에서 정치적으로나 사
상적으로 매우 중요한 위치에 있었던 인물이다. '소론의 영수'로 불렸
던 그는 또한 이른바 '소론 성리학'의 중심인물이기도 했다.1) 윤증은
평생 재야에서 학문 연구와 강학에 힘써 온 순유醇儒였다. 36세 때 유일
遺逸로 천거되어 내시교관에 임명된 이후 공조좌랑, 세자시강원진선, 사
헌부집의, 성균관사업, 사헌부대사헌, 이조판서, 우의정 등 수많은 관직
에 임명되었지만 나아가지 않고 '백의정승白衣政丞'으로 생을 마쳤다.

---

1) 최완기, 『한국 성리학의 맥』(느티나무, 1993), 212~238쪽 참조.

그의 이러한 은거자수隱居自守의 학풍과 삶은 직접적으로 부친 윤선거
尹宣擧(1610~1669, 호는 美村)의 강도江都사건에 기인한 바 크거니와, 멀리
는 성삼문의 죽음 이후 하나의 가학풍을 형성해 온 부친의 외가 창녕
성씨昌寧成氏 가문의 가학적 영향도 간과할 수 없다.

윤증은 그의 삶이 매우 고단했던 것처럼 내면적 사상체계도 복합
적이어서 그 학문의 정체성에 대한 시비와 논란이 끊이지 않고 있다.[2]
그것은 그의 학맥이 율곡학파와 우계학파의 양 맥에 닿아 있을 뿐만
아니라 그의 사상적 색채 또한 성리학, 실학, 예학, 심학 등 다양한 요
소를 내함하고 있기 때문이다. 이 글은 그런 윤증의 유학사상을 형성
시킨 제요인 가운데 가학적 연원을 검토해 보는 데 그 목적이 있다.

먼저 윤증 유학 형성의 배경을 여러 측면에서 간단히 고찰해 보고,
그 학문의 가학적 연원을 심학적 연원, 성리학적 연원, 예학적 연원, 무
실務實학풍의 연원으로 구별하여 고찰하고자 한다. 이 가운데 무실학
풍의 경우 그 기초가 되는 실심實心의 문제는 곧 심학心學의 문제이기
도 하다는 점에서 중복의 우려가 있기 때문에, 특히 그 점에 유의하여
무실학풍의 실천적·실용적 성격에 주목함으로써 심학풍과 구별하여
다루고자 한다. 이는 윤증 학문의 성격 규정을 위한 기초 작업일 뿐 아
니라 한국유학사상사 연구의 일환이라는 점에서 의미가 있다.

---

2) 윤증 유학의 정체성에 대한 시비는 그의 사상 자체에서 연유한 것이기도 하
  지만, 그의 학맥의 복선구조에서 기인하는 것이기도 하다. 그의 사상 내용은
  대체로 성리학, 예학, 실학, 심학 등으로 대별되는데, 특히 심학풍이라 할 때
  성리학적 범주에서의 심학풍이냐 육왕학적 심학풍이냐가 가장 중요한 문제
  로 대두된다. 이러한 논쟁은 그의 학맥이 일면 율곡학맥에 닿으면서도 한편
  으로는 우계학맥의 가학으로 연결될 뿐 아니라 그의 문하에서 한국양명학을
  대표하는 정제두가 배출되었다는 점에 근거하고 있다.

2. 윤증 유학사상 형성의 배경

윤증 학문의 형성에는 여러 가지 배경이 자리하고 있다. 우선 그의 사승師承관계를 보면, 그는 어려서부터 조부 윤황尹煌(1572~1639, 호는 八松)과 부친 윤선거의 슬하에서 학문의 기초를 배웠다. 따라서 윤선거는 그의 부친이면서 스승이기도 했다. 윤증은 1642년 14세 때 부친 윤선거의 학문적 동지였던 유계兪棨(1607~1664, 호는 市南)가 3년간의 유배 생활을 끝내고 금산에 자리 잡게 되자, 부친을 따라 이웃에 같이 살면서 그의 문하에서 공부하였다. 이때 경서와 사서를 두루 섭렵하였고 시와 문장을 익혔다. 1647년 19세 때 권시權諰(1604~1672, 호는 炭翁)의 딸과 결혼함으로써 그의 문하에서 수업하기도 하였다. 또 1651년 23세 때에는 연산의 김집金集(1574~1656, 호는 愼獨齋)을 찾아 그의 문하에 출입하였으니, 「연보」에서는 이를 이렇게 적고 있다.

신묘년辛卯年 5월 신독재 김선생을 임리에서 배알하였다. 선생은 휘諱가 집集이요 자字가 사강士剛으로, 사계선생의 사자嗣子다. 연산에 거하실 때 노선생을 스승으로 존신尊信하였다. 선생이 약관이 되자 역시 그 문하에 출입하였는데, 스승의 예로써 섬기었다.3)

그 이듬해에는 송준길宋浚吉(1606~1672, 호는 同春堂)을 찾아뵈었고, 1654년 26세 때에는 구포의 조익趙翼(1579~1655, 호는 浦渚)을 배알하였

---

3) 『明齋年譜』, 권1, "二十四年辛卯五月, 謁愼獨齋金先生于林里. 先生諱集, 字士剛, 沙溪先生嗣子也. 居連山老先生師服尊信. 先生自弱冠亦出入門下, 事以師禮."

다. 1657년 29세 때에는 회천懷川의 송시열宋時烈(1607~1689, 호는 尤庵)에 게서 주자서朱子書를 받고 그의 문하에 들어가 성리학을 독실히 공부 하였으며, 또 그 이듬해에는 부친으로부터 『가례원류家禮源流』를 통해 예학을 수업하기도 하였다.

이와 같이 윤증은 당대의 명망 있는 유학자의 집안에서 태어나 조 부와 부친으로부터 가학을 익혔을 뿐 아니라 유계, 권시, 송시열, 김집 등의 문하에도 널리 출입하였는데, 이런 복잡한 사승관계는 그의 사상 적 성격을 복잡하게 하는 요인이 되고 있다. 대체로 그의 성리학은 송 시열로부터, 예학은 부친과 김집·유계로부터, 무실학풍 내지 도학풍 은 부친과 장인 권시 그리고 멀리 부친의 외조부인 성혼 및 이이의 영향을 받은 것으로 짐작된다.

한편 그의 학문이 형성될 당시의 역사적 배경을 검토해 보면, 윤 증이 살았던 17세기는 당쟁의 시대였을 뿐 아니라 청나라의 침략으로 비롯된 병자·정묘호란으로 민족적 자존이 무너진 채 그 아픈 상처를 그대로 안고 있는 때였다. 이때 야기된 부친 윤선거의 강도사건은 그 의 일생을 따라다닌 멍에로, 그로 인해 그는 평생 관직에 나아가지 않 고 재야학자로서의 일생을 살게 되었다. 그의 은거자수隱居自守의 학풍 또한 이러한 역사의 산물이었던 것이다. 그리고 예송禮訟사건이 일어나 당파와 연계되면서 그와 부친 윤선거에게 심대한 상처를 주었을 뿐 아 니라, 묘지명墓誌銘사건과 결부되면서 정치적으로 노론, 소론의 분파를 초래하는 동시에 같은 율곡학파인 윤증과 송시열의 결별을 불러일으 켜 사제 간의 의리까지 단절시키게 되었다. 이 일은 윤증으로 하여금 송시열과 정치적 진로를 달리할 뿐 아니라 이념적으로도 구별되어 자 기 정체성을 분명히 하도록 하는 계기가 되었다. 특히 53세 이후 무실과 실심을 강조하며 송시열의 명분주의와 일정한 선을 긋는 데서 그의 학풍의 변모를 엿볼 수 있다.[4] 성리학의 기본 틀은 송시열과 함께 하면서도 성리의 사변적 탐구보다는 유학 본래의 자기 수양과 위기지학爲己之學을 지향하며 이론보다는 실천, 명분보다는 실리를 중시하는 무실학풍을 열었던 것이다.

3. 윤증 유학사상의 가학적 연원

1) 심학적 연원

윤증의 학풍적 특성을 흔히 심학적 경향에 두기도 한다. 그는 "학자는 마음을 세우는 것을 마땅히 최고의 주안점으로 삼아야 한다"[5]라고 하였고, 또 "선비가 되는 것은 단지 내 분수 안의 일일 뿐이다"[6]라고 하여, 학문의 근본이 마음공부에 있음을 분명히 하였다. 그런데 윤증의 이러한 마음공부에는 몇 가지 의미가 함축되어 있음을 유의하지 않으면 안 된다. 하나는 육왕학적 심학의 측면에 주의를 두고자 하는 것이고,[7] 또 하나는 성리학적 입장에서의 심학적 경향성을 의미하며,[8]

---

4) 한기범, 「명재 윤증의 예학사상」, 『명재 윤증의 생애와 사상』(충남대 유학연구소, 2001), 163쪽.
5) 『明齋遺稿』, 권14, 「答羅顯道」, "學者立心, 當以第一義爲主."
6) 『明齋遺稿』, 권29, 「與子行敎」, "爲士者, 只爲吾分內事而已."
7) 이은순, 김길락, 송석준 등은 윤증의 심학풍을 육왕학적 관점에서 본다.
8) 윤사순은 윤증 유학사상의 심학적 특성을 '내심을 닦는 실심의 학문'(「명재 윤증의 성리학적 실학」, 『무실과 실심의 유학자 명재 윤증』, 청계, 2001)으로

다른 하나는 실심을 기초로 한 실학적 측면에서 하는 말이기도 하다.[9] 따라서 윤증의 경우 심학적 경향성은 그 자체가 하나의 문제로 제기됨을 알 수 있다. 여기에서는 그의 성리학적 심학풍이 가학의 어떤 부분으로부터 연원되었는가를 다루고자 한다.

본래 성리학은 리기심성理氣心性에 대한 존재론적 분석을 중시하지만 궁극적으로는 '인간 완성'을 위한 수양론이 중핵적 과제가 되는데, 이때 성誠이나 경敬을 중심으로 한 마음공부가 매우 중요한 문제로 등장한다. 이처럼 수기의 핵심 과제가 마음의 문제로 귀결되기 때문에 전통적으로 성리학에서는 심학적 경향이 두드러지게 된다. 실제로 여말 이후 권근權近을 비롯하여 이언적李彦迪, 이황李滉, 이이李珥, 성혼成渾 등 많은 유학자에게서도 그러한 심학적 특성을 엿볼 수 있다. 특히 성리에 대한 사변적 탐구에서 벗어나 유학 본래의 내면적 자기 성실성을 추구하고자 했던 16~17세기 이후의 일군의 유학자들 속에서는 그런 심학적 경향이 더욱 뚜렷하게 나타난다.

필자는 윤증의 유학에 나타나는 심학적 경향을 성리학적 범주 속에서 이해하고자 한다. 그것은 일면 경敬으로 드러나고 일면 실심實心으로서의 성誠으로 드러난다. 그의 은거자수를 뒷받침하는 요체가 바로 성과 경에 있는 것이다. 따라서 그의 심학풍은 인간 내면의 자기 성실성을 이론과 실천의 양 측면에서 철저히 추구한다는 점에서 도학과 그 궤를 함께한다고 볼 수 있다.[10]

규정하고 있다.
9) 유명종은 윤증의 학풍을 '심학적 실학'(「명재 윤증의 무실실학」, 『무실과 실심의 유학자 명재 윤증』)이라 규정하였고, 한우근은 '실심실학'(「명재 윤증의 실학관」, 『무실과 실심의 유학자 명재 윤증』)이라 규정하였다.

윤증의 심학풍 내지 도학풍은 멀리 정몽주鄭夢周 – 길재吉再 – 김숙자金叔滋 – 김종직金宗直 – 김굉필金宏弼 – 조광조趙光祖의 학맥에 연원하고 있다. 윤증의 부친 윤선거의 외조부는 우계牛溪 성혼成渾인데, 성혼의 부친 청송聽松 성수침成守琛(1493~1564)은 조광조의 문인이었으며 성혼의 숙부 성수종成守琮이나 성혼의 스승이었던 휴암休菴 백인걸白仁傑 역시 조광조의 문인이었다. 그리하여 이러한 도학풍은 일찍이 성혼을 통해 창녕성씨의 가학적 전통으로 이어져 내려왔고, 이것이 윤증의 조부 윤황, 부친 윤선거를 통해 파평윤씨坡平尹氏의 가학풍으로 전해져 온 것이다.

또한 창녕성씨의 가학적 전통에는 조선 초 성삼문의 순절 이후 불의에 저항하며 벼슬에 나아가지 않고 학문 연구와 자기 수양에 전념하는 '은거자수隱居自守 성현자기聖賢自期'의 도학풍이 지켜져 왔다. 이 또한 파평윤씨의 가학으로 이어져, 윤증의 조부인 윤황은 청의 침략을 맞아 척화斥和를 주장하다 영동으로 유배를 당하였고, 그 아우 윤전尹烇은 강화도가 함락되자 모친 공주이씨와 함께 자결하였던 것이다. 그러나 윤선거의 강도 탈출이 훗날 문제가 되었는데, 이 때문에 윤선거는 평생 벼슬길에 나아가지 않고 속죄하며 학문 연구에 전념하였고 윤증 또한 부친의 처세에 대한 세론世論의 따가운 눈총을 의식하면서 평생 재야에서 학자의 길을 걸었다. 윤황이나 윤선거가 남긴 유문들을 볼 때 리기심성에 대한 전문적인 글은 적고, 은거자수하여 성현 되기

---

10) 15세기 조선 초 김종직의 문하, 즉 김굉필, 정여창, 조광조 등의 도학풍에서 도 敬을 중심으로 한 마음공부와 내면적 자기 수양의 철저성이 특징적으로 나타난다는 점에서, 윤증의 심학풍은 도학풍과 연관지어 생각할 수 있을 것이다.

를 기약하면서 그를 위한 방법으로 마음공부를 중시하였다.

이와 같이 윤증의 심학풍 내지 도학풍은 창녕성씨 및 파평윤씨의 가학적 전통에 뿌리하고 있었다. 아울러 그의 장인이자 스승이었던 권시의 심학풍 내지 도학풍도 그에게 적지 않은 영향을 미친 것으로 생각된다.[11]

2) 성리학적 연원

『명재유고明齋遺稿』에는 성리학에 관한 체계적인 글이 보이지 않기 때문에, 윤증의 성리학적 면모는 여기저기에 산견되는 성리학적 표현들을 통해 짐작할 수 있을 뿐이다. 이와 같이 성리학적 사변을 지양하고 성리학 본래의 '인간 완성'에 충실하고자 했던 데에, 즉 리기론이나 사단칠정, 인심도심 문제 등에 대한 이론적 검증보다는 인간 심성의 내면적 성찰에 더욱 충실하고자 했던 데에 그의 성리학적 특성이 있다. 이 점은 바로 그의 가학적 전통과 연결되는 부분이다.

윤증은 이 세계를 리기이원理氣二元의 존재 구조로 보았다. 그는 리理 없는 기氣가 없고 기 없는 리가 없다고 하면서, 양자는 하나의 존재 양상으로 있어서 구별하기 어렵지만 그렇다고 리와 기를 혼동해서는 안 된다고 하였다.[12] 이것은 주희의 리기불상리理氣不相離와 리기불상잡理氣不相雜, 합간合看과 이간離看을 분명히 통찰한 것이며, 이이의 '일이

---

11) 『炭翁先生集』, 「附錄」, "蓋先公之學, 以心爲主······."
12) 『明齋先生言行錄』, 권4, 「問答上」, "天下未有無理之氣, 亦無無氣之理. 不可謂相雜, 而亦不可謂相離也."

이一而二, 이이일二而一'의 리기지묘理氣之妙를 깊이 체인한 것이다. 특히 그는 리와 기의 관계성에서 시간적인 선후나 공간적인 이합離合이 없는 묘합적 사유에 깊은 관심을 표명하여,[13] 발하는 것은 기고 발하게 하는 소이所以는 리라고 함으로써 이이의 기발리승일도설氣發理乘一途說을 계승하고 있다.[14] 아울러 기가 하나이므로 리 또한 하나고 리가 하나이므로 기 또한 하나며, 리가 만 가지로 다르므로 기 또한 만 가지로 다르고 기가 만 가지로 다르므로 리 또한 만 가지로 다르다고 하였는데,[15] 이것은 리일분수理一分殊와 기일분수氣一分殊를 이울러 설명하면서 이이의 리통기국理通氣局에 이르는 구극적究極的 경지를 깨달은 것이라고 할 수 있다.[16]

또한 가치적으로 리는 본래 선한 것이지만 불선不善한 뒤에는 악이 있게 되며 악이 있은 뒤에는 악의 리 또한 있다고 하면서, 만약 선과 악이 모두 리라는 것만 알고 순順과 역逆을 구분하지 못한다면 리는 주재하는 것이 되지 못하고 기의 부림을 받게 되어 기를 거느릴 수 없으니, 어찌 리라고 하겠느냐 하였다.[17] 이는 존재론적으로는 리기의 상보적 관계를 중시하면서도 가치론적 수양의 측면에서는 리의 우위성

---

13) 『明齋遺稿』, 권15, 「答羅顯道」, "理與氣合四字, 誤看則有理氣二物之病. 栗翁於大學小註, 深斥北溪之說, 盖慮此也."
14) 『明齋先生言行錄』, 권4, 「問答上」, "又曰, 栗谷先生所謂, 發者氣也, 發之者理也, 是顚撲不破底語."
15) 『明齋先生言行錄』, 권4, 「問答上」, "如此則氣一而理亦一, 理一而氣亦一, 理萬殊而氣亦萬殊, 氣萬殊而理亦萬殊."
16) 황의동, 「명재사상의 성리학적 특성」, 『무실과 실심의 유학자 명재 윤증』, 105쪽.
17) 『明齋遺稿』, 권19, 「與朴泰輔士元」, "天下固無無理之處. 然理之本體, 則善而已, 不善而後爲惡, 爲惡之後, 則亦不可謂無惡之理.……若徒知善惡之皆理, 而不分順逆, 則理爲無主宰之物, 爲氣之役, 而無以率氣矣, 豈理也哉."

과 기에 대한 주재기능을 중시한 것이라 하겠다.

윤증은 심心, 성性, 정情, 의意, 지志 등 심성론의 기초 개념에 대해
서는 선유의 설을 따랐으며, 사단칠정에 대해서는 별 논의를 하지 않
고 인심도심에 관해서 특히 깊이 있는 논의를 하였다.

그는 본연의 일심一心, 본연의 바른 마음 속에서 인심도심을 구별
하였다. 그에 따르면 본연의 마음이 과불급으로 인해 가려진 것을 인
심이라 하는데, 성인에게도 이 인심은 없을 수 없으며 인심 그 자체는
불선한 것이 아니다.[18] 다만 마땅히 욕구해서는 안 될 것을 욕구하는
경우가 있는데, 그것이 바로 인욕이라 하여 윤증은 마음을 도심, 인심,
인욕의 삼층으로 나누어 설명하였다. 그렇지만 마음의 본체는 하나라
고 하여, 일심 내지 본심의 경지가 강조된다.[19]

이상에서 그의 성리학적 면모를 간단히 살펴보았는데, 그것과 가
학적 연원과의 관계에 대해 검토해 보기로 하자. 윤증은 성혼, 윤황,
윤선거에서 보듯이 학문적으로 명망 있는 가학적 전통 속에서 생장하
였다. 그러나 그의 성리학적 내용은 성혼보다는 이이에 가까운 것으
로 보인다. 그것은 적어도 성리학 이론의 측면에서는 가학보다는 이
이-김장생-송시열로 이어져 온 율곡학파의 영향이 더욱 컸음을 의

---

18) 『明齋遺稿』, 권26,「答或人」, "情之揜乎形氣, 而不能直遂其性命之本然者, 目之
    以人心. 使人審其過不及而節制之, 節制之者, 道心之所爲也. 形色天性也. 人心亦
    豈不善乎? 由其有過不及而流於惡耳. 若能充擴道心, 節制人心, 使形色, 各循其則,
    則動靜云爲, 莫非性命之本然矣.……所謂有過不及云者, 非謂人心便有過不及也.
    謂由其爲人心, 故有過不及而爲惡云爾. 道心亦有過不及, 而只言於人心者, 過不
    及生於形氣, 道心之有過有不及者, 皆人心故也.……雖上知不能人心, 卽形色天性
    人心, 亦豈不善之謂也."
19) 『明齋遺稿』, 권16,「與李君輔(世弼)」, "生於形氣, 而欲其所當欲, 故人心也, 欲其
    不當欲, 則人欲也. 欲其所當欲者, 上智人心也, 欲其不當欲者, 衆人之人慾也."

미한다. 이는 그가 29세 때 송시열의 문하에서 주자서를 받아 본격적으로 공부한 데서 더욱 분명해진다.[20] 더욱이 윤황이나 윤선거의 경우에는 거의 성리학적 저술이 보이지 않고 관심조차 미미하다. 이렇게 본다면 윤증의 성리학 이론 형성에 미친 가학적 영향은 미미하다고 볼 수밖에 없다. 윤증의 학문이 전체적으로는 리기심성론보다 도학 내지 심학풍이 주류를 이루고 있다는 사실 또한 가학의 영향을 짐작하게 한다. 송시열 – 권상하權尙夏 – 한원진韓元震으로 이어지는 이이의 직계 계열에서 보이는 성리학적 이론 탐구의 학풍이 윤증에게서는 잘 나타나지 않는다. 그의 전체적인 학문은 리기심성에 대한 형이상학적 논의보다는 경敬을 중심으로 한 수양법과 성誠에 근거한 무실務實 학풍을 진작하고 당시의 현실적 과제였던 예 규범의 확립에 주력하는 실용적인 특징을 지니고 있었던 것이다.

이와 같이 리기론, 사단칠정론, 인심도심설 같은 성리학 이론에 있어서 윤증은 가학적 영향보다는 이이를 정점으로 한 김장생 – 송시열 계의 율곡학파의 학연이 더욱 중요한 영향을 미쳤다고 생각된다. 반면 성리의 사변적인 탐구에서 벗어나 유학 본래의 내면적인 자기 수양에 전념하고자 했던 그의 은거자수의 학풍은 곧 가학적 전통에 연원한 것이었다고 보아야 할 것이다. 그래서 그는 부친 윤선거의 학풍과 송시열의 학풍을 비교해서 말하기를 "선인先人의 학문은 내內요 실實이나 우암의 학문은 외外요 명名이다"[21]라고 하였다. 즉 송시열의 학문적 경향을 외면적이고 명분론적이라고 규정하면서, 부친 윤선거의 학풍을

---

20) 『明齋年譜』, 29歲條.
21) 『明齋遺稿』 別集, 권3, 「答朴和叔」, "先人之學, 內也實也, 尤翁之學, 外也名也."

내면적이고 실학적이라고 평가하여 구별하였던 것이다. 이는 그가 부친을 빙자하여 자신의 학문적 정체성을 분명히 표현한 것이라고 볼수 있다. 이러한 '내실內實'의 학풍은 심학으로, 도학으로, 무실학풍으로 다양하게 드러났다.

이렇게 볼 때, 윤증의 성리학은 이론적 성리학에서 실천적 성리학으로, 명분적인 성리학에서 내면적인 성리학으로 변모하고 있다고 할수 있다. 이 점이 바로 성혼, 윤선거, 권시 등에서 공통적으로 보이는 가학적 전통이라고 볼 수 있는 것이다.

3) 예학적 연원

윤증은 예학에 대해 많은 관심을 갖고 다양한 저술을 남겼는데, 그 대표적인 것이 『의례문답疑禮問答』이다. 그 밖에 단편적인 글을 모은 『상례유서喪禮遺書』, 『제례유서祭禮遺書』 등이 있다. 그런데 『의례문답』은 그 내용의 대부분이 사대부례士大夫禮로서의 관혼상제冠婚喪祭 사례四禮가 중심이 되어 있다.[22]

「연보」에 의하면 윤증은 30세 때(1658) 부친 윤선거를 도와 『가례원류家禮源流』를 수정하였고, 32세 때(1660)에는 권시, 유계, 이유태 등과 서신으로 예송을 논하면서 서인의 예설을 지지하였다. 또 44세 때(1672)에는 김장생의 『상례비요喪禮備要』를 교정·중간重刊하였고, 50세 때(1678)에는 『가례원류』를 교정하였다. 52세 때(1680)에는 박세채朴世

---

22) 한기범, 「명재 윤증의 예학사상」, 『명재 윤증의 생애와 사상』, 158쪽.

朱와 왕복 교정하여 「국휼중사례사의國恤中四禮私議」를 저술하였고, 66세 때(1694)에는 김집의 「의례문해속疑禮問解續」을 교정하여 발문을 지었다. 또한 말년인 85세 때(1713)에는 유상기兪相基와 『가례원류』에 대해 논하였고, 86세 때(1714)에는 장손 윤동원尹東源에게 구술하여 상·제례에 대해 구술하였다.(『喪禮遺書』·『祭禮遺書』) 실로 평생에 걸쳐 예학에 깊은 관심을 갖고 연구와 저술활동을 하였던 것이다.

그러면 윤증이 예학을 누구에게서 어떻게 배웠는지 그 사승관계를 살펴보기로 하자. 그는 14세 때부터 부친 윤선거를 따라 금산에 살면서 윤선거와 도의지교道義之交를 나누었던 유계에게 나아가 공부하였다. 유계는 김집의 문인으로 예학에 밝았다. 그는 일찍이 『가례원류』를 저술하여 윤선거와 함께 교정·보완 작업을 하였으나 끝내지 못하고 세상을 떠났다. 그 후 그의 손자였던 유상기가 이 책을 유계의 이름으로 발간하려 함으로써 윤선거의 역할을 주장하는 윤증과 대립되어 노론과 소론의 갈등이 빚어지기도 하였다. 어쨌든 이 『가례원류』는 그 자체로서 분명히 윤증의 학문 연원과 예학 배경을 구성하는 중요한 요소가 된다.[23] 23세 때에는 연산의 김집에게 나아가 예학을 배움으로써 부자가 모두 김집의 문하에서 수업하게 되었다.

윤증의 예학은 이처럼 부친 윤선거, 부친의 친우 유계, 부친의 스승이요 자신의 스승이었던 김집으로부터 배웠다고 볼 수 있는데, 그 중에서도 특히 부친과 김집의 영향이 컸다고 보아야 할 것이다. 윤증의 연보에는 부친을 도와서 『가례원류』를 교정하였다는 기사가 나오고

---

23) 한기범, 「명재 윤증의 예학사상」, 『명재 윤증의 생애와 사상』, 160쪽.

있고, 『의례문답』의 예 문답에서도 부친의 예설을 인용한 사례가 있으며, 또한 예 문답에서 자신의 문중에서 시행해 오고 있는 '자가례自家禮'를 들어 답하고 있는 경우도 적지 않다.24) 이로 볼 때 그의 예학 형성에는 가학적 연원이 중요한 비중을 차지하고 있는 것이다. 그러나 전체적으로 보면 윤증의 예학은 조선 예학을 정립한 사계예학파의 학풍을 계승하였다고 볼 수 있고, 그런 만큼 그 영향을 가장 많이 받았다고 할 수 있다.25)

4) 무실학풍의 연원

윤증 학풍의 가장 두드러진 특징을 실학풍이라고 보는 경우가 많은데, 이는 달리 말하면 무실학풍을 의미한다. 윤증의 실학풍이란 조선조 후기실학과는 구별되는 실학이다. 윤증은 '입지立志'와 '무실'을 학문의 근본으로 삼아서 그것을 가전家傳의 지결旨訣이라 하고,26) 무릇 실심實心으로써 실공實功을 지어야 한다고 밝혔다.27) 그에 의하면 실심이 있은 뒤에 실공이 있고, 실공이 있은 뒤에 실덕實德이 있게 되는데, 실덕이 있게 된 뒤에는 밖으로 드러나는 것이 모두 실하지 않음이 없다고 한다.28) 이와 같이 윤증의 실학체계는 실심을 기반으로 한다. 실심을 기초로 해서 실공이 가능하고, 실공이 있은 후에 실덕을 지닐 수

---

24) 한기범, 「명재 윤증의 예학사상」, 『명재 윤증의 생애와 사상』, 162쪽.
25) 한기범, 「명재 윤증의 예학사상」, 『명재 윤증의 생애와 사상』, 205쪽.
26) 『明齋年譜』, 권1, "又必以立志務實爲本, 此乃先生家傳旨訣爾."
27) 『明齋遺稿』, 권19, 「與閔彦暉書」, "惟當以實心做實功."
28) 『明齋遺稿』別集, 권3, 「擬與懷川書」, "夫有實心, 而後有實功, 有實功而後有實德, 有實德而後發於外者, 無往而不實."

있으며, 실덕을 지니게 되면 그 나타나는 바가 모두 다 실하지 않음이 없게 되는 것이다.

　실심, 실공, 실덕으로 표현되는 윤증의 무실학풍은 두 갈래 연원을 상정할 수 있다. 하나는 이이로부터 연원하는 것이고, 다른 하나는 부친의 외조부인 성혼으로부터 연원하는 것이다. 이이는『중용』의 성誠을 천天의 실리實理와 인심人心의 본체로 해석하면서[29] 실리지성實理之誠과 실심지성實心之誠으로 구분하였다.[30] 이러한 이이의 성 해석은 주희가 성을 '실유지리實有之理'와 '실연지심實然之心'으로 본 데서 연유하는 것이기도 하다.[31] 그런데 이와 같이 성誠에 기초한 실심, 실공, 실덕의 무실학풍이 이이에 연원하고 있는 것이지만, 그와 더불어 성혼과 윤선거 그리고 장인 권시의 영향 또한 간과할 수 없다. 성혼은 도학자로서 일찍이 수기修己 내지 자수自修를 위한 하학下學공부[32]와 소학小學공부[33]를 중시하였으며, 소학적 실천의 기초로서 실심의 공부를 강조하였다. 진실심眞實心, 극기지실심克己之實心, 진심眞心, 허심虛心 등으로 표현되는 것이 모두 실심을 강조한 말들이다.[34] 이건창李建昌이 "유봉酉峰은 무실이다"라고 하였듯이 윤증의 유학은 무실학이라고 칭할 수 있는데, 이는 성혼의 '천리돈확踐履敦確'이 윤선거의 '각실慤實'을 거쳐 그의 '무실'

---

29)『栗谷全書』, 권21,「聖學輯要」3, "臣按, 誠者, 天之實理, 心之本體."
30)『栗谷全書』拾遺, 권6,「四子言誠疑」, "誠者, 眞實無妄之謂, 而有實理之誠, 有實其心之誠, 知乎此, 則可以論乎誠矣."
31)『性理大全』, 권37, "誠者, 在道則爲實有之理, 在人則爲實然之心."
32)『牛溪集』, 권5,「答安士彦」, "誠願一意下學, 必以孝悌忠信爲本."
33)『牛溪集』, 권3,「上王世子箚」, "至如入德之門, 則小學養其本."
34) 황의동,「우계학의 전승과 그 학풍」,『범한철학』제28집(범한철학회, 2003), 39쪽.

로 귀결되었다고 볼 수 있다.[35] 윤증의 무실학풍은 이이에게서의 영향 못지않게 성혼과 윤선거 장인 권시로 이어지는 가학적 영향도 컸다고 보아야 할 것이다.

성혼의 학문은 실천을 근본으로 하였고[36] 그 학문의 특징은 '실천이 돈독하고 확실함'(踐履敦確)에 있었다.[37] 그래서 일찍이 이이도 "만약 견해의 경지를 따진다면 내가 조금 낫다고 할 수 있을 것이나, 조리操履의 독실함에 이르러서는 내가 미칠 수 없다"고 말한 바 있다.[38] 이러한 성혼의 학풍은 윤증에게 영향을 미쳤다.

또한 부친 윤선거는 성혼의 학풍을 그대로 계승하였다고 볼 수 있다. 박세채의 "지금 노장魯丈(윤선거)의 학을 한마디로 말하기는 어려우나, 요컨대 그 대체는 스스로 우계의 가르침을 전해 받은 것이다"[39]라는 말은 그러한 사정을 잘 보여 주고 있다. 윤선거는 성혼의 「주문지결朱門旨訣」에 대해서 "「주문지결」의 요령은 지경持敬과 궁리窮理를 하는 방법이며, 하학下學과 용공用功의 일은 곧바로 착수해야 할 참된 학문의 지결이다"[40]라고 하였다. 이렇게 하학공부의 중요성을 강조한 것은 윤증 무실학풍의 연원이 되기에 충분하다. 윤선거는 효종 말년에 유

---

35) 유명종, 「명재 윤증의 무실 실학」, 『무실과 실심의 유학자 명재 윤증』, 511쪽.
36) 유명종, 「절충파의 비조 우계의 이기철학과 그 전개」, 『성우계사상연구논총』 (우계문화재단, 1991), 336쪽.
37) 유명종, 「절충파의 비조 우계의 이기철학과 그 전개」, 『성우계사상연구논총』, 337쪽.
38) 『牛溪集』附錄, 「行狀」, "栗谷嘗稱曰, 若論見解所到, 吾差有一日之長, 操履篤實, 吾所不及云."
39) 『南溪集』, 권26, 「答宋尤齋」.
40) 『魯西遺稿』附錄, 「遺事」, "朱門旨訣, 則大要是持敬窮理之方, 而下學用功之事, 卽日使可下手, 眞爲學旨訣也."

위有爲의 뜻을 크게 일으켰으나 조정의 풍토가 허명虛名을 너무 숭상하여 실심이 서지 못함을 근심하였다.[41] 그래서 그는 학자가 근심하는 바는 단지 실심이 서지 못하고 궁행躬行이 독실치 못함에 있을 뿐이라고 하였다.[42] 이러한 부친 윤선거의 실심 중시와 하학 중시의 실학풍은 윤증의 학문 형성에 지대한 영향을 미쳤던 것이다.

또한 윤증의 장인 권시의 영향도 간과할 수 없다. 윤증은 19세 때 호서지역의 저명한 유학자였던 탄옹 권시의 딸과 결혼한 이후 장인의 문하를 드나들며 수업을 받기도 하였다. 권시는 부친 만회晩悔 권득기權得己로부터 가학을 받았으며, 부친이 죽은 후에는 부친과 도의지교를 맺었던 잠야潛冶 박지계朴知誡(1573~1635)의 문하에서 수업하였다. 당색으로는 남인에 속한다고 볼 수 있으나, 그는 김장생·김집 문하의 송시열, 이유태, 송준길, 윤선거, 유계 등과 매우 친밀한 교유를 맺고 있었다. 그런데 그의 학풍은 당시 율곡학파 직계에서 나타나는 리기심성에 대한 이론적 탐구보다는 심학적 측면에 경도된 면이 강하며,[43] 공심公心에 기초한 공도公道의 실현을 추구한 데 특징이 있다.[44] 권시의 이 공심은 곧 인仁이며, 이는 달리 말하면 인의지심仁義之心이라고 볼 수 있다. 따라서 권시의 공심은 윤증의 실심과 다를 바 없고 공도의 실현은 곧 윤증에게 있어서는 실공으로 표현되는 것으로, 전체적으로

---

41) 『魯西遺稿』附錄, 「遺事」, "孝廟末年, 大奮有爲之志, 然先生則猶以朝廷之上, 虛名太崇而實心未立爲憂."
42) 『魯西遺稿』附錄, 「遺事」, "學者所患, 只在實心之不立, 躬行之不篤耳."
43) 권정안, 「탄옹 권시의 유학사상」, 『도산학보』 제2집(도산학술연구원, 1993), 166쪽.
44) 권정안, 「탄옹 권시의 유학사상」, 『도산학보』 제2집, 173~192쪽 참조.

는 무실의 학풍으로 귀결되었던 것이다.

이렇게 볼 때 윤증의 무실학풍은 이이의 영향을 배제할 수 없지만, 가학적으로 보면 부친의 외조부인 성혼과 부친 윤선거, 장인 권시의 실학풍에 영향을 받은 바 크다고 할 수 있다.

4. 맺음말

윤증 유학사상의 형성에는 여러 가지 요소가 영향을 미쳤겠지만, 그 가운데서도 사승관계와 함께 가학적 연원의 중요성에 주목하지 않을 수 없다. 윤증의 가학적 환경은 보기 드물게 좋은 편이었다. 그의 부친은 17세기 호서유학의 중심 인물로서 성리학과 예학에 밝았던 미촌 윤선거였고, 그의 조부 팔송 윤황 역시 16~17세기의 저명한 유학자 가운데 한 사람이었다. 특히 윤선거의 외조부인 우계 성혼은 동국십팔현東國十八賢의 한 사람으로, 그를 통해 창녕성씨의 가학과도 연계되고 있었다. 윤증의 학풍을 가학적 연원과 연계시켜 검토해 보면 다음과 같이 정리해 볼 수 있다.

첫째, 심학적 연원은 멀리 창녕성씨의 도학풍과 연결되어 리기심성의 사변적 탐구보다는 유학 본래의 내면적 성실성을 추구하며 마음공부를 중시하는 심학풍으로 전개되었다. 이는『명재유고』를 통틀어 보더라도 성리학에 관한 전문적인 저술이 보이지 않는다는 사실을 통해 확인할 수 있다. 윤증의 이러한 수기 중심의 심학풍은 성혼, 윤황, 윤선거, 장인 권시를 통해 전해 내려온 가학적 전통이었다.

둘째, 이론 성리학의 측면에서는 가학적 영향이 거의 미미하였다고 볼 수 있다. 리기심성론의 측면에서 보면 이이의 학설에 경도되어 있지만, 가학적 연원에서 보면 오히려 성리학적 사변에서 벗어나고자 한 특징을 엿볼 수 있다. 이론적 성리학에서 실천적 성리학으로, 명분적 성리학에서 내면적 성리학으로의 변모를 추구하는 윤증 학문의 특성은 가학적 전통에서 연유된 것으로 보인다.

셋째로 예학적 측면에서 보면, 부친 윤선거가 김집의 문인으로 당대 대표적인 예학자였고 윤증 자신이 부친을 도와『가례원류』를 수정하였다는 점에서 가학적 영향을 생각해 볼 수 있다. 또한『의례문답』에서도 부친의 예설을 인용하여 설명하고 있으며 자신의 문중에서 시행해 오던 '자가례'를 들어 질문에 답하고 있다는 점에서 예학의 가학적 영향을 엿볼 수 있다.

끝으로 무실학풍의 가학적 연원을 보면, 멀리 성혼의 실심, 천리돈학의 실학풍에 연원한다. 아울러 부친 윤선거의 학풍 역시 성혼의 학풍에 연원하는데, 그 특징은 이건창의 말대로 '무실'에 있었다. 따라서 윤증의 무실학풍은 성혼에서 발원하여 윤선거를 통해 전해졌다고 볼 수 있다. 이와 더불어 장인이면서 스승이었던 권시의 공심에 의한 공도의 추구가 윤증에게 와서 실심에 의한 실공의 추구라는 무실학풍으로 귀결되었다는 점도 간과해서는 안 될 것이다.

이렇게 볼 때, 윤증의 심학, 성리학, 예학, 무실학풍의 형성에 있어 가학적 연원이 갖는 의미는 매우 크다.

명재 윤증의 학문연원과 가학

윤증 유학사상의 예학적 연원

유 권 종

1. 머리말

명재明齋 윤증尹拯은 실심實心의 유학자, 무실務實의 실학자로 알려진 조선 후기 성리학자다. 윤증 유학의 또 하나의 특징은 예학禮學에서 일가를 세웠다는 점이다. 이러한 그의 학문세계를 하나로 묶어 보면, 유학 속에 리학理學, 예학, 그리고 심학心學, 실학實學이 주요한 학문 범주로 자리 잡고 있다. 본고는 이렇게 형성되어 있는 그의 학문세계에서 예학적 연원을 설명하는 것이 목적이다.

윤증의 학문이라고 지칭할 때 그 학문의 전체적 범주는 유학이다. 그는 일생 동안 유학을 리학, 예학, 심학 등으로서 섭렵하면서 자신의 학문을 실학으로 귀결시켰다. 이렇게 보면 윤증의 유학은 리학, 예학,

심학, 실학이 중요한 하위적 구성요소가 되는 셈이다. 그런데 이들은 각각 별개의 영역의 학문이나 사유의 영역으로 분립되어 있는 것은 아니다. 오히려 그들은 명칭이나 내용은 다르다고 하더라도, 실제로는 한 학자의 일관된 학문적 지향성에 바탕을 두거나 혹은 삶의 이상을 중심으로 서로 관련된 내용으로서 탐구되고 구성된 것이라고 생각하는 것이 옳을 것이다.

그렇다고 한다면 우리는 윤증의 유학에서 여러 영역으로 분산되어 나타난 학문 범주와 그 내용을 하나로 일관하는 코드를 찾아내고 그것을 각각의 범주에 다시 투사함으로써 각각의 학문 범주와 내용이 전체적으로 어떠한 공통된 지향성을 갖는가 하는 점을 설명할 필요가 있는 것이다. 그렇게 해야만 실학이든 예학이든 서로 구분되면서도 연관되어 있는 학문 영역의 긴밀한 유대관계를 그의 내면으로부터 읽어낼 수 있는 것이다. 사실 윤증도 밝힌 것이지만, 리학과 예학이 별개의 학문일 수 없는 것이다.[1] 원래 그 점은 성리학 연구에 있어서 하나의 대전제가 되는 것이지만, 실제 그의 학문과 삶에 있어서 그 점이 어떠한 형태로, 어떠한 내용으로 얽혀 있는가 하는 점을 밝히고 설명하는 것은 연구자의 몫이 아닐 수 없다.

그의 문집의 여러 저술의 내용과 기존 연구들을 묶어 본다면, 그 코드는 바로 무실이다.[2] 그는 학문의 시작에는 입지가 필요하고, 그

---

1) 『明齋遺稿』下, 권4, 「明齋言行錄」, "學者有請講禮學者, 先生曰, 禮自是學之一事, 有何別樣門戶, 世人或稱爲理學禮學, 此言可笑, 學者日用無非禮也. 節文儀則隨事講究, 卽此是學." 이하 『明齋遺稿』는 충남대학교 유학연구소 명재연구실 엮음(2000)을 참조하였다.
2) 예를 들면, 『務實과 實心의 유학자 명재 윤증』(청계, 2001)에 게재된 「명재

뜻을 완성하는 것은 무실이라고 밝혔다.[3] 더구나 그의 일생의 후반기에서는 특히 무실을 중시하고, 「초학획일지도初學劃一之圖」 등 그것을 강조하는 저술을 남기게 된다. 이렇듯이 무실은 그의 학문과 삶의 지향을 완결하여 주는 것으로서 매우 중요한 원리라고 이해된다.

윤증 유학의 예학적 연원을 고찰하는 데 구태여 이와 같은 점을 밝히는 이유는 무엇인가? 아마도 국내에서 진행된 예학 연구는 대부분 해당 학자의 예설禮說이나 예경禮經에 대한 주석 또는 예서의 내용을 정리하고 그 특징을 설명하는 점에 치중되어 있다. 윤증의 예학에 대한 기존의 연구들도 크게 다른 점이 없다. 이는 유학자들의 예학의 범위를 예경, 예서禮書, 예문禮文 등을 분석하거나 설명하는 것, 그리고 그에 바탕을 두고 예설, 예론禮論을 세우는 것으로 한정시킨다는 인식을 보여주고, 현대 학자들의 예학 연구도 그와 관련된 논쟁, 편찬된 예서의 분석 등에 그 범위를 한정했음을 함께 시사한다. 그런데 예학 연구에서 그 초점을 예禮에 맞춘다고 하더라도, 예문, 예서, 예설, 예론을 탄생시켰거나 그것을 조정했던 이면의 사유체계와 방식에 대한 이해는 필수적이다. 윤증의 유학에서 그 이면의 사유체계는 곧 리학 전반, 또는 실학, 심학과 근본적이고도 유기적 관계를 벗어나서 성립되는 것은 아니다. 따라서 그 관계에 대한 이해는 결국 그의 예학의 성립 토대와 예학의 목적에 대한 더 근원적이고 선명한 이해를 낳는 길이라고 할

윤증의 성리학적 실학」(윤사순), 「명재 윤증의 무실 실학」(유명종), 「명재 윤증의 무실적 경세학」(송인창) 등의 논문은 이 務實을 그의 유학의 핵심적 주제로 다룬 것이다.
3) 『明齋遺稿』中, 권30, "所謂立志務實二目, 則拯之僭取兩先生之意而添之者也. 蓋非立志則無以始, 非務實則無以終."

수 있다.

그 점을 강조하는 또 다른 이유는 본고가 목적하는 윤증 유학의 예학적 연원에 대한 더 포괄적이고 근본적인 탐구의 시선을 얻기 위해서다. 사실 이는 윤증의 예학에 한정되는 것은 아니다. 오히려 현재 한국학계에서 행하는 예학에 관한 연구에서 근본적으로 반성되어야 할 점이 바로 이것이다. 그래야만 예학 역사의 전반적인 흐름과 그 성향을 더욱 폭넓고 깊은 시각으로 볼 수 있는 것이다.

따라서 윤증 유학의 예학적 연원에 대한 고찰은 다음과 같은 내용을 밝혀야 할 것이다. 우선 그의 학문적 입지와 원리를 밝히고 그것이 예학과 관련되는 점을 밝히도록 한다. 이로써 그의 예학의 학문적 목적과 성향 및 방법 등을 고찰하게 될 것이다. 그리고 그의 대표적 저술로서 『의례문답疑禮問答』, 『상례유서喪禮遺書』, 『제례유서祭禮遺書』의 예설, 「초학획일지도」, 「제위학지방도題爲學之方圖」, 기타 서한문 등을 주된 자료로 삼아서 그의 예학적 태도와 그 연원에 대한 검토를 하되, 그의 리학 그리고 심학 및 실학과의 연관성을 함께 논하고자 한다. 그리고 이를 바탕으로 삼아서 그의 예학적 연원이 되는 학자와의 학문적 연관성을 밝히도록 한다.

2. 윤증의 유학과 실학

조선조 성리학의 역사에서, 윤증의 유학은 예의 실천에 입각한 실학을 추구하는 전통을 계승하였던 학문이다. 퇴계退溪 이황李滉와 율곡栗谷 이이李珥 이후의 유학의 전통에는 리기론理氣論, 심성론心性論의 논변에 치중하는 경향과 그보다는 예의 준행을 통한 도의의 실천을 중시하는 경향이 공존했었다. 그런데 윤증의 유학은 후자에 속하는 것으로서 예의 준행과 체득을 통한 실학을 모색하고 구현하는 것이 특징이었다고 보인다. 실학을 지향하는 윤증의 유학이 목적하는 것은 인륜도덕의 이치를 각각의 개인이 잘 준수하고 실천함으로써 사회질서가 원만하게 정립되는 것이었다. 그러므로 인륜도덕의 이치 또는 심성의 이치에 대한 연구 못지않게 중요한 것은 그것을 개인이 자각하고 틀림없이 실천할 수 있는 능력을 향상시키는 일이었다. 그가 무실, 실심實心, 실공實功을 강조한 것을 보더라도 그의 학문의 초점이 형이상적 세계에 대한 사변이나 지식의 획득보다는 인륜도의의 체득과 실천에 맞추어져 있음을 알 수 있다. 그것의 중요성에 대한 자각은 학문의 실용성과 실제성을 높이는 일이 중요하다는 인식과 통하는 것인데, 그 실용성과 실제성을 확보하는 데 더없이 절대적인 요소로 생각된 것은 예禮다. 그러므로 윤증의 유학에서는 예와 학문적 실용성, 실제성 사이에 존재하는 연관성이 어떠한 것인가 하는 점이 주목되는 것이다. 이는 무실과 예와의 관계, 실학과 예학과의 관계의 한 면을 살펴보는 일과도 상통한다.

그의 학문의 지향성은 적어도 그가 수학하면서 얻은 성리학의 진실에 대한 것이라고 할 수 있는데, 그의 가장家狀으로부터 그 내용을 찾아볼 수 있다.

평생 동안 저술을 즐겨하지 않으셨다. 문인이 "장차 후인에게 도움이 되지 않겠느냐"고 말하니, 부군께서는 "지금은 경전을 비롯하여 정주程朱의 제서諸書에 이르기까지 다 갖추어지지 않은 것이 없으니, 굳이 저술에 힘쓸 필요가 없다. 학자는 다만 거기에 나아가 자세히 읽고 정밀하게 생각하여 참된 지식을 실천할 따름이다. 진실로 거기에 힘쓰지 않고 헛되이 저술을 일삼는 것은 무실의 학문이 아니다. 천문天文, 지리地理, 율려律呂, 상수象數 같은 따위는 일찍이 유의하지 않았다. 나는 그럴 틈이 없다"고 말씀하셨다.[4]

무실이란 그가 강조했듯이 진지眞知를 추구하고 실천實踐하는 것과 다름이 없다.[5] 이는 대체로 일신一身의 수양과 그에 의한 성리학적 진리의 체득 및 그것을 진실된 행위로 구현하는 것을 목적으로 하는 것이다. 그러므로 그의 무실의 방법은 마음에 대해서는 실심, 그리고 실천에 관해서는 실공을 강조하게 되었던 것이다.[6] 이러한 실實은 그의 부친인 노서魯西 윤선거尹宣擧가 당시의 사장詞章을 숭상하는 풍조를 비판하고 실사實事에 힘써야 한다고 강조한 것과 관련이 있다. 윤선거가 동춘당同春堂 송준길宋浚吉에게 보낸 서한에서는 그 실사가 곧 『소학』의 학습과 실천과 깊은 관련이 있는 것으로 설명되었다. 즉 실사란 『소학』이 중시하는 명륜明倫, 경신敬身과 관계되는 것이지만, 궁극적으로는 인륜, 인사의 이치를 체득하고 진실되게 실천하는 일을 의미하는 것이다.

그러므로 그의 학문관은 바로 실사를 대상으로 삼아서 그 이치를 알고 실천하는 것을 목적으로 삼고 있는 것이다. 즉 실사를 알고 그것

---

4) 『明齋遺稿』 下, 「家狀」, 314~315쪽, "平生不喜著述, 門人有言, 其將無以惠後人者, 府君曰(中略)今則經傳以來, 以至程朱諸書, 無不畢備, 固無事於著述, 學者但當就此而熟讀精思, 眞知實踐而已, 苟不無此而徒事著述, 非務實之學也. 天文地理律呂象數之類, 未嘗留意, 曰我不暇也."
5) 「初學劃一之圖」에서 윤증은 "苟能眞知其理而實踐之, 則上可爲聖……"이라고 하였다.
6) 『明齋遺稿』 上, 권19, "惟當以實心加實功, 求以無負於聖賢之訓而已."

을 구현하기 위하여 관건이 되는 것은 그 앎과 실천의 주체인 것이다. 앞에서 언급한 실심과 실공은 그러한 앎과 실천의 주체가 확립해야 하는 상태 혹은 자격요건을 언급하는 것이라고 이해된다. 실사가 대상이라면 실심과 실공은 주체에 해당하는데, 무실이란 실사를 통해서 실심과 실공을 만들어 가는 과정과 실심과 실공을 통해서 실사를 구현하는 과정이 상호 순환적으로 반복되는 것을 의미한다. 무실의 과정에서 실사의 내용이 곧 예고, 실심과 실공이란 예를 통해서 비로소 확립된다는 것이 윤증의 유학에서 예를 중시하는 이유가 된다. 달리 말하면 이것이 그의 실학적 학문관의 요체라고 한다면, 무실이란 무엇보다도 실사의 실행 가능성을 높여 가는 과정이고, 그 과정의 효용을 고양시키고 결실을 얻도록 하는 절대적인 도구가 예라는 의미도 그로부터 추론된다.[7]

윤증 유학에서 실학의 목적이 실사의 구현, 즉 인륜도의의 사회적 구현이라고 한다면, 실사를 구현하는 데 관건이 되는 실심과 실공을 추구하는 것은 바로 실학의 수행에서 실용성 혹은 유용성을 높이는 방법이라고 생각된다. 그러한 관점에서 본다면 예가 절대시되는 것은 개인에게서 실심과 실공을 확립하고, 사회적으로 실사를 구현해 가는 도구로서 유학의 다른 어느 것도 능가할 수 없는 유용성을 지녔다고 판단되었던 것이 예라는 의미가 된다.

그러나 예를 중시한다는 것이 바로 형식만을 절대시하는 것과 같은 의미로 볼 수는 없다. 그가 강조하는 실심이란 예의 형식보다도 인

---

7) 禮와 務實의 연관에 대해서는 이미 발표된 유권종, 「退溪禮學 硏究의 과제와 전망」, 『퇴계학보』 109집(퇴계학연구원, 2001) 참조.

간의 진실한 정감이나 마음이 중요함을 의미하고, 실공이란 형식만능과는 거리가 먼 것이기 때문이다. 그에게서 예는 오히려 이러한 인간의 실심과 실공을 다듬고 확립하는 도구로서 유용하다고 인식되었던 것이다. 그러므로 그의 실학은 초학부터 예의 학습과 일상적 실천을 무엇보다도 절대적인 원리와 방법으로 삼는 것이다. 그의 그러한 실학적 학문관이 집약되어서 잘 나타나 있는 것은 바로 「초학획일지도」, 「제위학지방도」다.

「초학획일지도」의 전체적인 구조와 그 내용은 총도總圖와 지신持身, 독서, 응사應事, 접물接物의 영역으로 구성되어 있다. 총도에서 학자의 일용으로 지신, 독서, 응사, 접물을 설정한 그는 학자의 일용은 아침부터 저녁까지의 사이에 이 네 가지 일에 지나지 않을 뿐이라고 설명한다.[8] 그는 그 이치를 진지眞知하여서 실천한다면 위로는 성인이 될 수 있고, 다음으로는 현인이 될 수 있고, 아래로는 자신을 청정하게 닦는 길사吉士가 될 것이라고 설명한다.[9] 이러한 설명은 이이가 『격몽요결』에서 학문이란 '인륜 일용 동정動靜의 사이에 일마다 각각 그 당연함을 따르는 것'이라고 정의한 것[10]을 그대로 계승한 것이다. 「초학획일지도」에서 그가 일용의 일로서 강조하는 내용들은 바로 일상적인 삶의 규범으로서 예의 절실한 절목들이다.

---

8) 『明齋遺稿』 中, 111쪽, "學者日用, 自朝至暮之間, 不過此四事而已."
9) 『明齋遺稿』 中, 111쪽, "苟能眞知其理而實踐之, 則上可爲聖, 次可爲賢, 下猶不失爲淸修之吉士矣."
10) 『擊蒙要訣』, 「序」, "所謂學問者, 亦非異常別件物事也. 只是爲父當慈, 爲子當孝, 爲臣當忠, 爲夫婦當別, 爲兄弟當友, 爲少者當敬長, 爲朋友當有信, 皆於日用動靜之間, 隨事各得其當而已."

주목되는 것은 인륜, 일용의 일에 대한 진지와 실천의 방법이다. 우리는 그것으로부터 그의 유학 전반이 실학을 지향하면서 예와의 연관성을 긴밀하게 할 수밖에 없는 이유를 발견하게 된다. 우선 그가 진지와 실천의 대상으로서 인륜 일용의 일들을 중시하는 것은 개인이 가족을 비롯한 사회의 여러 사람과의 인륜관계를 원만하게 실천할 수 있는 능력을 키우는 것이 학문의 근본이라는 인식을 보여 준다.

그렇다면 그 능력은 그가 진지라고 표현한 데서 알 수 있듯이 일종의 앎인 것은 분명한데, 그 앎은 어떠한 성질을 가진 것인가? 그가 생각하는 진지는 단지 입으로 경전을 읽고 그 의미를 이해하는 데서 그치는 것은 아니다. 또 그는 진지란 체득에 의한 것이라고 생각하는데, 체득이란 내 마음과 그 경전의 이치가 하나로 합일되는 것을 의미한다. 이로써 본다면, 이치와 나와의 합일인가, 아니면 이치가 내게 객체로서 존재하는가 하는 점이 진지의 여부를 판가름하는 기준이 됨을 알 수 있다. 이는 독서에 의한 경문의 해독과 그에 입각한 지적 변별력이 성립되었다는 것만으로는 진지라고 할 수 없다는 의미로 보인다. 진지의 방법과 원리를 그의 「초학획일지도」로부터 추론해 보면 다음과 같다.

그가 목적하는 진지는 자신의 몸가짐持身, 이치에 대한 정밀한 지식(讀書), 일을 하는 것과 타인에 응하는 법의 터득(應事, 接物)이 상호 연관되어 있다고 할 수 있다. 그가 독서의 이치에 대해서 설명한 내용으로부터 진지의 성질과 그것을 얻는 방법을 추론할 수 있다.

율곡 선생이 말씀하셨다. 독서하는 사람은 오로지 한 마음으로 알려고 하고, 여러 번 읽고 정밀하게 생각하고, 의미를 깊이 해석하여서 반드시 행동으로 옮길 수 있는 방도를 구하여야 한다. 만약 입으로만 읽고 마음으로 체인하지 못하고 몸으로는 행하지 않는다면 책의 내용과 나는 어떠한 관련도 없으니 어떠한 도움이 있겠는가?[11]

이 글로써 본다면 윤증은 사물에 존재하는 이치를 체인하고 실행하는 것을 진지의 조건으로 생각하고 있는 것이다. 곧 이는 사물의 이치를 자신의 심신에 체화함으로써 그대로 구현하는 방법을 모색하고 있으며, 그것이 성취된 것을 진지라고 한다는 의미다. 즉 그가 생각하는 진지란 인륜 일용의 일에 대한 이치를 아는 것인데, 그 앎의 주체는 한 사람에게서 마음에만 국한되는 것이 아니고 몸까지도 포함되는 것으로서 실로 한 개인의 심신 전체가 그 이치를 터득하고 실행하는 것을 의미한다. 그렇게 해야만 실사로서 인륜도의를 구현할 수 있는 가능성이 높게 되는 것은 당연한 일이다.

그가 이러한 앎을 강조하는 이유는 우리가 학문과 공부를 통해서 추구하는 앎이 단순히 지각이나 지식의 차원에 머물지 않고 행위에 의해 그것이 구현되기까지 하여야 의미가 있다는 자각이 있었기 때문이라고 할 수 있다. 이황과 이이의 시기부터 이미 진지와 실천을 강조하는 학풍이 형성되었고,[12] 윤증 역시 이러한 학풍을 계승하고 강조하고 있는 것이다.

그렇다면 「초학획일지도」와 「제위학지방도」의 작성은 이것과 어

---

11) 『明齋遺稿』中, 112쪽, "栗谷先生曰, 讀書者, 專心致知, 熟讀精思, 深解義趣, 而必求踐履之方, 若口讀而不體身不行, 則書自書我自我, 何益之有."
12) 즉 이황은 『聖學十圖』, 이이는 『擊蒙要訣』, 『聖學輯要』 등을 통해서 그 점을 강조하였다.

떠한 연관이 있는가? 우선 이 그림들은 그가 진지와 실천의 방법을 규범화하고, 당시 학자들에게 공부에 관한 보편적 규범으로 정착시키기 위하여 제작되었다고 판단된다. 그것은 진지와 실천방법의 규범화, 즉 공부방법의 규범화를 통한 실학적 효용의 고양을 목적으로 한 것이라고 파악된다. 그 내용 중에 포함된 지신, 독서, 응사, 접물의 다양한 규범도 물론 예의 절목이라고 할 수 있는 것이지만, 「초학획일지도」와 「위학지방도」 자체도 성리학의 무실의 원리를 의례적 차원으로 끌어올려 규범화함으로써 실학이 지녀야 할 실용성과 실제성을 높이려는 학문적 의도가 맺은 결실인 셈이다.

3. 윤증의 예학과 실학

저술이 많지 않은 윤증의 유학세계에서 「초학획일지도」가 주목되는 까닭은 무실의 기초를 확립하는 원리를 집약했기 때문이고, 또 그 점이 윤증 유학의 특징이기 때문이다. 그것은 그만큼 무실이 초학의 단계부터 성취의 단계에 이르기까지 중요한 공부의 원리가 되어야 함을 의미하는 것이지 윤증이 초학자들의 무실을 위한 방법의 탐구에만 치중했음을 의미하는 것은 물론 아니다.

그는 심학, 리학 등에도 깊이 있고 정밀한 지식을 갖추고 있었던 것은 틀림없지만, 특히 그의 전문가로서의 식견과 학문적 능력을 잘 전해 주는 분야는 예학이다. 경전과 예서의 예를 분석하고 해설하거나 그에 관한 저술을 하거나 예서를 교정하고 감수하는 일 등은 전문가의 식견과 능력이 없으면 하기 어려운 것이다. 그의 『의례문답』 저술,[13]

임종 직전에 구술에 의한『상례유서』,『제례유서』(86세) 등의 저술,『가례원류家禮源流』의 교정(癸甲錄, 50세), 사계沙溪 김장생金長生의『상례비요喪禮備要』감수 교정(44세), 신독재愼獨齋 김집金集의『의례문해속疑禮問解續』감수 정정(66세) 등의 일은 그에 관한 좋은 증례일 것이다. 이와 같이 그의 예서 편찬 혹은 감수 교정 등의 작업들은 주로 가례家禮의 체제와 영역에 집중되어 있는 것이 중요한 특징이다.

그렇다면 이러한 예서 편찬 혹은 교정 감수 등의 작업, 자신의 예설을 개진하고 예서를 편찬하게 된 것은 과연 그의 실학의 세계와 어떠한 관련이 있는 것인가? 그가 앞선 세대의 학자들의 예서들을 교정 감수하였던 일들은 예학 전통의 계승에 해당한다면, 그의 예학 관련 저술들은 그 전통을 더 넓게 확장하고 굳게 확립하는 일에 해당한다. 그렇다면 예학 전통의 계승과 확장, 확립이 무실적 학문 전통의 계승과 재창조와의 연관성은 없는 것일까? 만일 있다면 그것은 무엇일까?

실학과 예학의 유기적 연관성을 잘 보여 주는 학문적 형태나 저술이 윤증 유학의 연원에 뚜렷이 존재한다. 그것은 다름 아닌 이이와 김장생의 학문세계와 가학적家學的 전통이다.[14] 여기서는 이이와의 관계를 중심으로 그 연관성을 논한다. 이이는 그의 학문적 연원의 시원에 해당하고, 그 역시 이이의 학문을 계승하는 의지가 강했기 때문이다.

---

13) 이 예서의 저술연대는 명확하지 않다.
14) 한기범,「명재 윤증의 자주적 예학사상」,『務實과 實心의 유학자 명재 윤증』(청계, 2001), 321쪽에 의하면 윤증의 학통은 김장생 – 김집 – 송시열, 송준길, 유계, 윤선거 등으로 이어지는 율곡학파의 학연적 배경과 성혼 – 윤황 – 윤선거로 이어지는 우계학파의 가계적 배경, 혼인을 통한 권시의 배경 등으로 나눌 수 있다.

그가 만년에 들어와 특히 무실과 실심을 강조하는 실학의 세계로 귀착하게 되는 과정을 본다면, 그 이전부터 그 이후까지 지속되었던 일련의 예설 개진과 예서의 편찬 및 예서의 교정 감수 작업 등은 실학의 확립과 긴밀한 관련이 있는 것이다. 그렇게 예학과 실학을 병행하는 그의 학문세계의 연원을 찾는다면 「초학획일지도」가 무엇보다도 중요한 단서가 될 듯하다.

그의 실학적 학문관을 담은 「초학획일지도」는 이이의 『격몽요결』을 모범으로 삼은 것이다. 인륜 일용 동정의 사이에서 일마다 당연함을 따르는 것이 곧 학문이라고 정의하는 『격몽요결』은 입지立志, 혁구습革舊習, 지신持身, 독서讀書, 사친事親, 상제喪制, 제례祭禮, 거가居家, 접인接人, 처세處世에 관한 원리와 규범들을 담고 있다. 이들은 유학의 공부 방법으로서 상호 유기적으로 연관되어 있을 뿐 아니라, 그 대부분이 인륜 일용의 이치를 담은 규범으로서 예절을 가르치는 규범서라고도 할 수 있다. 특히 입지, 혁구습, 지신, 독서 등의 수기修己의 공부와 더불어 사친, 상제, 제례, 거가, 접인, 처세의 사회적 인륜도의의 실천을 함께 도모하는 구성으로부터, 이이의 학문에는 리학과 예학이 필연적으로 연관됨을 알 수 있다.

그리고 그 연관성은 『소학』과 『가례』와의 상호 연관성을 함께 보여 주는 것이기도 하다. 『격몽요결』의 목차와 부록으로 지어진 「제의초祭儀抄」가 제시하는 학문공부의 체계가 그 점을 시사한다. 원래 리학의 중심적인 정치이념은 지치至治인데, 그것의 구현을 위해 필수적인 과제는 각 개인마다의 율신적律身的 수기와 전체 사회의 인륜도의에 입각한 화민성속化民成俗이다. 조선 전기부터 그것의 구현을 위하여 기본적인 교과서로 권장된 것은 『소학』과 『주자가례』였다. 이이의 『격몽요결』은 양자를 하나의 공부체계로 묶음으로써 그 리학적 원리를 충실히 계승한 교과서로의 의의가 크다고 인식된 것이라고 생각된다.

윤증의 예학적 지향이 실학과의 연관성을 잃지 않았던 학문적 연원은 이것과 깊은 연관이 있는 것이다. 그렇다면 우리는 그로부터 그가 예서의 교정과 감수, 편찬에 심혈을 기울였던 이유를 알 수 있는 것이다.

화민성속을 위하여 조선 초기부터 『주자가례』가 보급되었지만 커다란 효과를 보지 못하다가, 도학道學의 발흥과 더불어 그것을 자발적으로 실천하는 사족士族이 증가함에 따라서 그것이 실생활에 정착되어 갔다. 윤증의 시기는 『주자가례』에 의한 이풍역속移風易俗이 매우 진전된 시기였다고 판단된다. 그러나 『주자가례』가 있음에도 불구하고, 이이의 「제의초」를 비롯하여, 김장생의 『상례비요』, 『가례집람家禮輯覽』, 『의례문해』, 김집의 『의례문해속』, 윤선거와 시남市南 유계兪棨『가례원류』 등의 예서가 연속해서 편찬되고 간행되었던 것은 무슨 까닭인가? 이에 대해서는 이미 학계에서 『주자가례』의 미비점에 대한 보완과 조선의 현실에 부합하는 의례의 체계와 상세한 절목의 구비가 목적이었다고 결론을 얻은 바 있다. 영남학파의 이황 계열의 예학에서는 『주자가례』의 미비점을 한계로 보고, 그것을 넘어서 고경古經의 연구에 더 천착하는 경향이 있는 것과는 다르게, 기호학파에서는 『주자가례』를 보완함으로써 『주자가례』의 의례체계와 목록을 완성시키려고 하는 예학적 태도가 일반화되었다. 그러한 예학적 태도의 대표자로서 윤증에 앞서서 예학의 전통을 형성한 선구적 학자들은 김장생, 김집, 윤선거, 유계 등이다.

그러면 그들의 그 예학적 태도와 저술은 어떠한 의의를 지니는 것일까? 그 의미는 여러 시각에서 다양하게 평가할 수 있는 것이지만, 예학 자체의 시각에서 보자면 우선 『주자가례』적 의례체제의 완벽함의 추구라는 의의를 꼽을 수 있다. 『주자가례』의 규범체제의 완벽화란 다름 아닌 사례四禮 의식의 절목들을 『주자가례』보다 더 상세하고 정밀하게 구비하는 것, 조선의 현실에 부합하는 의례 절목을 발견하거나 제작하여 『주자가례』 체제의 수행 가능성을 높인다는 것을 의미한다.

그것을 달리 말하면 실행예절의 목록의 완비를 의미한다고 할 수 있다. 즉 사당祠堂, 심의深衣, 사마씨거가잡의司馬氏居家雜儀를 담은 통례通禮 및 관혼상제冠昏喪祭의 사례로 구성된 『주자가례』는 당시의 일용적 생활과 관혼상제의 의례를 실행할 때 의존해야 하는 규범서이자 지침서다. 그 규범서 혹은 지침서는 일상생활 및 관혼상제 의례의 시행 과정에서 거쳐야 하는 의식에 대한 상세한 규정은 물론, 다양하게 만날 수 있는 변칙적인 상황에서도 합례적 실천이 가능하도록 하는 의례의 기준이나 규범 형식을 포괄하는 목록을 지녀야 한다. 위 학자들의 예서는 『주자가례』로부터 미비함을 발견하고 더 완비된 예서, 즉 실행예절 목록집을 편찬하게 된 것이라고 할 수 있다. 또한 그것은 바로 인륜도의의 실사를 구현하는 데 절대적 도구가 되는 예의 효용성을 고양시키는 예학적 노력이라고 생각된다. 그리고 그것을 도모하는 것 자체가 실학의 방법이 아닐 수 없는 것이다.

윤증의 예학도 그러한 기호학파의 예학적 지향과 똑같은 맥락을 계승하고 있음이 분명하다. 윤증의 예학은 전통의 재창조의 면보다는 전통의 충실한 계승과 확립의 면이 더 크게 보인다.

그렇게 볼 수 있는 근거는 다음과 같다. 우선 윤증의 예서의 내용이 기본적으로 『주자가례』의 체제를 벗어난 것이 아니고, 둘째 그가 교정하고 감수한 예서들 역시 그 체제를 벗어난 것이 아니라는 점이다. 셋째, 그는 기호예학의 맥락을 후세에 전해 주는 가교 역할을 충실히 했다. 그 점은 김장생과 김집의 학맥을 후세에 전하는 일련의 작업들로써 설명이 가능하다. 즉 그가 『상례비요』를 교정하고 중간重刊토록 한 점, 김집의 『의례문해속』을 교정하고 간행한 점, 김집의 문인이면서 가친인 윤선거와 유계의 공동 저술인 『가례원류』를 교정하고 간행한 점, 특히 그 자신의 『의례문답』의 편찬에서 기본적으로 『가례원류』의 체제를 참고하면서 『의례문해』나 『상례비요』와 중복되는 내용을 모두 삭제하고 출간하였다는 점15)이 그러하다.

이는 『주자가례』의 체제를 충실히 따르면서 그 체제의 완벽성을 기하는 기호학파의 예학 전통을 충실하게 수용하고 확립하는 작업이라고 할 수 있다. 그러나 그것은 단지 수용에만 머물렀던 것이라고 보아서는 아니 되는 것이고, 나아가 기호 예학이 추구하는 도학적 이념과 실학적 용도를 더욱 확고하게 정립하는 작업으로서 매우 중요한 의의를 지닌다고 하여야 옳은 것이다.

그의 대표적인 예서가 『의례문답』이다. 『의례문답』의 예서로서의 성격은 다음과 같이 파악된다. 이 예서는 평소 타인들과 주고받았던 예에 관한 의문점에 관한 문답들을 모아서 『가례』의 체제에 맞추어 정리 편집한 것이다.

대체로 이 시기까지의 예서의 편찬체제는 『가례원류』처럼 『주자가례』의 체제와 항목을 근간으로 삼으면서, 그 학설의 원류를 『예기』,

---

15) 『明齋遺稿』 下, 「疑禮問答」, 5쪽, "凡例, 問答疑節之已見問解及備要者竝刪去, 其自相煩複者亦刪之."

『의례』및 한당漢唐 이래의 선유의 예설을 바탕으로 고구한 내용을 정리한 방식이 있었다. 이는 의례의 부류마다 강綱과 목目을 배열하고, 그에 대한 훈고와 해설 및 고증을 소개하는 방식이다. 이 방식의 저술은 기호학파의 예학의 전통에서『가례집람』,『상례비요』등을 지은 김장생에게서 융성하는 모습을 보였고, 또한 윤선거와 유계의『가례원류』가 그 맥을 계승하였다고 할 수 있다.

그와 달리 평소의 타인과 주고받은 의례 관련 문답을 모아서 편찬한 예서들도 있다. 이에 해당하는 예서로서 김장생은『전례문답典禮問答』,『의례문해』를 남겼고, 윤증의『의례문답』도 역시 그 부류에 속한다. 이는 앞의 예서들에 비하여 그 체제와 항목의 구비가 완전한 것은 아니지만, 앞의 예서들이 할 수 없는 기능을 한다고 할 수 있다.

즉, 전자는 대체적으로 행례行禮의 보편적 규범이 되는 예절 항목의 제시와 그 학문적 근거를 제시하는 것이 주요 내용이고, 따라서 그것은 행례시에 필수적이고도 기본적인 지침서로서 참고할 가치를 지니는 것이다. 후자는 전자를 보완하는 의미의 저술이라고 할 수 있다. 이는 예서의 독서에 있어서 난해하거나 판단하기 애매한 점에 대한 논의와 그 문제의 적절한 해결법, 또는 전자의 예서류에 구비되지 않은 의례의 상황에 대하여 적용해야 하는 예절의 적절한 변통과 응용의 방법, 예서 간의 내용에 불일치가 있을 때 그것을 해소시키는 논의 등을 담고 있는 것이다. 그렇다면 이는 의례의 실행 가능성 혹은 수행적 유용성을 확장하고 고양하기 위한 목적으로 편찬된 것이라는 이해가 가능하다.

윤증의 예서 편찬이『의례문답』에 국한되고 있는 사실은 전자 예서류의 새로운 편찬의 필요성을 그가 느끼지 않았음을 시사한다. 윤증의 예학 관련 저술의 분량과 규모가 축소되고, 대신 선학의 예서를 교정하고 감수하였던 것, 그리고 평소에 서신을 통해 주고받은 예 문답을 예서로 편찬한 것은 그의 스승과 가학의 예학적 전통을 충실히 계승하면서 그것을 보완하고 강화하는 입장이었음을 잘 보여 준다. 그 보완의 작업에는 시대의 요구에 따라 더 추가된 예절 항목도 있어서 전자류의 예서의 내용상의 보완이라는 예학적 태도도 나타나지만, 전반적으로는『주자가례』에 근거한 의례의 실행 가능성과 수행적 유용성을 더 넓게 확보하고자 하는 실용적 실제적 예학 태도의 발휘가 관찰되는 것이다. 이는 그의 예학의 보수성을 의미하는 것이지만, 다른 한편으로 보자면 기호 예학의 도학적 전통을 수성守成하는 것을 임무로 여겼음을 보여 준다. 또 예의 실행 가능성과 수행적 유용성을 높이고자 한 점에서 그의 예학이 무실을 추구하는 실학과의 긴밀한 연관성을 띠고 있음도 알 수 있다.

4. 윤증 유학의 예학적 연원

이상에서 살핀 바에 의하면, 그의 예학은 실학과 깊은 연관성을 지닌다. 아울러 그의 예학이 인간의 도덕적 심성을 회복하고 인륜도의의 실천을 가능하게 하는 실심을 획득하는 근거가 된다는 점에서 심학과의 연관성 역시 매우 긴밀하다. 이렇게 그의 예학이 리학, 심학, 실학과의 상호 유기적 연관성을 띠게 되는 것은 그의 학문적 연원이 이이-김장생-김집-송시열, 유계, 윤선거의 학문적 계통을 잇고, 또 성혼-윤황-윤선거로 이어지는 가학의 계통에 닿아 있는 데서 오는 필연적인 결과라고 생각된다.[16] 즉 이이와 성혼는 리기론이나 심성론 등에 있어서는 이론상 이견을 소유했지만, 근본적으로 사림과 도학의 계승의 면에서는 공통된 인물들이다. 이러한 학자들의 사상과 태도가 윤증 유학의 복합적 연원으로 존재한 것이다.

앞에서 살핀 것처럼 그 가운데 특히 이이의 영향은 윤증의 유학 전반에 구도를 형성하는 데 중요한 것이었음도 확인된다. 『격몽요결』의 체제와 교육적 이념이 바탕이 되어서 그의 실학과 예학을 하나의 종합된 유기적 연관성을 지니도록 하였고, 윤증의 예학의 연찬과·발전은 이이의 실학과 예학의 유기적 연관체계를 뿌리로 삼고 있다고 할 수 있는 것이다.

윤증의 유학에서 예학적으로 연원하는 매우 중요한 학자는 김장생인 듯하다. 김장생은 이이의 학맥에 닿아 있는 학자이면서, 기호학과 예학의 종장으로서 윤증의 예학적 범주와 체계를 형성하는 데 매우 중요한 영향을 끼쳤다. 그러한 영향은 앞서 살핀 윤증의 『의례문답』의 체제와 저술 방침으로부터 확인할 수 있다. 즉 『주자가례』를 근본 체제로 삼되, 『의례문해』와 『상례비요』와 중복되지 않도록 한 것은, 이미 그 예서들의 내용을 그가 존신했고 그것이 정당한 학설이라는 점을 인정하였음을 의미한다. 그 밖에도 김장생의 예서들을 교정하고 감수하여 간행한 사실은 그가 김장생 예학의 적통을 잇는 예학자였다는 것이 역사적 사실임을 보여 준다.

또 한기범의 선행 연구는 김장생과 송시열과 윤증의 예서를 예절

---

16) 한기범, 「명재 윤증의 자주적 예학사상」, 『務實과 實心의 유학자 명재 윤증』.

항목의 통계를 통해서 비교하면서 3자의 차이와 연관성을 규명하였다.[17] 이는 항목의 수와 종류에 대한 통계에 근거한 추론이기 때문에 질적 차원의 비교와 분석에 이르지는 못했다. 하지만 이를 통해서 김장생의 예학과 윤증의 예학에서 외연상의 공통점을 확인할 수 있는 것은 사실이다. 따라서 김장생의 예학에 대하여 윤증의 예학은 물론 수용과 계승의 태도를 보였다는 점을 부인할 수 없다.

그러나 조준하의 선행 연구에서는 김장생의 예학이나 예설에 대한 윤증의 태도가 적극적 계승과 존숭을 보이지 않았다고 설명한다.[18] 즉 그는 김장생의 예설을 윤증이 별로 거론하지 않았다는 판단에 근거하여 김장생의 예설을 호의적으로 대하지 않았다는 평을 하고 있다. 또 그는 계운궁啓運宮의 복의服議에 관한 그의 예학적 태도는 계곡谿谷 장유張維의 예설을 합당하다고 간주하고 김장생의 예설을 암묵적으로 부정하는 태도를 보이기도 하였음을 그 주장의 근거로 삼고 있다.[19] 이는 김장생의 예설이 명분에 철저한 것에 대한 반감으로 해석되고, 현실적으로 예의 운용이 합당성을 얻기 위해서는 인정과 현실을 함께 고려하는 면이 필요하다는 것이 그의 태도라고 이해된다.

그렇기 때문에 그는 내용적으로는 김집의 예학에 많은 애착을 가졌다고도 보인다. 김집의 예학이 외견상 김장생의 예학처럼 커다란 영향을 준 것은 아닌 듯하여도, 윤증이 『상례유서』와 『제례유서』를 편

---

17) 한기범, 「명재 윤증의 자주적 예학사상」, 『務實과 實心의 유학자 명재 윤증』.
18) 조준하, 「명재 윤증의 예설과 그 특징」, 『務實과 實心의 유학자 명재 윤증』 (청계, 2001), 303쪽.
19) 조준하, 「명재 윤증의 예설과 그 특징」, 『務實과 實心의 유학자 명재 윤증』, 309쪽.

찬하면서 이이와 더불어 김집의 예설을 많이 참조한 사실들을 조준하는 그의 추론의 근거로 삼았다. 예를 들면,『상례유서』에서 남의 후사가 된 사람의 처가 본생구고本生舅姑를 위하여 입는 상복에 대한 견해를 이황과 김집의 의론이 좋다고 한 점,20) 소상小祥 때에 교대絞帶의 사용을 김집이 숙마熟麻로 행한 것을 따르는 것이 마땅하다고 한 점21) 등을 근거로 삼는 듯하다. 한기범 역시 김집의 무실적 태도를 윤선거와 윤증이 계승하는 것으로 인정하였다. 예를 들면, 김집은 예의 실행에 있어서 도문허행徒文虛行이 되는 것을 매우 경계하였는데, 그 점을 윤선거는 겉으로 꾸미고 안으로 실實이 없는 것을 선생이 가장 싫어하는 것이라고 평가한 사실을 근거로 윤증의 예학이 실학을 지향하는 근원으로 간주하고 있다.22) 그러나 조준하의 추론은 일면 타당성이 있지만, 전반적인 윤증의 예학적 태도로 볼 수 있는 근거가 되기에는 더 많은 고증적 자료의 확보가 필요하다.

　윤증의 예학적 연원은 위에 설명한 것 외에도 복합적이다. 선행 연구들은 그가『주자가례』의 존신,23)『격몽요결』예설의 존신 태도를 보여 준다는 점을 밝히고 있다.24) 또 그는 여러 학자의 예설을 취사선택

---

20)『明齋遺稿』中,「喪禮遺書」, 115쪽, "爲人後者之妻, 爲本生舅姑, 當依退溪愼獨齋兩先生之說."
21)『明齋遺稿』中,「喪禮遺書」, 115쪽, "從夫服期, 愼獨齋先生所論, 恐合禮意人情, 如何."
22) 한기범,「명재 윤증의 자주적 예학사상」,『務實과 實心의 유학자 명재 윤증』, 351~352쪽 참조.
23) 한기범,「명재 윤증의 자주적 예학사상」,『務實과 實心의 유학자 명재 윤증』, 362쪽 참조.
24) 조준하,「명재 윤증의 예설과 그 특징」,『務實과 實心의 유학자 명재 윤증』, 참조.

하고 있다. 그러므로 그의 예학적 연원을 어느 한 학자에 집중해서 설명하기 곤란한 점이 있다. 이에 대해서는 선행 연구들의 고찰을 통해서도 쉽게 알 수 있는 것이다. 그렇지만 중요한 것은 그의 예학이 무실의 실학적 태도와 긴밀한 관련을 지닌다고 보는 것이 옳은 듯하고, 그 실학적 태도는 어느 한 학자의 학설을 맹신하거나 추종하는 태도를 버리고 항상 이치에 근거하여 판단하고, 현실에 적합하고 실행 가능성과 수행적 유용성이 높은 예의 확정을 위한 신중한 판단을 추구하는 것에 특징이 있다고 하겠다. 그가 많은 선학 혹은 동료의 예설을 수용하여 그 장점을 선별하여 운용하는 한편, 자가의 예설도 많이 개발한 것은 바로 그같이 무실의 예학 태도에 기인하는 것이라고 판단된다.

이상과 같은 고찰에 의하면, 윤증의 유학에서 예학은 이이 – 김장생 – 김집 – 윤선거로 계승되는 기호학파의 예학적 전통을 수성하였던 예학자며, 그 수성의 노력은 단지 과거의 예설과 학문을 전승하는 데서 가능했던 것은 아니고, 그것의 근거를 더욱 확고하고 정밀하게 연마하는 한편 그것의 실천 가능성을 고양하는 노력이 있었기 때문에 성취가 가능했었다고 생각된다. 그가 강조했던 무실이란 주체의 노력에 관계된 것이다. 실학 역시 리학이든 예학이든 그 학문 자체가 실학이 되는 것이 아니고, 그것의 주체가 꾸준히 진실을 밝히고 정밀하게 가다듬고 또 실천하는 노력을 통해서 비로소 가능하게 되는 것이라고 생각된다. 윤증은 바로 그러한 무실의 태도를 예학에서도 유감없이 보여 주었다고 사료된다.

윤증 유학의 성리학적 연원

- 송시열을 중심으로 -

김 문 준

1. 머리말

이 논문은 윤증 유학의 학문 연원을 밝히기 위한 연구의 일환으로
서, 윤증 유학 가운데 성리학의 연원에 관하여 송시열의 성리학을 중심
으로 고찰하는 목적을 가지고 있다.

명재明齋 윤증尹拯은 송시열의 제자 가운데 가장 뛰어난 이로서 송
시열의 적전이 될 수 있었던 학자로 평가되고 있는 만큼, 송시열과 윤
증 간의 성리학 논변이 많았을 것이라고 생각된다. 그러나 『송자대전』
에 수록되어 있는 송시열이 윤증에게 보낸 편지가 52통에 달하지만,
성리학에 관한 글은 심心의 미발未發과 이발已發을 어떻게 이해하는가에
관하여 윤증이 송시열에게 묻고 송시열이 윤증에게 답한 내용의 문답

서 1편밖에 없다. 『명재유고』에는 이 서신을 포함하여 송시열과의 서신이 한 편도 수록되어 있지 않다. 따라서 윤증의 성리학이 송시열의 성리학과 어떤 문제에 관하여 문답하고 의견을 달리하였는지에 대하여 구체적으로 알기는 어렵다. 이 글에서는 송시열과 윤증의 성리학 특징을 정리해 보고, 대략적인 비교를 통하여 그 관계성을 기술하고자 한다.

2. 송시열의 학맥과 성리학의 특징

1) 송시열의 학맥

송시열宋時烈(1607~1689, 호는 尤庵)[1]은 17세기 중엽 이후 조선 후기 사에 가장 큰 영향을 미쳤던 대정치가요 사상가며 성리학과 예학의 대표적인 학자였다. 송시열은 의리정신에 투철한 당대의 거유요 사림의 종장으로서, 주희는 '공자후일인孔子後一人'이고 송시열은 '주자후일인朱子後一人'이라고 칭송되었다. 1756년(영조 32) 송준길과 함께 문묘文廟에 종사되었으며, 조선 유학사상 유래 없이 송자宋子라고 칭하여지고, 그의 문집은 『송자대전宋子大全』으로 명명되어 정조의 명에 의해 평양감영에서 출판하였다.

송시열의 학문과 사상에 있어서 가장 중요한 점은 조선 도학을 강력한 춘추의리론으로 확립한 점이다. 춘추대의春秋大義는 불의를 배격

---

1) 본관은 恩津. 자는 英甫. 호는 尤庵・華陽洞主. 시호는 文正. 아명은 聖賚다.

하고 인의를 수호하려는 강렬한 도덕가치론이다. 송시열의 춘추대의
에 입각한 주체적 의리정신은 민족사를 통하여 그 정신적 맥락이 구
한말까지 이어져, 근세의 민족주체의식에도 사상적·정신적으로 중요
한 영향을 끼쳤다.

송시열은 병자호란 이후 인도人道가 멸절될 위기에 처하였다는 위
기의식에 따라 '절의節義를 숭상崇尙하여 동주東周를 높이고'(崇節義以尊東
周), '난신亂臣과 이단異端을 엄하게 징토懲討하여 윤리倫理와 강상綱常을
부식扶植하는'(嚴懲討以扶倫紀) 일에 매진하였다. 그러한 실천정신은 중화
를 높이고 이적을 물리친다는 존중화尊中華 양이적攘夷狄으로 요약할 수
있으며, 이는 곧 왕도王道를 실현하고자 한 것이었다.

이를 위하여 송시열은 세도世道를 자임하고자 하였는데, 그 내용은
앞에서 설명한 바와 같이 '준주자尊朱子 양이적攘夷狄'이었다. 송시열의
성리학은 인간의 소이연所以然과 도리道理를 일깨우고 천리인욕天理人欲
을 분별하여 선악善惡, 의불의義不義, 군자소인君子小人이 나뉘게 되는 근
원을 분명히 하고, 인간 개개인과 국가가 이단을 막고 이적을 물리친
다는 '벽이단闢異端 양이적攘夷狄'해야 하는 이유를 밝혔으며, 난세亂世에
처하여 인도人道를 행하는 방도를 제시하려는 노력의 일환이었다. 구
한말, 의리학을 대표했던 화서華西 이항로李恒老와 그 문인들은 평생 주
희와 송시열을 존숭하고 척사위정斥邪衛正을 실천하여 송시열의 학문과
정신을 계승했다.

송시열의 학맥과 학풍은 율곡栗谷 이이李珥 이후 기호유학2)의 적전

---

2) 기호유학은 율곡학파들이 대개 기호지역에 연고를 가지고 있었기에 불리어진
이름으로 지역성은 2차적 의미를 갖는다. 기호유학의 학적 성격과 범위 설정

을 계승한 것이다. 기호유학의 학문은 성리학에서 영남유학의 리발설 理發說을 공박하고 인물성동이론人物性同異論을 심각하게 논의하였으며, 그 밖에도 예학, 실학, 양명학, 의리학 등 다양한 학문 양상을 전개했 는데, 송시열 계열은 인물성이론, 예학, 의리학에 중점이 있었다.

이이의 문하에 가장 대표적인 유학자는 사계沙溪 김장생金長生, 중봉 重峰 조헌趙憲, 수몽守夢 정엽鄭曄, 묵재黙齋 이귀李貴, 풍애楓崖 안민학安敏 學, 송애松崖 박여룡朴汝龍, 우산牛山 안방준安邦俊, 자장子張 김진강金振綱 등이 있는데, 율곡학파의 융성은 김장생부터 이루어졌다. 김장생 문하 에는 그의 아들 신독재愼獨齋 김집金集을 비롯하여 송시열, 동춘당同春堂 송준길宋浚吉, 계곡谿谷 장유張維, 초려草廬 이유태李惟泰, 포저浦渚 조익趙 翼, 송애松崖 김경여金慶餘, 조암釣巖 이시백李時白, 상촌象村 신흠申欽, 석문 石門 이경직李景稷 등이 있다. 이 가운데 송시열, 송준길, 이유태, 김경 여 등은 김집에게도 배웠다. 김집의 문하에는 이들 외에도 시남市南 유 계兪棨, 미촌美村 윤선거尹宣擧, 돈암遯菴 선우협鮮于浹 등이 있다.

송시열은 조광조趙光祖 → 이이 → 김장생으로 이어진 조선 기호학 파의 학통을 계승하여 기호학파의 주류를 이루었으며, 이황李滉의 리기 호발설理氣互發說을 배격하고 이이의 기발리승일도설氣發理乘一途說을 보 완하여 보다 정합적인 논리체계를 수립하고자 노력하였다. 이황, 이이 이후 영남학파, 기호학파를 특징짓는 용어는 이른바 주리, 주기였는 데, 그 과정은 이이가 이황의 호발설互發說을 비판하자 영남의 갈암葛菴 이현일李玄逸 등이 이황의 리발설理發說을 변명하면서 율곡학파를 주기

에 있어서 사승관계와 율곡학과의 동질성이 가장 중요한 조건이다. 牛溪 成 渾, 龜峰 宋翼弼 계열도 이에 연계된다.

파主氣派 내지 기학氣學으로 칭하게 되었다. 이에 송시열, 남당南塘 한원 진韓元震 등이 자파의 이론을 옹호 변명하는 과정에서, 기호·영남학파 의 분파는 이현일, 송시열 이후 더욱 굳어졌다.

송시열은 김장생의 문인 가운데 가장 많은 문인을 배출했는데, 이 름난 문인으로는 수암遂菴 권상하權尙夏, 농암農巖 김창협金昌協, 창계滄溪 임영林泳, 지촌芝村 이희조李喜朝, 외재畏齋 이단하李端夏, 서포西浦 김만중金 萬重, 손재遜齋 박광일朴光一, 장암丈巖 정호鄭澔 등이 있다. 윤증은 윤선거 의 묘지명墓誌銘사건 이후 사제 간의 의리가 끊어졌으며, 권상하·김 창협 등이 송시열의 학통을 이어받은 고제로 일컬어진다.

2) 송시열 학문의 정신적 바탕

송시열의 학문·사상·사업은 주희와 이이의 학문에 근거하여 '직 直'철학으로써 춘추의 존왕양이尊王攘夷의 의리를 천명하는 것이었다. 그 는 주희의 학문과 사상을 정리하고 실천하여 평생의 사업으로 삼아 주자학 계승을 자부하고 한국성리학을 정리하고자 했다. 그러한 송시 열의 정신은 도통중시정신, 성리설 정리작업, 직直의 정신 등에 집약되 어 있다.

첫째, 도통道統정신이다. 송시열의 학통은 이이·김장생·김집으로 이어지는 율곡학파의 적통을 이은 것으로, 송시열은 이이의 성리론을 따르고 그 경세사상을 실현하고자 했으며, 김장생과 김집의 예학사상 을 이어 예치禮治로써 지치至治를 이루고자 하였다. 또한 공자의 존왕양 이尊王攘夷사상과 내성외왕內聖外王사상을 바탕으로 하여, 주희의 '천리 를 밝히고 인심을 바르게 한다'는 '명천리정인심明天理正人心', '이단을 막고 이적을 물리친다'는 '벽이단闢異端 양이적攘夷狄' 정신을 계승하고, 조광조의 '왕조를 높인다'는 '존왕도尊王道', '패도와 술수를 천하게 여긴다'는 '천패술賤覇術', '바른 학문을 높인다'는 '상정학尙正學', '이단사상을 배천한다'는 '척이교斥異敎' 정신을 실천지표로 하여,3) 출사出仕와 행도行道의 근본으로 삼았다. 이러한 송시열의 학문과 생애에 대하여 이항로는 위로 성현의 전통을 잇고 백가를 절충하여 집대성한 것이 주희의 학문이며 주자학을 가장 깊이 연구하고 대의大義를 바로 본 이는 송시열으로서 주희 이후의 정통正統이라고 하였다. 이러한 언명은 송시열의 학문적 특성과 유학사상사적 위상을 단적으로 표현하고 있다.

둘째, 성리설 정리작업이다. 송시열은 주희의 저술을 체계적으로 정리하는 일에 있어서 누구보다도 탁월한 노력을 기울였다. 송시열은 종전의 주자서朱子書 정리작업을 종합하면서 새로이 방대한 계획을 세우고, 만년에 이르기까지 정주학程朱學의 체계를 문헌적으로 정리하는 작업을 추진했으며, 『이정유서二程遺書』·『주자대전朱子大全』·『주자어류朱子語類』 등을 정리하고자 열정을 기울였다. 송시열은 83세의 나이에 죽음을 앞두고 제주도에 유배중에도 이러한 작업에 열정을 기울였으며, 이러한 작업은 송시열 문하의 일대 사업이 되었다.4) 송시열은

---

3) 『靜菴集』 附錄 6, 「靜菴行狀」.

4) 송시열은 朱子書를 정리하기에 앞서, 72세에 程子의 『二程遺書』에서 중요한 글을 選集하여 『程書分類』를 내었는데, 문인인 李箕洪 등이 완성하였다. 또한 朴世采에게 『朱子大全問目』을 완성하기를 부탁하기도 하였다. 『朱子大全』의 주석서인 『朱子大全箚疑』를 편찬하고, 이어서 『朱書分類』와 『朱子言論同異攷』를 계획하여, 우선 73세에 『朱子語類』를 整理 刪削하고 내용을 분류한 『朱子語類小分』와 주희의 年譜와 實記를 합한 『文公先生紀譜通編』을 편수하였다. 『朱子大全』과 『朱子語類』를 중심으로, 理氣, 心性情 등의 항목으로 분류하여 주희의 학설을 정리한 『朱子言論同異攷』는 권상하의 문인 南塘 韓元震이, 『朱

또한 이황의 『경서질의經書質疑』와 『기선록記善錄』을 증정證訂하기도 하였으며(72세), 숙종肅宗이 명을 내려(숙종 7), 『심경석의心經釋疑』 교정본을 올리기도 하였다(75세).

셋째, 직直의 철학이다. 송시열의 성리사상은 직直으로 귀결되어, 수양修養과 행도行道를 직直으로 요약하여 요결要訣로 삼았다. 직直의 정신은 송익필·김장생·송시열에게 전수된 기호예학의 심법心法이었다.[5] 공맹과 주희를 이어 직直의 철학을 수립한 송익필의 사상은 김장생에게 전수되었고, 소학小學과 주자가례朱子家禮의 실천을 통하여 인극人極을 자각하고 행하려던 김장생은 직直을 이어받아 마음을 세우는 요체로 삼았으며,[6] 김장생의 직直의 정신은 특히 송시열에게 전수되었다. 직直은 '명천리明天理 정인심正人心'의 핵심이 되었으며, 송시열은 이를 인생의 대원칙으로 삼아 시비是非와 의불의義不義를 엄별하여 비非와 불의不義를 단호히 척결하는 것을 행도行道의 기본으로 삼았다. 송시열은 이러한 일도양단一刀兩斷의 확고부동한 삶의 태도를 강조하였으므로 직直을 공부와 삶의 요결로 삼았다. 격치格致공부를 강조한 주희 학문체계를 반대하고, 격치格致 공부보다 성의誠意공부에 역점을 둔 백호白湖 윤휴尹鑴의 학문을 송시열이 배척한 까닭도 바로 내면의 성실성과 아울

書分類』는 한원진의 문인 姜浩溥가 완성하였다. 또한 77세에 『朱子大全』을 집약한 李滉의 『朱子書節要』와 『朱文酌海』에서 다시 가려 뽑아 抄選한 『朱文抄選』을 숙종에게 올리기도 하였다. 賜死되기 직전, 귀양지 제주도에서 『朱子大全箚疑』의 序文을 쓰고, 『箚疑』를 權尙夏·金昌協·李喜朝 등에게 수정하도록 부탁하였으며, 최후로 주희의 『論孟精義』와 『論孟或問』을 합하여 『論孟或問精義通攷』를 편수했다.

5) 『靜菴集』 附錄, 권13, "又曰天地之所以生萬物應萬物, 直而已, 孔孟以來相傳, 惟是一直字."
6) 『宋子大全』, 권131, "沙溪之學專出於確之一字, 而每以直之一字爲立心之要."

러 객관적인 윤리질서를 위배하지 않는 직直의 삶을 강조했기 때문이었다. 직直의 철학은 송시열 이후 기호학파 노론 계열의 상전심법相傳心法이 되었다.

3. 윤증 성리학의 연원과 특징

1) 학문 계승의 복합성과 송시열 학문의 계승 문제

윤증의 성리학은 기호유학 전반에 내재하는 여러 문제, 즉 가학家學과 사승관계 및 정치적 문제 등 복합적인 요인들로 인하여 그 연원이 단순하지 않으며, 전후기 다른 면이 있다.

조선 후기의 성리학은 이황과 이이의 성리학을 계승·부연하는 한편, 이황과 이이의 성리학 일부를 비판하고 보완·수정하면서 발전하였는데, 특히 기호성리학은 이러한 학문 경향이 강하며, 이러한 속에서 다양하고 풍부한 면모를 보여 주었다. 더욱이 이황이 극력 비판한 양명학을 깊이 연구하기도 하였다.

기호성리학은 이이의 기발설을 바탕으로 하지만, 여러 학통 연원과 지역성을 매개로 하여 다양하게 전개되었다. 학통은 이어도 학설이 달라지면서 학문과 사상의 다양성을 보였다. 기호성리학은 이이의 사상을 계승하고 발전시키면서 김장생과 김집을 거쳐 송시열과 권상하로 계승되었고, 한원진, 임성주로 이어졌다. 송시열은 리발설 비판은 물론 사단 역시 부중절不中節과 불선不善이 있다고 주장하면서 이이의 기발일도설과 인심도심설 간의 모순을 극복하고 주자학을 한층 체계화하였으며, 그 과정에서 한국성리학의 독특한 면모를 수립하였다. 그러나 송시열의 문인 김창협은 이이의 성리학을 비판적으로 수용하면서 이황의 학설을 부분적으로 수용하여 절충적 견해를 보였는데, 미호渼湖 김원행金元行을 거쳐, 매산梅山 홍직필洪直弼, 간재艮齋 전우田愚로 이어졌다.

따라서 사승관계는 사상 계승에 가장 큰 영향을 주는 것이지만, 기호학파에서는 학문의 사제 계승에 일정한 변수가 있었다. 그러한 이유로는 이이의 문인 조헌이 우계牛溪 성혼成渾에게서도 학문을 전수하였으며, 김장생은 일찍이 구봉龜峯 송익필宋翼弼에게서 배웠듯이, 한 학자가 한 스승에게서만 학문을 익히지 않았기 때문이기도 하고, 또 그만큼 주체적인 학문 연구가 전개되었음을 의미한다.

특히 윤증의 학문 연원은 단순하지 않고 다채롭다. 그는 송시열에게서 주자학을 배웠지만, 또한 그의 부친인 윤선거와 조부인 팔송八松 윤황尹煌의 가학家學을 계승하였다. 윤선거는 송시열과 같이 김장생·김집의 문인이었으며, 윤황은 성혼의 문인이었기 때문에 윤증 가학의 연원과 특성은 다양성을 내포하고 있다. 이러한 윤증 학맥 주변을 간단히 도표로 표시하면 다음과 같다.

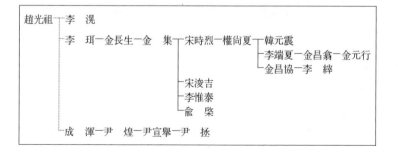

특히 윤증과 송시열의 갈등관계에 따른 문제가 윤증 성리학의 변화에 대단히 큰 변화요인으로 작용했다. 윤증의 학문사상의 형성은 크게 3단계로 나누어 볼 수 있는데,[7] 그 시기는 송시열과 사제관계를 맺기 전과 맺은 후, 그리고 결별한 후로 나누어 볼 수 있다. 결국 윤증의 일생이나 학문 과정에 대한 이해는 송시열과의 관계가 가장 중요한 변수였다.

윤증은 윤선거의 아들이며 성혼의 외증손으로서, 어려서 유계에게 배우고 18세에 탄옹炭翁 권시權諰의 딸과 결혼하면서 권시의 문하에서 심학에 관심을 기울였다. 29세부터 송시열의 문하에 들어가 『주자대전』을 배운 후 사제관계를 맺었다. 그러나 44세(1673)에 부친의 묘갈명을 송시열에게 부탁한 이후, 2차예송이 일어난 1674년, 그 2년 뒤 장기에 유배중인 송시열을 찾아가 재차 부탁하고, 그 2년 뒤 1678년, 경신환국이 일어난 1680년에 유배에서 돌아온 송시열을 다시 찾아가 수정을 재삼재사 부탁하는 등 부친의 묘지명사건으로 스승 송시열과 사이가 벌어지고, 결국 숙종 7년(1681) 송시열을 통렬하게 비판하는 「신유의서辛酉擬書」를 작성하였다가, 그 다음 해에 세상에 유포되면서 이로 인하여 사제의 의를 끊었다. 그 2년 후(1684) 윤증을 배척하는 최신崔愼의 상소 후 이른바 '회니시비懷尼是非'가 촉발되어 송시열과 윤증이 번갈아 상소를 올리면서 관계가 격화되었다. 53세(1682) 이후 윤증은 무실務實과 실심實心을 본격적으로 강조하면서 학문적인 독자성을 수립해 나갔다.

---

7) 고영진, 「윤증의 한국사상사적 위치」, 『충남대 유학연구소 국제학술회의자료집』(2000), 21~26쪽.

이후 윤증의 성리학은 송시열 성리학에 내재한 한국성리학의 정합성 수립 문제나 강력한 의리실천 도출체제 등의 특징적인 문제와는 다른 성격을 가지고 발전하였다.

2) 실천성리학 강조

윤증의 문집에는 성리학에 관하여 예설·리기론·심성론 등이 많이 나오지만, 특히 인심도심·함양성찰·격물치지론 등 수양론에 관련한 기술이 많다. 윤증의 리기론理氣論 성정론性情論은 이이, 송시열의 성리설과 구별되는 별다른 점은 크지 않다. 윤증은 성리설에서 기본적으로 이이의 기발리승일도설과 리통기국설理通氣局說을 크게 벗어나지 않았다. 사단칠정과 인심도심을 가치론적으로는 그 소종래所從來를 '원어성명原於性命'과 '생어형기生於形氣'에 따라 '발어리發於理 발어기發於氣'로 분멸하는 것이 가능하다고 보았지만, 실제현상으로는 기발리승일도를 주장하였다. 한편, 그는 이이의 리기지묘理氣之妙, 기발리승氣發理乘, 리통기국理通氣局의 기본 입장을 계승하고, 존재론적으로는 리와 기의 묘합구조하에서 양자의 상보성과 체용일원體用一源을 중시하면서도 가치론과 수양론에서는 리의 가치적 우위성과 리의 주재기능을 강조하기도 했다.

그러나 윤증 학문의 본령은 내실內實과 내수內修에 힘써 실심實心을 함양하고 발휘하는 실천적인 수양학이었다. 그는 특히 '무실務實'을 강조하여 송시열의 학문을 외화外華와 명리名利를 주로 하는 '위인지학爲人之學'이라고 비판하면서 차별성을 부각시키기도 하였다. 그는 이황으로부터 성혼을 거쳐 윤선거로 이어지는 가학家學을 충실히 계승하고,

실리實理・실심實心이란 성誠에 불과하다고 하여 율곡 이이의 무실務實 및 성誠사상, 그리고 권시의 성실誠實사상 등의 영향을 받아 '치심지학治心之學' 내지 '위기지학爲己之學'을 강조하였다.

그는 '존양성찰存養省察' 공부를 중요시하여, 성誠을 체인체득體認體得하여 실생활에서의 도덕적인 생활, 내면적 정신 수양과 실천을 충실히 한다는 의미에서의 실학實學을 중시하였다. 이처럼 윤증은 '무실' 두 자로 학문의 기초를 삼아 실천궁행에 힘썼던 까닭에, 리기에 관한 형이상학적이고 사변적인 연구는 즐기지 않았다. 따라서 말년에 나량좌, 김숙함, 정만양 형제, 양득중梁得中 등 제자들과 리기심성론, 사단칠정론 등에 관하여 질의를 받고 이이의 학설에 입각하여 답변하는 서신을 수 차례 주고받기도 하였으나, 그러한 이론은 경전과 정주程朱의 책에 구비되어 있으므로 말을 세우기보다는 실천에 힘쓸 것을 권면하였다. 그는 "성의誠意와 관계없는 격물은 없다"고 주장하고, 특히 69세에서 83세에 이르기까지 정제두와 서신을 주고받으며 양명학에 대하여 논의하기도 하는 등 사단칠정・인심도심에 대한 리기론적 형이상학으로부터 일상의 도덕실천에 성실할 형이하학을 강조했다.

윤증의 문인 가운데에는 양명학을 실학으로 연결시킨 학자로 유명한 양득중이 있으며, 한국 양명학의 선구자인 하곡霞谷 정제두鄭齊斗(1649~1736)는 윤증의 재종매부再從妹夫다. 그는 지행합일知行合一을 중시하여 리기의 이원적 일원을 주장하는 기대승의 이론체계와 왕수인의 지행합일・심즉리설을 깊이 연구하였으며, 실천을 중시하는 윤증의 무실공부를 존숭하였다. 이처럼 강력하게 무실務實과 실심實心을 강조하는 학설로 인하여 윤증의 학문은 조선 후기의 실학으로 평가하기도 하며,8) 한국 양명학 발전에 일정한 연계성을 지니고 있거나 양명학 성

격을 강하게 지니고 있다는 현대 학계의 주장이 제기되고 있다.9) 윤
증은 생전에 일관하여 정주학과 율곡학을 강조하고 그 경계를 벗어나
지 않았으나, 그의 생애 후기에 무실을 중시하는 사상적 변화는 제자
들이 양명학으로 경도했던 현상과 무관하지 않다고 짐작할 수 있다.

4. 맺음말

윤증의 성리학은 후기에 무실을 강조하여 함양성찰涵養省察과 격물
치지 공부를 강조하였지만, 송시열이 이러한 공부와 더불어 역설한
직直이나 집의集義·양기養氣와 같이 강력한 의리실천으로 도출하는 공
부는 그다지 거론하지 않았다.

송시열과 윤증의 성리학은 이이의 성리설을 바탕으로 이론을 전
개하였지만, 송시열이 이이의 기발일도설氣發一途說을 강화하기 위하여
주희의 학문뿐만 아니라 역대 성리학 이론 전반에 관하여 정밀하게 검
토하여 분석적이고 체계적인 이론을 바탕으로 강력한 객관적 의리실
천으로 나아가는 의리학을 도출한 반면, 윤증은 존양성찰과 주관적 성

---

8) 한우근, 「명재 윤증의 실학관」, 『동국사학』 6(1960); 윤사순, 「명재 윤증의
성리학적 실학」, 『도산학보』 4(1995).

9) 지두환, 「조선 후기 양명학의 수용과 전개」, 『國史館論叢』 22(1991); 이은순,
『조선 후기 당쟁사 연구』(일조각, 1993), 19~25쪽; 이은순, 「명재 윤증의 학문
과 정론」, 『湖西士林에 관한 연구』(충남대 백제연구소, 1994); 유명종, 「명재
윤증의 유학사적 위상으로서의 실학」, 『충남대 유학연구소 국제학술대회자
료집』(1996); 김길락, 「명재 윤증의 陸王學」, 『충남대 유학연구소 국제학술대
회자료집』(1996) / 『儒學硏究』 5(1997); 송석준, 「명재 윤증의 심학사상 – 양
명학적 성격을 중심으로」, 『충남대 유학연구소 국제학술대회자료집』(2000).

실성을 강조한 무실학을 전개하여 양자가 차별적인 발전 양상을 보였다. 송시열은 주자학과 율곡학 및 퇴계학의 비판적 계승을 통한 한국 성리학의 정립에 주력하였고, 윤증은 성리학의 범주를 벗어나지 않으면서도 내면적 덕성 확립에 주력하여 한국 양명학 성립에 기여하였다.

이러한 이면에는 두 학자가 그들의 시국관, 학문관 등의 면에서 각기 다른 성격을 지니고 있기 때문이라고 생각된다. 이러한 문제에 관해서도 자세한 검토가 필요하다. 송시열과 윤증의 시국관과 학문관은 양자만의 문제가 아니라 조선 후기 사상사의 변화 양상을 반영한다고 생각되기 때문이다.

윤증 유학의 심학적 연원

- 탄옹 권시를 중심으로 -

권 정 안

1. 머리말

전통 동아시아 사회의 중심사상으로서 유학은 시대와 지역에 따라 다양한 사상적 변용을 계속하여 왔다. 그것은 물론 반드시 발전이라는 이름으로 불릴 수 있는 것만은 아니었지만, 적어도 진정한 유학을 하는 지성들은 당대의 현실적 상황의 요청을 자신의 학문적인 관점에서 수용하는 가운데, 유학의 사상적 내용을 다양하고 풍요롭게 만들어 왔다. 그것이 아마 각 시대와 지역 그리고 개인의 사상적 특성이라고 할 수 있을 것이다.

그러나 이런 특성들과 함께 어느 시대 지역 개인의 유학이든 그것이 적어도 유학인 한 거기에는 우리가 생각하는 것보다 훨씬 넓은 보편성이 존재한다는 것도 분명하다. 굳이 "모든 개체는 보편성과 특수성의 통일체"라는 헤겔의 말을 인용할 필요도 없이, 어느 시대 어느 곳의 누구의 유학이든 간에 그 근간에는 폭넓은 유학의 정체성이 보편적으로 존재하는 것이다.

필자는 이러한 유학의 보편적인 정체성을 그 근본정신과 실천방법의 두 측면에서 이해한다. 유학의 근본정신은 현실의 세계와 인간에 대한 강한 긍정과 신뢰에 뿌리를 두고 현재 세계에서의 인간 생존과 인간다운 삶이 가능한 문명세계를 지향하고 있으며, 지금 이 터전 위에서 자기 완성을 통한 사회 완성을 그 이상실현의 실천방법으로 제시한다는 점이다. 이것이 바로 전통적으로 유학이 스스로를 일용평상日用平常의 진리며 수기치인修己治人의 진리라고 규정한 근거다.

그러나 유학은 이런 보편적인 정체성을 그 본령으로 하면서도, 그 초기에서부터 서로 다른 특성을 가진 두 가지 사상적 경향을 보여 왔다. 그것은 인간학적 흐름과 천인론적 흐름이다.[1] 『논어』와 『맹자』에 나타나는 공맹孔孟의 인간학적 성격은 노장사상의 존재론적 자연관의 도전을 받는 과정에서 『역전易傳』과 『중용中庸』에 나타난 천인론적 세계관을 형성하게 된다. 노사광勞思光은 이를 공맹이 성취한 심성론철학心性論哲學에서 우주론적 사상으로의 후퇴로 이해하고 있지만, 다른 관점에서 보면 이는 오히려 초기 인간학적 공맹유학의 세계관적 기반을 구축한 것이라고 볼 수도 있다.

---

1) 이에 대해서는 권정안, 「周敦頤 사상에 나타난 세계의 인간화와 인간의 세계화」, 尙虛안병주교수정년기념논문집 간행위원회 엮음, 『동양철학의 자연과 인간』(아세아문화사, 1998) 및 권정안, 「주렴계의 심성론」, 『송대심성론』(아르케, 1999) 참조.

더욱 중요한 것은 이런 유학의 두 경향이 상호간 부단하게 영향을 주고받으면서, 세계와 인간, 사실과 당위, 존재와 가치의 긴장관계를 극복하기 위한 철학적 탐색의 계기를 지속적으로 제공하였고, 이 과정에서 세계와 인간 그리고 그 관계에 대한 확대되고 심화된 해명을 역동적으로 추진해 온 핵심적인 원동력이 되었다는 사실이다. 송대 성리학은 바로 그 중세적인 성취다.

그러나 성리학은 그 완성자인 주희朱熹 당시부터 그 핵심적인 전제인 성즉리性卽理가 갖는 천인론적 편향성에 대한 비판에 직면하였다. 물론 성리학은 공맹의 심성론적 구조를 치밀하게 그 사상체계 내에 반영하고 나아가 공맹유학의 본령인 수기치인의 실천적 방법론을 보다 정치하게 구축하여 성리학적 인간학의 영역을 확보하였지만, 천인론적 관점에서 태극太極 리기理氣를 통한 세계에 대한 해명을 포기할 수 없었기에, 심즉리心卽理를 통해 보다 강화된 인간학적 경향을 추구한 육왕학陸王學의 비판을 받게 된 것이다.

고려 후기 성리학을 수용한 한국유학은 초기부터 학문적으로는 강한 인간학적 특성을 보여 왔고 현실적으로는 강한 정치적 실천이념으로서의 도학적 성격을 보여 왔다. 이황은 그 양면적인 성취의 전범으로서 포은圃隱 정몽주鄭夢周를 추숭하여 '학문과 절의에서 한국 성리학의 조종(學問節義兩堪宗)'이라 하였지만, 사상적으로 초기 한국 성리학의 인간학적 특성을 가장 잘 보여 주는 것이 양촌陽村 권근權近의 사상이라면, 실천 도학의 맥은 포은 정몽주와 야은冶隱 길재吉再에서 정암靜菴 조광조趙光祖로 이어지는 사림파士林派의 실천으로 드러났다.

조선조 성리학의 실천적 도학이 이른바 훈구파와 갈등 속에서 여러 차례의 사화士禍를 겪으면서도 확고한 정치주도세력으로 자리 잡은 것은 건국으로부터 약 두 세기가 지난 16세기 후반 선조 무렵이었다. 그리고 바로 그 16세기 조선조 성리학은 화담花潭 서경덕徐敬德, 남명南冥 조식曺植, 퇴계退溪 이황李滉, 하서河西 김인후金麟厚, 고봉高峯 기대승奇大升, 율곡栗谷 이이李珥, 우계牛溪 성혼成渾와 같은 걸출한 학자들을 배출하여 한국 성리학의 전성기를 열게 되었다.

이들의 학문적인 경향과 출처의 의리는 조금씩 차이가 났지만, 이황과 성혼이 성리학적 인간학에 치중한 학문 경향을 보여 준다면, 화담과 남명은 같은 산림학자이면서도 중국 성리학보다 오히려 천인론적 경향이 강한 기학파氣學派와 형이상학적 담론을 부정적으로 평가[2] 하는 강한 실천적 도학파道學派라는 차이가 있다.

이런 학문적 흐름은 임·병 양란을 거치고 17세기로 들어서는 과정에서 지리적으로 이황을 중심으로 하는 영남학파와 이이와 성혼을 중심으로 한 기호학파로 재편되는데, 이황 이후 영남학파는 강한 학문적인 통일성을 유지하면서 이황의 학문적인 성취를 계승하는 특성을 보여 준다면, 기호학파는 기본적으로는 이이의 사상을 계승하면서도 비교적 자유로운 학문풍토 속에서 성리학적 한계를 넘나드는 다양한 경향을 보여 준다.

그러나 기호학파의 이런 자유로운 사상적 분위기는 당파적 분열이 가속화되고 기호유학의 중심이 경기지역으로부터 충청지역으로 옮겨

---

2) 조식의 이런 입장은 권시를 통해 윤증에게도 상당한 영향을 준 것으로 보인다. 『明齋先生言行錄』, 권4; 『明齋遺稿』下, 189쪽, "炭翁又曰, 南冥云, 世人之高談性命, 而夷考其行, 曾犬豕不若, 以此每談理氣未牟, 未嘗不自顧怵然, 然是學之大頭顱處, 學者不可不早知名義" 이하 『明齋遺稿』는 충남대학교 유학연구소 명재연구실 엮음(2000)을 참조하였다.

온 이후 점차 경색되어 갔다. 그 가장 중요한 원인은 조선왕조를 지탱하던 중추적 세력인 선비계층이 병자호란을 겪으면서 받은 충격과 좌절이었다. 특히 그들에게 있어 병자호란과 이어진 명明의 멸망은 그들의 신념인 유교적 문명세계관에 대한 심각한 타격이었기에, 그 대응과정에서 유일한 문명세계인 조선왕조를 유지하면서 청나라에 대한 복수와 문명세계를 재건하기 위해서는 그 중추세력인 선비계층의 강력한 이념적 통일성이 요구되었던 것이다.

윤증尹拯(1629~1714, 호는 明齋)은 바로 이런 시대적 학문적 배경 속에서 기호학파의 중심이 충청지역으로 옮겨 온 이후 2세대 학자인 부친 미촌美村 윤선거尹宣擧을 비롯하여 시남市南 유계兪棨, 동춘당同春堂 송준길, 우암尤菴 송시열宋時烈 등 당대 일류의 학자들에게서 촉망과 기대를 한 몸에 받았던[3] 충청지역 기호학파의 3세대 학자의 대표적인 인물이다.

2. 이황과 성혼 · 이이의 심학적 영향

윤증의 학문적 연원이 기호학이라는 점에서는 거의 이의가 없는 것 같다. 그것은 그의 혈연과 지연, 학연 속에서 자연스러운 것이었다. 즉 그의 조부인 팔송八松 윤황尹煌은 성혼의 사위로서 이후 윤증의 집안은 성혼의 학문을 자신의 가학 연원으로 삼았으며,[4] 그의 관향인 파

---

3) 『明齋遺稿』下, 권31, 「手錄」, 133쪽, "余於是極知師友之惓惓於不肯也, 何修可以稱塞其相愛之盛意乎."

평이 기호학파의 종주인 이이와 성혼의 학문적 주 활동무대였다는 것과 당연히 연관된 것이다.

다만 8세 되던 해 병자호란을 만나 모친이 절사節死한 뒤에, 그의 삶의 주요한 기반은 조부와 부친을 따라 충청지역으로 옮겨 왔고, 초기의 학문적인 성취도 대개 이 지역에서 이루어진 것으로 보인다. 14세 때 그는 부친과 가장 친한 벗이었던 유계에게 배웠는데, 당시 유계는 임천林川에 유배되었다가 윤선거가 거주하던 금산錦山으로 이주하여 함께 이웃하고 살게 되었기에, 자연스럽게 유계를 스승으로 모시고 학문을 하게 된 것이다.

> 덕포가 일찍이 말하기를 "어린 시절에 명재明齋 및 양일養一과 할아버님에게 함께 배웠는데, 처음에는 별로 우열의 차이가 없었다. 그러다가 명재가 금산 골짜기로 들어가 지낸 지 3~4년 뒤에 갑자기 그 학문이 평범한 수준을 크게 벗어나게 되었다. 그것은 마치 봄물이 일시에 쏟아짐에 거대한 배가 높이 솟구쳐 아득히 따라갈 수 없는 것과 같았다" 하였다.[5]

이 시기에 그는 주로 『시경詩經』, 『서경書經』, 『주역周易』 등의 경전을 유계로부터 배운 것으로 보이는데, 앞의 예문에서 보는 바와 같이 상당한 학문적 성취를 얻은 것으로 보인다. 그러나 그가 이황의 심학적 연원과 만난 것은 탄옹炭翁 권시權諰를 통해서였다. 그는 19세에 권

---

4) 『明齋遺稿』下, 권16, 「與成汝中」, 359쪽, "況我家學至大, 豈可容易承當, 唯願益加實功, 讀書窮理, 操存省察."
5) 『明齋先生言行錄』, 권2; 『明齋遺稿』下, 179쪽, "德浦嘗言, 幼時與明齋及養一, 同學於祖考, 初若無甚優劣, 明齋入錦峽三四年, 忽然超絶等夷, 若春水一至, 巨艦高出, 茫然不可企及."

시의 사위가 되면서 당시 문경으로 낙향해 있던 권시를 스승으로 모시고, 본격적으로 이황의 심학에 대해 이해하게 되고 경모하게 된다.

그가 권시의 사위가 된 다음 해 지은 '경차퇴도선생고경운敬次退陶先生古鏡韻'은 이런 그의 이황의 심학에 대한 경모를 잘 보여 준다.

> 나에게 먼지에 쌓인 거울 하나 있으니,
> 그 속에는 하늘이 주신 빛을 머금고 있네.
> 은근한 도산의 선생께서,
> 다시 연마하는 방법을 전해 주셨네.
>
> 나이의 늙고 어림과 관계없으니,
> 하물며 힘의 강약을 따질 것이 있으랴.
> 진실로 힘써 닦고 다스리면,
> 곧바로 옥과 같이 빛나기에 이르리니.[6]

티끌 먼지 속에 가려진 내 현실의 심성 속에서 하늘이 주신 찬연한 인간 주체의 본모습을 긍정하고, 이를 인간 주체의 수양과 실천을 통해서 회복하는 심학적 공부의 전범을 윤증은 이미 이황에게서 확인하였던 것이다.

주지하는 바와 같이 이황의 호발설에 대한 이이의 비판 이후 기호학파는 이황의 리기론理氣論에 대해서는 비판적이었지만, 주경主敬의 심학적 경지와 학문적 성취에 대해서는 누구도 이의를 달지 않았고 선현으로서의 대우도 확고하였다. 이것은 이황의 학문적 성취와 함께 기호

---

6) 『明齋遺稿』上, 권1, 「詩」, 39쪽, "我有一塵璋. 內含天然光, 慇懃陶山叟, 爲述重磨方, 不繫年老少, 何論力弱强, 苟能勉修治, 特達如圭璋."

학의 자유로운 학풍도 일조를 한 것인데, 이 점에서 권시와 윤증도 예외가 아니었다.

근래 퇴계가 편집한 『리학통록理學通錄』을 읽었습니다. 스승과 제자 붕우 사이에 문답한 내용들이 위기지학으로 몸과 마음에 절실하지 않은 것이 없어, 천 년 뒤에도 역시 사람의 마음을 두려워하고 분발하게 합니다.[7]

그대에 있어서는 논의를 가볍게 하면서 깊이 침잠하는 공부가 부족한 점이 걱정스럽고, 내 입장에서는 실답게 수용하는 바도 없으면서 부화한 공론에 치우친 후회가 부끄러우니, 이를 퇴노退老의 공부는 깊으면서도 세밀하며 사기辭氣는 삼가면서도 신중하여 그 진실로 내면에 마음을 쓰는 것과 비겨 보면, 그 기상이 전혀 다릅니다.[8]

학문하는 자세로부터 사람을 대하고 일을 처리하는 일사일행一事一行에 나타나는 이황의 경건함과 진중함은 실로 그의 마음공부가 얼마나 치밀하고 깊은가를 보여 주는 것이었고, 윤증은 권시를 통해서 이런 이황의 손지면학遜志勉學하는 자세를 접하고, 이를 자신의 마음공부를 반성하고 언행을 신중하게 하는 거울로 삼았다.

다만 이론 성리학 특히 리기설理氣說의 측면에서 보면, 윤증은 역시 이황의 계승자는 아니었다. 대체로 이황이 리발설理發說을 포기하지 못한 것은 현실적으로 상대적일 수밖에 없는 인간의 존재와 가치의 궁

---

7) 『明齋遺稿』上, 권18, 「答崔生基萬」, 420쪽, "近讀退翁所編理學通錄, 師生朋友間所問答, 無非爲己之學, 切於身心者, 千載之下, 亦使人心悚厲."
8) 『明齋遺稿』上, 권19, 「與朴泰輔士元」, 435쪽, "在賢, 恐其輕於議論, 而少沈潛之功, 在我愧其實無受用, 而有浮泛之悔, 見退老之工夫深細, 辭氣謹重, 其眞用心於內者, 氣像不侔矣."

극적 근거와 지향을 마련하고자 한 것이며, 이런 관점에서 태극으로 서의 리理를 '극존무대極尊無對'한 것으로 규정하였던 것이다. 이것은 사실 성리학을 포함한 유가儒家 천인론자天人論者들이 인간학적 전통과의 긴장을 인식하면서도, 그 천인론적 관점을 포기하지 못했던 중요한 이유 가운데 하나다. 그리고 이런 긴장은 한국유학의 인간학적 전통과 함께 이황으로 하여금 이른바 주경主敬을 통해서 천리天理를 지켜 가는 '성리학적 심학心學'으로 깊이 경도하게 한 것은 아니었을까?

윤증은 바로 권시를 통해서 태극 리기 중심의 이론 성리학에 치중 하는 경향에서 벗어남과 동시에 이황의 성리학적 심학을 만나, 성리학 의 전 체계를 인간학적 관점을 중심으로 하여 이해하는 틀을 확립하 게 된 것이다. 이 때문에 그는 "퇴계는 동방의 주자朱子이니, 주자를 배 우고자 하는 사람은 마땅히 퇴계에서부터 공부를 시작해야 한다"[9]고 하였던 것이다.

이것은 말할 것도 없이 주자학 자체를 태극 리기 중심의 세계관적 사상에 중심이 있는 것이 아닌 수기치인修己治人의 인간학적 측면에 중 심이 있다고 이해하는 것이다. 그러나 그가 이런 이해를 강화할 수 있 었던 것은 다른 한편으로는 역설이지만 16세기 조선조 성리학이 이룩 한 리기론에 관한 성취가 밑받침이 된 것이다. 바로 그 자리에 이이가 있었던 것이다.

기호학파가 이이의 리통기국론理通氣局論과 기발리승일도설氣發理乘 一途說을 그들 리기론의 보편기반으로 삼고 있음은 주지의 사실이거니

---

9) 『明齋先生言行錄』, 권4; 『明齋遺稿』 下, 195쪽, "退陶, 東方之晦翁, 學晦翁, 當 自退陶始."

와, 이 리기론적 성취 아래서 그들은 중국 성리학의 심성론을 넘어서는 심성론적 논의와 성취를 획득할 수 있었던 것이다. 그리고 그것은 곧바로 이황의 성취와 함께 한국 성리학의 인간학적 깊이와 폭을 형성하는 학문적 발전으로 이어진 것이다.

윤증의 인간학적 성취 가운데 가장 중요한 일심설一心說과 인심도심설人心道心說은 바로 이런 사상적 전통에서 확립된 것이다. 즉 그의 일심설과 인심도심설은 기본적 구조에서는 이이의 기발리승일도설氣發理乘一途說을 계승한 것이지만, 도심의 순선함을 리理의 작용으로 긍정하고 있는 것[10]은 이황과 성혼의 흐름을 계승한 것이다. 이 때문에 그는 이황과 이이를 함께 우리 동방 학문의 정맥正脈으로 인정한 것이다.[11]

다만 윤증은 이이를 단순히 한국 성리학의 리기론적 기반을 마련한 학자로만 이해한 것은 아니다. 오히려 권시를 통해서 확립된 그의 심학적 관심은 이이의 사상 가운데 상대적으로 소홀하게 인식된 인간학적 관점을 다시 복원시켜, 이를 계승 발전시키는 방향으로 전개되었다. 그리고 바로 이 과정에서 그의 가학적 연원으로 이이와 평생 지기였던 성혼의 사상까지 하나로 아울러 계승하고자 하는 의지를 갖게 된 것이다.

그가 33세 되던 해 해주의 석담서원石潭書院에 이이와 함께 우계 성혼을 배향하는 행사에 집례로 참석할 즈음에 지은 시는 이런 그의 사상적 입장의 편린을 보여 준다.

---

10) 송석준, 「명재 윤증의 심학사상 – 양명학적 성격을 중심으로」, 『충남대 유학연구소 국제학술대회자료집』(2000), 5쪽 참조.
11) 『明齋遺稿』 上, 권20, 「與朴泰輔士元」, 449쪽, “退栗遺稿, 卽吾東方之正脈也.”

적벽에 배를 띄우고 화석정을 바라보니,

우포에서 돌아오는 길 산월山月이 개었네.

두 분의 옥색 금성金聲 마치 어제 같아서,

티끌에 묻힌 영혼이 한때나마 깨어났다네.12)

그는 바로 이런 관점에서 성혼과 이이의 인간학적 성취를 거경궁리居敬窮理라는 전통적 성리학의 골격에 입지立志와 무실務實을 보충한 것에서 찾았다. 그는 48세 유봉酉峯에 거처를 정한 뒤 숙야재夙夜齋란 서실을 열고 강학을 하였는데, 이때 이미 이이의 『격몽요결擊蒙要訣』과 성혼의 『위학지방爲學之方』을 초학 교재로 삼으면서, 입지立志와 무실務實을 그 학문적 본령으로 이해하고 이를 자신의 학문의 근본으로 삼았던 것이다.13)

이 과정에서 그는 궁리窮理를 학문에서 가장 먼저 해야 할 것으로 인정하면서도 그 궁리의 관건은 거경居敬과 지지持志에 있음을 주희의 글과 이를 거론한 성혼의 평으로써 제시하고 있다. 즉 그는 왕세자에게 서연書筵에서 강의할 책에 대한 질의를 받고, 이에 답한 회계回啓와 함께 설서說書 이세덕李世德에게 붙여 보낸 편지에서,

주자주차朱子奏箚에 있기를 "학문하는 도리는 궁리보다 앞선 것이 없고, 궁리의 요점은 반드시 독서에 달렸다. 독서하는 방법은 순서대로 하되 정밀함을 다하는 것에 달렸는데, 정밀함을 다하는 근본은 또한 거경지지居敬持志에 달렸다" 하였습니다. 그 아래 단락을 나누어 말한 것이 명백하면서도

---

12) 『明齋遺稿』上, 권1, 「宿坡山院齋」, 54쪽, "浮舟赤壁望花亭, 牛浦歸來山月晴, 玉色金聲如昨日, 塵魂猶得片時醒."

13) 『明齋先生年譜』권1; 『明齋遺稿』下, 221쪽.

지극히 절실합니다. 이 때문에 우계 선생이 말씀하시기를, "군신이 있은 이래 임금을 바로잡는 말로 이처럼 명백하면서도 완벽한 말이 없으니, 진실로 천지간에 일대—大 의론이다" 하신 것입니다.14)

하여, 궁리는 거경과 함께 지지持志를 바탕으로 해야 한다고 보았다.

또한 그는 그의 평생 도우道友였던 남계南溪 박세채朴世采가 포저浦渚 조익趙翼의 『용학곤득庸學困得』과 『논맹천설論孟淺說』을 정리하면서 조익의 양명학적 경향을 걱정하여, 그의 글을 '거경궁리'의 주자학적 구조로 편집하려는 것을 반대하였다. 대신에 윤증은 박세채에게 거경居敬에도 사경死敬 활경活敬이 있다는 주희의 말을 인용하면서, 여기에 입지와 무실을 보충한 구조로 정리할 것을 제안하고 있다.15)

그의 이런 주장은 입지와 무실을 강조한 이이와 성혼의 인간학적 성취를 계승한 것인 동시에, 거경과 궁리라는 주자학적 인간학의 구조를 입지와 무실을 포함한 좀 더 치밀한 인간학적 구조로 진전시키는 한국심학의 성취를 반영하고 있다고 하겠다. 송석준은 이런 윤증의 심학을 실천적 심학이라고 하였지만, 윤증 자신도 '무실을 철상철하徹上徹下의 공부'라고 하였을 뿐 아니라, 이 무실의 토대가 있어야 거경 강학講學의 공부가 모두 터전을 갖게 된다고 보았던 것이다.16)

---

14) 『明齋遺稿』上, 권8, 「王世子繼講冊子議定事問議回啓(附書示李說書世德)」, 203쪽, "朱子奏箚, 有曰, 爲學之道, 莫先於窮理, 窮理之要. 必在於讀書, 讀書之法, 莫貴於循序而致精, 致精之本, 則又在於居敬而持志, 其下分段立說, 明白切至, 牛溪先生以爲, 自有君臣以來, 格君之言, 未有如此之明備者, 誠爲天地間一大議論."
15) 『明齋遺稿』上, 권12, 「答朴和叔」, 273쪽, "紙頭所標, 居敬窮理, 固是爲學之兩端, 而受之應仲二段, 只是初學功程, 滄洲又諭, 至語錄諸段, 只論立志務實用力等事, 今以居敬窮理四字排定, 或恐未甚安穩."
16) 『明齋遺稿』上, 권11, 「與朴和叔」, 253쪽.

윤증의 이런 학문적 성취가 가장 잘 나타나 있는 것은 그가 73세에 완성한 「보율곡선생위학지방도補栗谷先生爲學之方圖」다. 본래 「위학지방도」를 윤증은 이이와 성혼이 함께 정리한 것으로 보아, 때로는 성혼의 저작으로 때로는 이이의 저작으로 부르고 있지만, 그는 여기에 입지와 무실을 학문의 시종始終으로 보충하여 그 심학적 체계를 확립했던 것이다.[17)

「보율곡선생위학지방도」의 구조에서 보이는 특성은 존덕성尊德性에 속하는 지경持敬을 동정을 일관해서 도덕적 주체를 확립하는 핵심으로 삼으면서, 도문학道問學을 강학講學과 성찰省察로 분석하여 인간 주체의 내외를 관통하는 지성적 주체를 형성하여, 이 양면을 통해 현실적인 인간 주체의 전면적인 전환을 성취함을 핵심으로 제시한다는 점이다. 그리고 바로 이 모든 단계는 그런 인간 주체의 전면적 전환을 지향하는 입지와 그 도덕적 지성적 실천적 주체 형성의 모든 과정에서 무실을 바탕으로 해야 함을 보여 주고 있는 것이다.

3. 권시의 심학, 그 계승과 전개

1) 사승과 학문적 기풍

윤증의 심학을 논함에 있어서 권시의 영향은 지금까지 크게 주목

---

17)『明齋遺稿』中, 권30, 「爲學之方圖」·「跋文」, 113~114쪽.

받지 못하였다.[18] 그것은 그들의 관계가 스승과 제자이기 이전에 장인과 사위라는 사적인 관계를 갖고 있었고,[19] 당파적으로 다른 길을 걸었기 때문에 그들의 학문적 연관을 크게 주시하지 않은 것으로 보인다. 그러나 앞의 절에서 밝힌 바와 같이 그는 도리어 권시를 통해서 이황의 심학을 이해하고, 이를 통해서 한국유학의 인간학적 전통을 본격적으로 계승하였다.

실제로 윤증의 문집을 보면 그의 사상이 얼마나 권시의 영향을 받고 있는가를 쉽게 이해할 수 있다. 그는 19세에 권시의 사위가 된 뒤에 곧바로 문경에 있던 권시의 집을 왕래하면서 그 해에 있었던 학문적인 논의들을 「남유기문南遊記聞」으로 정리하고, 다음 해에는 다시 「영현잡록潁玄雜錄」을 지어 그 내용을 정리하였다.

이 두 저술은 그 내용은 그리 많지 않지만, 이 시기는 실로 그의 학문적 역정에서 상당한 비중을 갖는 것이었다.[20] 실제로 그의 언행록을 보면, 이 당시 그가 권시에게 배운 내용이 상당히 광범위한 것이었음을 알 수 있다. 즉 언행록에는 『이정전서二程全書』에 관한 내용 3조, 『논어』에 대한 질의 12조, 『근사록』에 관한 질의 3조와 권시의 언행에 대한 기록 1조가 남아 있는데, 그것은 태극 리기에 대한 내용에서부터

---

18) 이에 대해 김길락은 「명재 윤증의 심학」에서, 윤증이 권시를 통해 반주자학적 심학으로 전향하였으며, 권득기와 권시가 이른바 陽朱陰王의 자세로 은밀하게 반주자학적인 이론체계를 정립한 실질적 양명학자며, 윤증도 이런 학풍을 그대로 계승하고 있다고 주장하였다. 김길락 외, 『명재 윤증의 생애와 사상』(충남대학교 유학연구소, 2001), 93~101쪽 참조.

19) 『明齋遺稿』中, 권33, 「祭炭翁先生文」, 198쪽, "情深舅甥, 義重師生."

20) 『明齋遺稿』上, 권9, 「上炭翁書」, 208쪽, "深山小庵, 不聞外事, 一旬讀書, 勝却消一年工夫, 每到會心處, 恨無由對案承謦欬, 如往年茅谷小窩時也."

경전의 해석 문제 및 의리에 대한 논변 등에 이르기까지 여러 분야에 걸친 내용이다.

이외에도 권시를 위해 지은 제문祭文, 천장문遷葬文, 묘지墓誌, 행장 行狀 속에 나타난 내용은 윤증이 권시의 학문적 연원과 사상을 얼마나 정확하게 이해하고 계승하고 있는가를 보여 준다. 또한 권시와 주고받은 시문 및 서간을 통해서도 이런 학문적 연원과 내용을 확인할 수 있고, 다른 사우들과의 논변 속에서도 이런 내용들이 자주 확인된다.

이 가운데 우선 권시와 윤증의 연원에서 주시되는 것은 조익이다. 조익은 권시의 부친인 만회晩悔 권득기權得己와 도의교를 맺은 인물일 뿐 아니라, 권시가 증광시增廣試 초시初試를 볼 때의 고시관으로서 일찍부터 권시를 속된 선비가 아니라고 인정하였다. 또한 그는 윤증이 12세 무렵에 지은 '지주시蜘蛛詩'를 보고는 그 타고난 어진 마음을 인정하였으며,[21] 조익의 자제인 송곡松谷 조복양趙復陽은 윤증의 부친인 윤선거와 벗으로 평소에 윤증이 스승으로 섬긴 인물이다.

이런 사승관계로 윤증은 26세 되던 해 직접 조익을 방문하기도 하였고, 조익 사후에는 포저서원을 찾아가기도 하였다. 더욱이 63세 되던 해에는 조익의 저술이 주희의 학설과 다른 것을 꺼린 남계 박세채의 편지를 받고는, 조익의 저술이 주희의 집주와 장구를 바꾸려는 것이 아니라 그 의미를 부연하려는 것이라 옹호하고, 나아가 간혹 다른 견해가 있는 것도 마치 소주의 쌍봉雙峯 요로饒魯의 설이 집주와 차이가 나는 정도로 이해할 것을 촉구하고 있다.[22]

---

21) 『明齋先生年譜』 권1; 『明齋遺稿』 下, 213쪽, "甞詠蜘蛛詩 曰 蜘蛛結網罟, 橫截下與上, 寄語蜻蜓子, 愼勿簷前向, 浦渚趙公聞之曰, 此子充其志, 仁不可勝用矣."

이것은 적어도 윤증이 조익의 저술에 대한 치밀한 검토를 하고 있었음을 보여 줌과 동시에, '존경위도尊經衛道'와 '학문적 대일통'이라는 명분 아래 자유로운 학문풍토를 억압하는 당시의 풍조를 비판적으로 인식하고 있었음을 보여 주는 것이다. 그것은 당연히 초기 기호학파의 장점이던 자유로운 기풍을 윤증이 유지하고 있었음을 보여 주는 것이지만, 동시에 "시비는 천하 공공의 것이요, 의리는 사람마다 누구나 함께 강론하고 논변할 수 있는 것이기에, 비록 부자父子나 사제師弟 간이라도 구차하게 영합해서는 안 된다"[23]는 권시의 입장을 계승한 것이라고 할 수 있다.

사실 권시와 윤증은 윤선도의 상소와 백호白湖 윤휴尹鑴의 저술에 관한 이견으로 한때 소원한 관계가 되기도 하고, 이 과정에서 보다 개방적이었던 권시로부터 좀 더 포용력 있는 자세[24]와 유연하고 치밀한 의리를 연마할 것을 요구[25]받기도 하였지만, 그 만년에 이르러서 윤증은 학문적 관점에서 본래의 유연한 입장을 회복하고 보다 개방적인 자세를 보여 준다.

이 때문에 그는 『사변록思辨錄』을 지은 서계西溪 박세당朴世堂과의

---

22) 『明齋遺稿』上, 권13, 「與朴和叔」, 273쪽, "第使此老之意, 在於別成一書, 以易集註章句則都無可說, 此則不然, 只因集注章句之意, 而爲之推說而耳, 不過如饒雙峯朱新安之爲耳……其中或有異同處者, 亦不過如雙峯而然, 亦不多矣, 此却何害於尊經衛道之意也."

23) 『炭翁集』附錄, 「家狀」, "與人議論, 未嘗苟同, 嘗謂是非者, 天下之公, 而義理者, 人所當共辨者也, 故論議者, 雖父子師弟間, 不可苟合也."

24) 『炭翁集』, 권6, 「答尹仁卿」, "師友尊朱之嚴, 所當膺服, 博學講討之際, 豈不容異同之疑乎, 程子謂解經不同不害, 緊要處不可不同, 緊要若同, 則小小異同, 豈害大一統之義乎."

25) 『炭翁集』, 권6, 「答尹仁卿」, "高明之學, 得一途義理, 執以爲定, 更無研磨致精之意, 不自料其愚妄而常惜之."

생전의 논변에서는 박세당의 학문적 태도가 조익의 신중함과 달리 '자립기견'하는 것을 비판하였지만, 제문에서는 다음과 같이 박세당의 입장을 옹호하고 있다.

> 이른바 『사변록』은 깊은 침잠을 오래하여 얻은 바를 기록해 책이 된 것이다. 비록 간간이 선현의 취지와 다른 것이 있지만, 공의 의사를 헤아려 보건대 어찌 다른 학설을 세우고자 한 것이겠는가? 요는 학문적인 의문을 따져 보고자 한 것이다. 이는 대개 회재나 포저 같은 선정先正들도 일찍이 하신 것이다.[26]

이런 관점은 바로 "의리의 다툼은 천하 공공의 것이다"[27]라는 권시와 윤증의 학풍의 일치에서 나온 것이라 하겠다.

2) 일심설

권시의 학문적 연원은 가까이는 그의 부친인 권득기와 스승인 잠야潛冶 박지계朴知誡에서 이어져 온 것이었다. 그는 박지계에게서 근본과 실질을 중시하는 입장의 예학을 배웠지만, 더욱 중요한 것은 장재張載의 『서명西銘』을 배우면서 천지부모를 섬기는 사천지학事天之學과 "민오동포民吾同胞 물오여야物吾與也" 하는 물아일체의 세계관과 평등병립의 인간관을 확립한 점이다.

---

26) 『明齋遺稿』 中, 권34, 「祭西溪文附初本」, 217쪽, "所謂思辨一錄, 沈潛旣久, 箚錄成帙, 雖間有出入先賢之旨者, 想公之意, 豈敢立異, 要以質疑, 盖亦晦齋浦渚先正之所嘗爲也."
27) 『明齋遺稿』 中, 권33, 「祭炭翁先生文」, 197~198쪽, "義理之爭 天下之公."

여기에 인仁을 주편법周遍法으로 보아 귀아천물貴我賤物을 경계하고 물아무간을 강조하여 이기방인利己防人하는 사적 가치관을 철저히 배제하도록 한 권득기의 가르침은 권시로 하여금 유학의 수기치인이란 님과 내가 함께 온전한 형태의 성기성물成己成物을 추구할 때 비로소 그 온전한 모습이 구현되는 것이라 하였다.[28] 이것은 권시의 세계관이 하늘과 인간, 사물과 인간, 인간과 인간의 전 관계에서 그들의 보편성을 중시하는 경향을 갖고 있음을 의미하는 것이다.

이 때문에 당시 그의 관점은 분수分殊를 도외시하고 리일에 치우친 견해라는 지적을 받기도 하였는데,[29] 이는 그의 사상적 주조가 하늘의 공公에 근거하여 인간의 공심公心인 인을 체득하고 궁극적으로는 물아구수物我具邃 선악구화善惡具化하는 공천하公天下의 세계를 건설함에 있기 때문이었다.[30] 윤증은 권시의 세계관이 갖는 이런 특성을 분명히 알고 있었다.

무릇 처기處己 처물處物에 한결같이 지성으로 하여, 물아 사이에 아무런 사이가 없고 가슴속이 막힘이 없었다. 일찍이 선유先儒의 "장부丈夫의 심사는 마땅히 청천백일과 같아야 한다"는 말을 사랑하였다.[31]

가슴속이 막힘이 없어
물아를 구별하지 않았으니,

---

28) 졸고, 「탄옹 권시의 유학사상」, 『도산학보』 제2집 참조.
29) 『炭翁集』附錄, 「墓表」(尤菴宋時烈撰), "論者, 或病公之偏於理一, 未知公之果然否乎, 而然其所以病公者, 實所以知公也."
30) 졸고, 「탄옹 권시의 유학사상」, 『도산학보』 제2집 참조.
31) 『明齋遺稿』中, 권44, 「炭翁先生權公行狀」, 434쪽, "凡處己處物, 一以至誠, 物我無間, 胸次洞然, 嘗愛先儒之言, 丈夫心事, 當如靑天白日."

내 마음으로 기뻐하여

배웠으나 능하지 못했네.32)

이는 윤증이 권시의 '물아무간'하는 리일적 관점을 이해하면서도 권시와는 다른 견해를 갖고 있었음을 의미하는 것이다. '마음으로 기뻐하여 배웠으나 능하지 못했다'는 표현은 바로 윤증이 권시의 리일적 세계관에 전적으로 동의하지는 않았음을 보여 준다. 더욱이 윤증은 권시의 학문적 연원인 권득기와 박지계의 영향을 말할 때에도, 권시가 이들에게서 가르침을 받은 리일적 세계관에 대해서는 전혀 언급하지 않고 있음을 볼 때, 이 점은 더욱 분명하다고 하겠다.

그것은 윤증이 권시의 학문에서 그 세계관적 기반보다 인간학적 내용에 더 관심이 있었음을 보여 주는 것이다. 실제로 윤증은 권시의 학문적 중심을 심학으로 파악하였음은 여러 곳에서 확인된다.

오직 공의 학문은

마음의 주체에 근본 하였으니,

마음이 편안하여 이치를 얻으면

거침없이 실천하였네.33)

이 때문에 공의 학문은 오로지 내면에 마음을 쓸 뿐, 터럭만큼도 밖에 힘쓰는 뜻이 없었다.34)

---

32) 『明齋遺稿』 中, 권33, 「祭炭翁先生文」, 197~198쪽, "胸懷洞徹, 物我不形, 吾心悅之, 學而未能."

33) 『明齋遺稿』 中, 권33, 「祭炭翁先生文」, 197~198쪽, "惟公之學, 本乎心主, 心安理得, 沛然行去."

34) 『明齋遺稿』 中, 권44, 「炭翁先生權公行狀」, 434쪽, "是以公之爲學, 專用心於內,

이런 심학적 관점 가운데서 윤증은 특히 권시의 일심설에 상당한 영향을 받은 것으로 보인다. 권시는,

리理가 사람에게 와 있으면서 몸의 주인이 되는 것이 마음이다. 도심과 인심의 리理가 모두 마음에 갖추어져 있으니, 이 때문에 마음은 하나라고 말하는 것이다.[35]

라고 하여 이이 이후 기호학의 존재론적 일심설을 계승하고 있는데, 윤증도 인심과 도심을 존재론적 관점에서 이원적으로 형성되는 것이라는 관점을 반대하고 그 양자가 모두 일심의 양면적 표출임을 인정하고 있다.

다만 권시는 수양론적 관점에서는 이황의 입장을 따라 "인심에서 나온 것을 제거하고 도심에서 나온 것을 보존한다"[36]는 관점을 제시하였지만, 윤증의 일심설은 이 점에서도 이이의 관점을 계승하여 다시 '본심지정本心之正' 또는 '인심지본연人心之本然'이라는 개념을 통해 인심이 과불급이 없이 나타나면 그것이 바로 본심의 바른 모습이며 이는 곧 도심이라 하고,[37] 이를 근거로 인심과 인욕을 구분하였다.

無一毫務外之意."

35) 『炭翁集』, 권11, 「閑居筆舌」, "理之在人而主於身曰心, 道心人心之理, 皆具於心, 故曰心一而耳矣."

36) 『炭翁集』 附錄, 「家狀」, "若出於人心者則去之, 原於道心者則存之."

37) 『明齋遺稿』 上, 권24, 「答朴泰漢喬伯」, 536쪽, "精則察夫二者之間而不雜, 一則守其本心之正而不離, 旣曰本心之正, 則人心之無過不及者, 卽所謂本心之正, 本心之正, 卽道心也, 何可分屬於人心道心也, 若果分屬而後可, 卽非惟一也."; 『明齋遺稿』 上, 권16, 「與李君輔(世弼)」, 371쪽, "尤翁所謂欲其所當欲者, 是人心本然之體段云者, 正欲明人心之非人慾也, 以爲耳欲聲目欲色, 而不過其節者, 人心之本然, 而凡聖之所同然也, 耳欲聲目欲色, 而過其節者, 非人心, 乃人慾, 而衆人

이처럼 일심을 도심, 인심, 인욕으로 구분하는 것을 심삼층설이라 하는데, 그것은 본래 이세필의 관점을 윤증이 수용한 것으로 보인다. 이 심삼층설은 인심과 도심이 존재론적 관점에서 동일한 일심에서 온 것으로 서로 다르지 않을 수 있음을 말한 것이지만,[38] 필자의 관점에서 보면 그 주안점은 인심을 인간의 실존적 주체의 중심에 두고, 본연의 도심과 인욕의 가능성을 모두 아우르는 일심을 현실적 인간의 주체로 확립하기 위한 것이었다고 하겠다. 즉 여전히 전통적인 '알인욕遏人慾 존천리存天理'의 전제를 인정하면서, 다시 그 공부의 주체가 무엇인가를 해명하는 것이 바로 그들의 일심설인 것이다.

3) 존심과 치심

권시가 일심설을 토대로 인심도심을 '혼연일본渾然一本 불시이체不是二體'로 보면서도 인심도심의 차이를 인정한 것은, 바로 이 차이를 현실적 인간 주체가 인식함이 곧 인간 본연의 주체를 회복하는 공부의 출발점이라고 보았기 때문이었다.[39] 또한 윤증이 인심과 인욕을 구분한 것도 그들이 본래 다른 것이라는 의미보다, 도리어 성인과 중인衆人

　　之不能聽命於道心者也.……明德, 虛靈不昧, 故至善也, 道心, 發於性命, 故微也, 人心, 生於形氣, 故危也, 生於形氣而欲其所當欲, 上知之人心也, 欲其不當欲者, 衆人之人慾也."

38) 송석준, 「명재 윤증의 심학사상 - 양명학적 성격을 중심으로」, 『충남대 유학연구소 국제학술대회자료집』(2000), 6~7쪽 참조.
39) 『炭翁集』, 권11, 「閑居筆舌」, "不識人心道心之分, 則無以爲精一克復之功, 不知人心道心之一, 則無以盡萬殊一本之理, 氣稟理賦之性, 所指雖異, 初非二性, 人心道心之理, 渾然一本, 不是二體."

으로 갈라지는 기로에 서 있는 인간의 현실적 갈등상황에서 인간의 실존적 근거를 확인한 것이다.

즉, 그들에 있어서 현존적 주체인 일심은 바로 성위誠僞, 공사公私, 시비是非, 위미危微, 인귀人鬼, 범성凡聖의 양면적 전개를 선택하고 결정하는 관건이었던 것이다. 그것이 '감공형평鑑空衡平'의 모습을 잃어버리지 않으면 곧 성誠이며 공公이며 시是며 도심道心이며 사람이며 성인이지만, 기질에 구애되고 인욕에 흔들려 버리면 허위虛僞며 사私며 비非며 인욕人慾이며 귀신鬼神이며 범인凡人인 것이다. 바로 이 갈림길에 성인을 제외한 모든 인간의 현존이 있는 것이며, 성현의 천언만어千言萬語가 모두 이 갈림길에서의 올바른 선택을 요청하고 있는 것이다.40)

여기에서 권시는 그 일심에 내재한 긍정적 근거를 하늘이 부여한 공심公心이며 이는 맹자가 말한 적자지심赤子之心으로 보았다. 맹자는 "대인大人은 적자의 마음을 잃어버리지 않은 사람"이라 하였지만, 권시도 이 적자지심을 잃어버리지 않으면 "위로는 순임금과 탕임금에게 부끄럽지 않고, 아래로는 퇴계에게 부끄럽지 않을 것"이라고 하였다.41) 그리고 그것을 버리느냐 보존하느냐는 자신의 결단에 달린 것이지만, 현실의 인간이 이 실심實心을 잃어버리게 되는 원인은 주로 '사의私意와 인위人爲'에 의한 것이다.42)

---

40) 『明齋遺稿』, 권1, 「次聘君見示韻六首」, "行之欲篤學要精, 只爲誠身豈爲名, 最忙此心固難守, 柔愚終未進剛明, 木從根本水從源, 聖賢千言只一言, 喫緊爲人堪味處, 人心操舍卽存亡."

41) 『炭翁集』附錄, 「家狀」, "若夫事理是非, 同則同, 異則異, 行其所無事, 寧容一毫人爲, 失我赤子之心乎, 上不愧舜湯, 下不愧退陶."

42) 『炭翁集』, 권7, 「答尹仁卿」, "君子小人, 自其用心而正, 此皆在我耳, 天不容僞, 豈可容一毫人爲哉, 行其所無事耳."; 『明齋遺稿』, 권33, 「祭炭翁先生文」, "心苟

이 사의와 인위를 극복한 적자지심을 회복하기 위한 방법으로 권시는 회재晦齋 이언적李彦迪에게서 전해진 '사즉망舍則亡 조즉존操則存 악즉파握則破'의 지경법持敬法[43]과 인아人我의 대립적 구조를 타파하는 '혈구지도絜矩之道'를 제시하였다.[44] 권시의 이런 논의 가운데 초기 윤증에게 큰 영향을 준 것은 지경법持敬法이었다.

> 학문은 물을 거슬러 배를 몰아감과 같다고 들었거니,
> 오르기는 어렵고 물러나기는 쉬워 사람을 근심케 하네.
> 육신은 방종하고 늘어져 무너지기 쉬운데,
> 언행도 경박하고 부화하여 후회와 허물뿐이네.
>
> 마음을 잡을 때의 규모는 항상 집착하고,
> 마음을 놓을 때의 생각은 지나치게 한가하네.
> 공부가 이와 같아서야 어찌 진보가 있으랴,
> 저 푸른 하늘에 해와 달의 운행을 보라.[45]

권시의 이러한 지경법은 윤증으로 하여금 본연의 마음을 보존하는 공부를 하는 데 큰 각성을 이루게 하였다. 특히 위의 시 마지막 구절에서 일월의 운행 속에 보이는 '서두르지도 않고 게으르지도 않은' 천지의 성실성에 대한 통찰은 그의 학문적 자세의 바탕을 형성하게 하였

未安, 理斯可疑, 稍涉按排, 便是人爲."
43) 『炭翁集』, 권5, 「與宋英甫」.
44) 졸고, 「탄옹 권시의 유학사상」, 『도산학보』 제2집 참조.
45) 『明齋遺稿』, 권1, 「和聘君韻」, "爲學聞如逆水舟, 登難退易使人憂, 筋骸縱弛成頹惰, 言行輕浮足悔尤, 操處規模常促促, 放時思慮太悠悠, 工夫似此何以進, 瞻彼靑天日月流."

다. 그리고 여기에서 윤증은 맹자의 '필유사언必有事焉 물망勿忘 물조장勿助長'이 단순히 대상을 기르는 방식이 아니라, 바로 자신의 마음을 기르고 보존하는 요체임을 확인하였던 것이다.[46]

이와 함께 그들의 심학적 사승에서 주시되는 것은 실심에 대한 이해다. 권시는 현실 주체에서 인간이 기르고 보존하는 실심이 곧 인이며, 그것은 인간만이 아니라 모든 존재에서 그 존재의 생의生意로 표출되는 것이라 하였다. 이는 초기 성리학의 '만물일체지인萬物一體之仁'을 상기시키는 것이다. 특히 권시가 적자지심을 말한 것은 이 적자지심이 물아상형物我相形의 대립구조가 없다는 의미만을 취한 것이 아니라, 적자지심과 같은 이런 본연의 어진 마음이 자연스러운 생의로 표출됨이 바로 물아를 가리지 않고 함께 살려내는 근거라고 본 것이다.

> (탄옹)선생이 말하기를, "이천伊川이 병아리에게서 인을 볼 수 있다"고 한 말이 있는데, 이것이 어떻게 인을 볼 수 있다는 것인가?
> (명재) 답하기를, "병아리 때는 생의가 비로소 발하는 것이니, 이는 (염계가) 창문 밖의 풀을 베지 않은 것과 같은 것입니다" 하였다.
> 선생이 말하기를, "그렇다. 모든 만물이 모두 그렇다. 다 자란 큰 닭도 생의가 없는 것은 아니나, 병아리가 처음 알에서 나온 어릴 때에 그 생의를 더욱 뚜렷하게 볼 수 있는 것만은 못하다." 이는 마치 박시제중博施濟衆과 같이 커다란 비유로 인을 말하는 것이, 도리어 어린아이가 우물에 들어감을 보고 측은지심이 자신도 모르게 생겨남이 바로 인을 이해하는 비유로 절실하고 쉽게 알 수 있는 것만 못한 이유다.[47]

---

46) 『明齋先生言行錄』, 권4; 『明齋遺稿』 下, 192쪽, "爲學是一大事, 直是終身工夫, 須以眞實心地爲基本, 而勿忘勿助, 循序漸進而耳, 無奇特無捷徑, 只如常茶飯一般."
47) 『明齋先生言行錄』, 권5; 『明齋遺稿』 205쪽.

여기에서 윤증은 맹자의 성선을 바로 이런 살림의 근거로 보아, 학자는 반드시 자신 속에서 이런 성선을 각성해야 하고, 그 성선을 아는 것이 바로 입덕의 요체라고 보았던 것이다.[48]

그러나 인간의 현존적 주체로서의 마음은 기질에 구애되고 인욕에 흔들릴 가능성을 동시에 갖고 있는 것이다. 윤증은 처음 권시를 만나 토로한 문제는 바로 이런 인욕의 갈등 문제였다. 그는 권시에게 '꿈에서 금수와 같은 마음과 행실을 하게 되는 이유'를 물었는데, 이에 대해 권시는 자신도 '꿈에서 도둑질을 한 일은 없어도 젊어서 꿈에서 바르지 못한 여색에 빠진 일이 많았음'을 솔직하게 토로한 뒤에, 이 모두가 바로 마음에서 벗어난 것이 아니며, 우리 마음속에 그런 뿌리가 있어 꿈에서 드러난 것이라 하였다.[49]

윤증은 이 대화를 통하여 학문에 있어서 '의약으로 고칠 수 없고 오직 마음으로 다스릴 수밖에 없는' 인욕의 실재와 그 극복이 갖는 중요성을 확인하였다. 그가 아들인 윤행교尹行敎에게 보낸 편지에는 윤증의 이런 치심법治心法과 존심법存心法이 잘 나타난다.

기운이 솟구치고 마음이 번거로운 증세도 역시 걱정스럽다. 이는 치심의 공부를 써야지 약물로 고칠 수 있는 것이 아니다. 모름지기 잡된 생각을 제거하고 조용히 존심하여 효과가 있기를 기다리는 것이 좋을 것이다.[50]

---

48) 『明齋先生言行錄』, 권5;『明齋遺稿』 203쪽, "學者須要知性善, 知性善則可以入德矣."
49) 『明齋遺稿』 中, 권31, 「南遊記聞」, 132쪽.
50) 『明齋遺稿』 中, 권28, 「與子行敎」, 74~75쪽, "上氣心煩之證, 亦可慮, 此則可用治心工夫, 非藥物能醫也, 須除雜思慮, 靜以存心, 期以冀效, 可也."

다만 존심과 치심은 본래 서로 다른 두 가지가 아니다. 존천리가 곧 알인욕遏人慾이고 알인욕이 곧 존천리일 수 있는 것처럼, 이 모두가 한 가지 안정된 도덕적 당위 주체의 확립으로 이어지는 공부의 두 방향이 기 때문이다.

4) 구시와 안심의 합일

권시와 윤증에게 존심과 치심의 공부는 실존적인 인간의 당위적 인 도덕 주체의 확립을 지향하고 있다. 그러나 성리학의 '거경궁리'를 구태여 언급하지 않더라도, 인간의 마음속에는 인식 주체로서의 모습 과 능력이 존재하는 것이다. 권득기는 어린 권시에게 다음과 같이 가 르쳤다.

> 학문하는 도리는 다른 것이 없다. 단지 마음은 일호도 허위가 없기를 바라 고, 일은 하나의 시是를 찾는 것뿐이다.51)

이는 현실에서 인간이 지행이 합일된 실천 주체가 되기 위해서는 도덕 주체와 함께 지성적인 판단 주체를 확립할 필요성을 인식하고 있음을 보여 주는 것이다.

권시는 "언제나 제일의第一義의 시是를 구할 뿐 절대로 제이의第二義 로 떨어지지 마라"는 부친의 교훈을 평생 명심하여 실천하였거니와,

---

51) 『明齋遺稿』 中, 권37, 「炭翁先生墓誌」, 279쪽, "先生少學於家庭, 晩悔常言, 學 問之道無他, 只心要無一毫虛僞, 事要求一箇是而耳."

이것은 당연히 시를 찾기 위한 치열한 격물궁리의 공부를 전제로 하여 가능한 것이었다. 이런 권시의 사상은 윤증에게 그대로 전해졌다.

천만 범상한 격조로 몸가짐을 하지 말고, 매사에 반드시 시처是處를 찾아보라. 작은 일이든 큰일이든 부딪치는 일마다 그냥 지나치지 말라.[52]

윤증이 그의 누이의 양자이자 그가 가장 기대한 제자의 하나인 정재 박태보에게 보낸 이 편지는, 그가 권득기에서 권시로 이어진 구시설을 그대로 계승하고 있음을 보여 준다.

그런데 여기에서 주시할 것은 그들이 격물궁리를 말하면서도, 이 것을 이른바 소이연의 물리를 대상으로 하는 것이 아니라, 소당연所當然의 사리를 중심으로 말하고 있다는 점이다. 특히 윤증은 사리事理에서 시를 추구하는 권시의 '구시'를 확대하여, 궁리窮理란 소당연의 천리天理와 일치함을 찾아가는 과정이라고 규정하였다.

학문을 함은 다른 것이 아니다. 단지 지경과 궁리 양단인데, 지경의 요점은 신심을 수렴하는 데 있을 따름이고, 궁리의 요점은 매일매일 부딪치는 일과 접하는 사물에 있어 매사에 천리에 합하기를 바라는 것일 따름이다. 독서도 이 이치를 알기를 바라는 것이다.[53]

만나는 일마다 반드시 그 소당연을 찾는 것, 이것이 궁리다.[54]

---

52) 『明齋遺稿』上, 권19, 「與朴泰輔士元」, 442쪽, "千萬勿以常調待身, 每事必求是處, 小事大事, 隨遇勿放過."
53) 『明齋先生言行錄』, 권4; 『明齋遺稿』193쪽, "爲學無他, 只持敬窮理兩端, 而持敬之要, 在收斂身心而耳, 窮理之要, 在逐日遇事接物, 每事求合天理而耳, 讀書求見此理而耳."

대체로 윤증은 권시를 통해서 격물궁리의 핵심이 밖으로 물리物理와 사리事理 자체를 밝히는 것이 아니라, 내면적으로 나의 시비를 밝히며 나의 식견을 키우는 것에 있음을 확인하였던 것이다.

간혹 고금의 인물을 논한다고 말하는 것은, 저들의 장단을 논하는 것일 따름이 아니라, 그것이 나의 시비를 밝혀 주기 때문이다. 대개 의리는 무궁한데 나의 식견이 미치지 못하여, 이 때문에 시시비비를 질문하고 논변하는 것이니, 이것이 격물을 하는 것이다. 만약 선악을 구별하지 않고 한결같이 덮어 둔다면, 의리가 어떻게 밝아지겠으며 나의 시비도 역시 점차 분명치 못하게 될 것이다.[55]

윤증은 권시의 이런 관점을 통해서, 모든 사람은 현실적으로 그 마음속에 나름으로 '시', '소당연', '천리'를 재는 판단 주체가 있음을 인정하고 이를 '권도權度'라 하였다. 그것은 물론 고정된 것이 아니라 도덕적 주체와 마찬가지로 성장하는 것이며, 격물궁리는 바로 그런 성장을 통해서 보다 정밀하고 구체적인 판단력을 갖추는 위기지학의 학문 과정인 것이다.

학문이 진전되면 권도權度가 정밀하고 절실해지는 것이라, 일을 논하고 사람을 논함이 더욱 이치에 합당하게 된다. 어떤가? 득실과 시비는 한결같이 공의公議에 붙이고, 더욱 마음속으로 완색玩索 함양涵養하는 공부에 힘쓰는 것이 어떻겠는가?[56]

---

54) 『明齋先生言行錄』, 권4; 『明齋遺稿』 193쪽, "遇事, 必求其所當然, 是窮理也."
55) 『明齋遺稿』 中, 권31, 「潁玄雜錄」, 133쪽.
56) 『明齋遺稿』 上, 권14, 「與朴泰輔士元」, 443쪽.

더욱 중요한 것은 윤증이 이 판단 주체를 성장시키는 구시求是의 공부와 존심存心 치심治心을 통해서 안정적 도덕 주체를 형성하는 과정을 분리하지 않고, 그것을 하나의 합일된 주체 형성의 과정으로 이해했다는 점이다.

석교石敎가 상경하게 되어 인사를 드렸다. 선생이 말씀하시기를, "사람의 마음에는 제각기 권도權度가 있어, 일이 이르면 그것을 생각하는데, 그때는 마음에 편안한 바를 찾을 따름이다. 마음이 편안한 바가 진실로 당연한 도리가 있는 곳이니, 서울에 가서 절대로 다른 사람을 따라 부화뇌동하지 마라."[57]

윤증은 권시가 이런 '징심정사澄心精思'의 과정을 거쳐 성취한 주체가 내외가 다르지 않고 물아物我의 경계를 넘어서 하늘이 인간에게 부여한 본심의 전덕全德과 합일의 경지에 이르렀음을 아래와 같이 묘사하였다.

대개 공의 학문은 리理를 주로 하고 성誠을 근본으로 하였다. 그리고 천지의 대덕을 살림이라고 하여, 일상에서 말함에 살림을 말하고 죽임을 말하지 않았다. 이 때문에 만년에 성취한 조예는 마음과 이치가 하나가 되고 믿음이 말하기 전에 있었다. 체용이 원활하고 본말이 상응하여 이로써 자신의 몸가짐을 갖고 이로써 외물을 상대하며 이로써 출처와 진퇴를 함에, 때에 따라 의리로 대처하여 거침없이 자신 있고 탄연히 홀로 행하였다. 그러므로 어떤 비방과 칭찬 영예와 치욕도 그 마음을 동요시키지 못하였으니, 항상 천 만 사람이 무어라 해도 나는 나의 길을 간다는 기상이 있었다. 그

---

57) 『明齋先生言行錄』, 권5; 『明齋遺稿』 206쪽.

러나 이 모두는 일찍이 지성측달至誠惻怛하고 오롯한 본심本心의 전덕全德에서 나오지 않은 것이 없었다.58)

그러나 윤증이 가장 중시한 것은 이러한 전 학문의 과정이, 오로지 인간 주체의 진실한 실천만큼만 의미가 있다는 사실이었다. 그가 권시를 평하면서 격물궁리에서는 '진지실득眞知實得'을 추구하고, 심법에 있어서도 '진실지착공부眞實地着工夫'를 했음을 강조한 것은 그의 무실務實을 강조한 학풍에서 나온 것이다. 그의 말대로 무실務實 자체는 공부의 궁극적 목적이 아니지만, 적어도 그의 학문에서는 그 과정 전체와 나아가 그 인간의 삶 전체를 의미 있게 하느냐 마느냐의 기준이다.

4. 맺음말

이 글은 본래 윤증 유학의 심학적 연원으로서 권득기와 권시의 영향을 탐색한 것이다. 그러나 그 모두에 대한 공부가 부족한 필자의 입장에서 이것은 참으로 난해한 일이었음을 우선 고백하지 않을 수 없다. 선배 동학 여러분의 질정을 겸허하게 기대한다.

다만 이 주제에 대한 필자의 기본적인 관점은, 이들의 사상을 유학의 두 흐름 가운데 인간학적 경향이 강한 사상으로 이해하고, 특히 한국유학의 인간학적 흐름 속에서 이들의 사상을 검토하고자 한 것이다. 그것은 당연히 중국의 주자학이나 양명학을 한국유학을 규정하는

---

58) 『明齋遺稿』中, 권44, 「炭翁先生權公行狀」, 437~438쪽.

보편적인 관점으로 동원하는 입장을 유보한 것이다. 물론 이것은 한국의 심학적 전통이 주자학과 양명학의 영향에서 자유롭다는 의미는 아니다. 그 영향은 당연한 것이겠지만, 영향은 영향에 한정해야지 그것을 논의하는 관점의 중심에 둘 것은 아니라고 본다. 다시 말해 필자는 한국유학을 좀 더 우리의 주체적인 관점에서 보고자 한 것이고, 적어도 이 당시 조선조의 유학적 성취는 충분히 그럴만한 자격이 있다고 본다.

진리를 천하 공공의 것으로 보는 권시와 윤증의 자유로운 학풍과 이를 기반으로 형성된 그들의 인간학적 성취는 공맹의 원시유학과 중세 천인론적 유학의 성취인 성리학과 보다 인간학적 경향을 지닌 양명학 그리고 16세기 이황과 이이를 중심으로 한 한국유학의 성리학적 인간학적 성취 위에서 이루어진 것이다.

필자는 임·병 양난을 겪은 뒤의 17세기 조선조에서 격렬한 당쟁에 휩쓸리면서도 권시와 윤증이 유학적 문명의 이념과 진리를 현실에서 실현하기 위한 지성적인 고뇌를 포기하지 않았음에 주목하고자 한다. 그것은 그들이 진리실천에 주체인 인간에 대한 신뢰를 전제로 하여, 인간의 현존에 대한 진지한 탐구와 인간 완성을 위한 방법의 모색, 그리고 사회적 실천을 통한 진지한 노력을 보여 주었기 때문이다.

바로 이런 그들의 학문적인 고뇌와 모색이 그들의 인간학적 심학의 내용으로 나타난 것이다. 다만 아쉬운 것은 그들이 전통적인 심학적 학문체계에서 크게 벗어나지 않았으리라는 전제에서 수용한 것이기는 하지만, 인간의 본질과 현존의 갈등구조 그리고 그 극복을 통한 지향의 논리구조를 그들의 심학에 대한 해명체계로 그대로 적용함으로써, 그들만이 갖고 있는 독특한 사유체계와 그 속에 담긴 정신과 철학을 놓치고 가려 버린 것이 아닌가 하는 두려움을 갖는다. 다시 한번 공부의 어려움과 식견의 미숙함을 통감한다.

그럼에도 필자는 주로 저술 대신에 주체적인 실천을 중시한 그들이 오늘 우리에게 기대하는 것은 실로 그들의 철학과 사상에 어떤 이름을 붙이고 설명하며 입으로 칭송하는 것이 아니라, 우리가 그들의 삶에 배어 있는 정신을 잊지 않고 우리 현실에서 실천적으로 구현하는 것이 아닌가 한다. 권시와 윤증이 거듭 강조한 실심實心과 무실務實이라는 말이 더욱 새롭다.

명재 윤증의 성리학

楊 祖 漢

명재 윤증의 사상 본질에 대해 적지 않은 학자들은 비록 문자 표
면상으로부터 보면 비록 윤증이 반드시 주희와 이이는 말하고 있지만
그의 사상 내용은 육왕학적 경향을 지니고 있다고 생각한다.[1] 그러나
필자는 윤증의 일부 기본적인 심성 문제에 대한 세밀한 고찰을 통해서
그의 이론이 육왕학과 흡사하지만 그 사상의 귀결점은 역시 주자학이
라는 것을 알게 되었다. 아래에서는 이러한 결론을 도출하게 된 그의
심성론心性論 관점에 대하여 검토해 보고자 한다.

---

1) 이은순, 「明齋 尹拯의 學問과 政論」, 『백제연구』 5집(충남대학교 백제연구소,
   1995), 김길락, 「明齋 尹拯의 陸王學」, 『유학연구』 5집(충남대학교 유학연구
   소, 1997) 참고.

1. 치지와 격물, 물격과 지지의 관계

이세구李世龜(1646~1700, 자는 壽翁)는 윤증에게 보낸 편지에서 '행로노진行路路盡'의 비유를 사용하여 주자학의 격물格物을 해석하였는데, 이에 대해 윤증은 다음과 같이 말하였다.

물격物格의 설은 어려운 것이 아닌 것 같지만 대부분의 이론들은 이러한 구절을 말하지 못하고 있다. 보내온 편지의 이른바 "길을 걸음에 길이 다한다" (行路路盡)라는 가르침은 진실로 훌륭한 비유다. 이제 길을 가는 것(行路)으로써 말하면, 길을 가는 것은 격물格物이며 길이 다하는 것은 물격物格이다. 모처에 이르고자 하는 것은 치지致知며 이미 모처에 이른 것은 지지知至다. 이제 이르건대 어떤 사람이 모처에 이르고자 한즉 마땅히 길을 가야 하니, 길이 이미 다했다면 이미 모처에 이른 것이다. 이와 같이 본다면 어찌 명확하지 않겠는가? 그런즉 모처에 이르고자 함에 이미 모처에 이른다고 하는 것은 사람을 주로 하여 말한 것이고, 길을 걸음에 길이 다한다는 것은 길을 주로 하여 말한 것이다. 나의 이른바, 격물은 물物을 주로 하여 말한 것이라는 말이 바로 이 뜻이다. 격格하는 것이 사람이 아니라는 뜻은 결코 아니니, 활간해서 보아야 하지 않겠는가? 이르는 것이 사람이 아니라면 누구로 하여금 이르게 하겠는가?[2]

---

2) 『明齋遺稿』補遺,「答李壽翁」, "物格之說, 似非難知者, 而說話之多, 未有如此句者. 來敎所謂行路路盡之諭, 眞善譬也. 今以行路言之, 行路格物也, 路盡, 物格也. 欲致某處者, 致知也, 旣至某處者, 知至也. 今日, 人欲至某處, 則當行路, 路旣盡, 則已至某處矣. 如此看, 豈非曉然耶? 然則欲至某處, 旣至某處者, 主人而言也, 行路路盡者, 主路而言. 鄙人所謂格物主物而言者, 此意也. 非謂格之者非人也, 活看如何? 人不格之, 則使誰格之耶?"

윤증은 치지致知는 어떠한 곳에 이르기를 바라는 것이며, 어떠한 곳에 이르기 위해 길을 가는 것이 격물이라는 비유를 인정한다. 또 어떠한 곳에 이미 이르렀다는 사실은 곧 지지知至며, 어떠한 곳에 이르고자 그 길을 다 간 것이 물격物格임을 인정한다. 그러므로 격물함으로써 물격하고 길을 감으로써 길이 다하며, 치지함으로써 지지하며 어떠한 곳에 이르려고 함으로써 이미 어떠한 곳에 이르게 된다고 여긴다. 여기에서 그가 치지격물을 상호 불가분적인 관계로 본다는 것을 알 수 있다. 마치 사람이 어떠한 곳에 가려면 반드시 행하여야 하는 것과 같이, 치지하기 위해서는 응당 격물하여야 한다. 치지는 나 자신에서 구하는 것이고, 격물은 치지의 구체적인 방법 혹은 치지의 내용이라고 말할 수 있다. 만일 치지하려고 하면서 격물하지 않는다면 이것은 곧 어떠한 곳에 가고자 하면서도 길을 걷지 않는 것과 같다. 이러면 결코 목적지에 이를 수 없다. 그 길을 다 가서 끝에 이르면 곧 목적지에 도달한 것이니, 이것이 바로 지지다. 다시 말하면 지知에 이르는 것은 물物이 이미 격格해진 곳에서 완성되는 것이다. 그러므로 치지와 격물 혹은 지지와 물격은 서로 표리를 이루어 선후를 나눌 수 없는 것으로서, 한 가지 일의 두 측면이라고 할 수 있다.

윤증은 길을 감으로써 길이 다한다는 것으로 격물함으로써 물격한다는 것을 비유하였으며, 또 사람이 어떠한 곳에 이르고자 하면 반드시 길을 걸어야 한다는 것으로써 치지와 격물을 비유하였는데, 이것은 진실로 주자학朱子學(程朱學)의 치지격물致知格物의 의의와 양자의 관계를 잘 설명하고 있다. 주자학에 따르면 치지는 사람의 심지心知에 미루어 이르는 것이고, 격물은 사물에 이르러 그 리를 궁구하는 것이다.[3] 따라서 리는 치지격물을 거쳐야만 비로소 알 수 있는 것인데, 이 리를 알기 위해서는 반드시 긴 공부의 과정이 필요하다. "오늘 한 사물을 격하고 내일 한 사물을 격해서" 그것이 오래 쌓이고 쌓여 비로소 활연관통豁然貫通할 수 있게 되는 것이다. 이는 앞에서 본, 어떤 곳에 이르기(至知) 위해서는 반드시 길을 가야(格物) 한다는 설과 같다.

그런데 양명학陽明學에 의하면 치지는 치양지致良知로서, 양지良知는 곧 천리天理며 바로 지금 즉각 가능한 것이다. 맹자가 말한 '구즉득지求則得之'가 바로 이것으로, 오랜 공부를 거치지 않고서도 격물지진格物至盡이 이루어진다. 그리하여 정주학程朱學에서 치지격물를 통해 이르게 된 종점이 양명학에서는 기점이 되는 것이다. 양지는 현재에서 바로 실천할 수 있으며, 양지가 드러나면 곧 리가 드러난다. 이 양지에 근거하여 사사물물을 바르게 하면 사사물물이 모두 그 리를 얻게 된다는 것이다. 정이程頤와 주희朱熹는 오랜 과정을 거친 다음에 비로소 그 리를 알 수 있다고 하지만, 왕수인王守仁은 그 리를 이 시각 즉시 이를 수 있다고 한다. 이러한 의미에서 본다면 윤증이 이해한 격물치지는 결코 양명학의 입장이 아니다. '행로이노진行路而路盡'은 이 시각 곧바로 양지를 실현할 수 있다는 양명학과는 엄연히 다르기 때문이다.

물론 치양지致良知 역시 공부工夫의 의미를 가지고 있지만, 이 공부는 결코 천리를 대상으로 하여 이 마음의 앎을 미루어서 앎을 구하는 것이 아니라 본유本有한 것(천리)이 이 시각 드러나는 것일 뿐이다. 이 시각 드러난다는 것은 반신자증反身自證의 자각공부를 의미한다. 이와 같이 자기를 되돌아보아 스스로 증명하는 것은 밖으로 격물하는 것과

---

3) 『大學章句』, 「格致補傳」, "所謂致知在格物者, 言欲致吾之知, 在卽物而窮其理也."

결코 같지 않다. 또한 치양지할 때에는 반드시 물物에 미쳐야 하는바, 왕수인에 의하면 물은 의意가 존재하고 작용하는 곳으로, 양지를 실현하여 물을 바르게 하고(正物) 물을 이루는(成物) 곳에서 양지 역시 부단히 자기를 실현하는 것이다. 그리고 이렇게 부단히 정물하고 성물하여 양지를 실현하는 과정은 또한 하나의 긴 여정이다. 그러나 이것은 정주학에서 말하는 치지궁리를 위해 반드시 요구되는 공부의 과정과는 그 의미가 다르다. 왕수인이 말하는 치지의 기점은 바로 정주학에서의 치지의 종점이다.

양명학의 치지, 즉 치양지의 지知에 대한 해석은 '심즉리心卽理'에 근거를 두고 있는데, 이 심즉리에 대한 입장은 양명학과 주자학의 차이를 드러내는 관건이 된다. 심즉리를 긍정하는 왕수인은 본심本心이 드러날 때 이미 리가 있다고 보기 때문에 리를 마음 밖에서 구하지 않는다. 그러므로 치양지는 맹자의 '구즉득지求則得之'·'재구득求在我'하는 일로서 지知를 '바로 지금' 궁구할 수 있고 양지는 그 실현되는 가운데서 드러나며 양지가 드러나면 자신의 마음이 곧 리가 되니, 결코 주자학에서와 같이 오래 쌓고 쌓아서 비로소 활연관통하는 것과 같이 할 필요가 없다. 이에 비해 심과 리가 둘이라고 보는 주자학에서는 리는 객관적인 존재이지 심이 아니므로, 단지 자기에 대한 마음의 자각만으로는 리를 알 수가 없다. 반드시 후천적 학습, 즉 격물공부를 통해야만 심과 리의 거리를 극복할 수 있는 것이다. 결국 심과 리를 하나로 보는가(심즉리) 이물二物로 보는가는 양명학과 주자학의 가장 근본적인 부동처不同處라고 할 수 있다.

이상의 분석에 근거한다면 윤증의 치지격물, 격물지지의 관계에 대한 비유는 당연히 심과 리가 둘이며 반드시 긴 노력이 있어야 비로소 그 리를 알 수 있다는 관점이다. 그러므로 윤증의 치지격물에 대한 이해는 당연히 주자학의 사상 계열에 속하는 것이다. 특히 그의 치지격물, 물격지지의 관계에 대한 해설은 비록 주희의 이론에 근거한 것이기는 하지만 다음과 같은 측면에서 주자학의 격물치지론의 의미를 더욱 깊이 있게 하였다고 할 수 있다.

윤증의 학설은 치지와 격물이 상호 내포하는 것으로서 본래 한 가지 일의 두 측면임을 명백히 하였다. 치지는 어떠한 곳에 이르기를 바라는 것으로, 어떠한 곳에 이르고자 한다면 반드시 길을 가야 한다. 이것은 주희의 치지격물 두 가지 뜻을 매우 긴밀하게 한 것으로, 가령 그 지知를 치致하고자 한다면 반드시 격물해야 한다는 말은 매우 명백하여 의심할 것이 없다. 그런데 "길이 이미 다하였으면 이미 어떤 곳에 이른 것이다"라는 것으로써 물격 이후에 지지한다는 것을 비유한 것은 매우 명백하고 또한 계발시킨 측면이 있다. 가야 할 길을 다 가면 자연히 목적지에 도달하게 된다. 이는 하나의 지혜를 계발한 것이니, 즉 사람들은 열심히 길을 걸을 뿐이지 애써 목적지를 추구하고 상상할 필요가 없다는 것이다. 격물과 치지의 관계도 그와 같다. 사람이 격물하고 하학下學하는 데 힘씀이 오래되면 물이 흘러가서 도랑을 이루듯이 자연히 천리를 밝게 깨달을 수 있다. 만일 처음부터 천리에 대하여 여러 가지 추측과 상상만 할 뿐 격물하지 않고 또 눈앞의 일상에 힘쓰지 않는다면 곧바로 현허환망玄虛幻妄의 경지에 빠져서 영원히 천리를 볼 수 없게 된다. 이것이 바로 주자학에서 극력 주장하는 하학이상달下學而上達의 뜻이다. 이것은 반드시 아래로부터 배운 연후에 위에 도달해야지 위에 도달한 연후에 아래를 배워서는 안 된다는 뜻이다.[4]

이러한 의미에 따르면 치지격물론의 중점은 응당 '격물'에 있어야 한다. 격물이야말로 공부의 실처實處다. 치지는 청명한 심지心知로 하여금 지극至極에 이르게 하여 천리를 알게 하는 것이 그 요점이요 목적인데, 심지心知가 그 극極에 이르러 천리를 아는 것은 반드시 격물 가운데서 완성된다. 격물의 과정중에서 심지가 점차 밝아지고 넓어지는 것이다. 만일 격물하지 않는다면 심지는 힘쓸 곳이 없으며 결코 미루어 궁구할 수 없다.

위의 윤증의 문장 가운데 있는 "격물은 물物을 주로 하여 말한 것이다", "격格하는 것이 사람이 아니라는 뜻은 결코 아니다"라는 말은 격물이 공부의 실처라는 뜻을 드러내고 있다. 격물은 반드시 사람이 하는 것이지만, 치지와 비교해 볼 때는 사람이 아닌 물物을 위주로 말한 것이라는 뜻이다. 즉 격물할 때는 반드시 모든 정력을 물物에 다하여 그 물에 나아가서 리를 궁구해야 한다. 그리하여 사물에 대한 격물공부가 오래되면 나의 심지도 스스로 그 극極에 이를 수 있는 것이다. "격물은 물物을 주로 하여 말한 것"이라는 말은 이러한 의미를 나타낸다. 그러나 이 어구는 매우 간단하여 반드시 다른 문헌을 이끌어 증명해야 한다. 윤증은 다음과 같이 말하였다.

이른바 궁지窮至라는 것은 물리物理를 주로 하여 말한 것이니, 궁지가 사람의 일이 아니라고 말하는 것이 아니다. 비록 사람이 궁지하여 궁窮이라 하고 지至라 하는 것이지만 모두 물物을 기준으로 말한 것일 뿐이다.[5]

---

4) 『朱子大全』, 권45, 「答廖子晦」(제1서), "朱子曰, 聖門之學, 下學而上達. 至於窮神知化, 亦不過德盛仁熟而自至耳. 若如釋氏, 理須頓悟, 不假漸修之之云, 則是上達而下學也. 其與聖學亦不同矣."
5) 『明齋遺稿』補遺, 「答李壽翁」, "所謂窮至者主物理而言者, 非謂窮至者非人也, 人

이른바 궁구하여(窮) 그 극한 데 이른다(至其極)는 것은, 진실로 사람이 궁구하여 그것을 지극하게 하는(至之) 것이다. 다만 이른바 궁窮과 이른바 지至는 모두 물物을 기준으로 말한 것이어서, 이 말 또한 격물格物을 올바르게 해석한 것이지만 '이르지 않음이 없다'는 뜻은 아니다.[6]

윤증이 말한 '궁지窮至' 및 '궁구하여 그 극極에 이른다'(窮之而至其極)는 것은 모두 주희의 말이다. 주희는 다음과 같이 말하였다.

격格은 극지極至를 이르는 것이니, '격어문조格於文祖'의 격格과 같은 것으로, 궁구하여 극에 이른다는 것을 말한다.[7]

『대학』에서 처음 가르칠 때에는, 반드시 배우는 자들로 하여금 천하의 모든 사물에 나아가서 그 이미 알고 있는 이치로 인하여 더욱 궁구해서 그 극極에 이르지 않음이 없도록 하였다.[8]

위의 두 단락의 말은 모두 '격물'에 대한 해석이다. 그러므로 윤증의 이른바 "궁지는 물리를 주로 하여 말한 것이다" 및 "이른바 궁窮과 이른바 지至는 모두 물을 기준으로 말한 것이다"라는 말은 주자학의 뜻에 일치한다. 윤증의 "궁지가 사람의 일이 아니라고 말하는 것이 아니다. …… 모두 물을 기준으로 말한 것일 뿐이다" 및 "진실로 사람이 궁구하여 그것을 지극하게 하는 것이다. …… 모두 물을 기준으로 말

雖窮至, 而曰窮曰至者, 皆緣物而言也."
6) 『明齋遺稿』補遺, 「答李壽翁」, "所謂窮之而至其極者, 固人窮之而至之也, 然所謂窮所謂至, 皆緣物而言也. 此句亦正釋格物, 非無不到之意也."
7) 『大學或問』, "格者, 極至之謂, 如格於文祖之格, 言窮之而至其極也."
8) 『大學章句』, "格致補傳", "是以大學始教, 必使學者卽凡天下之物, 莫不因其已知之理而益窮之, 以求至乎其極."

한 것이다"라는 말은 모두 물을 주로 함을 나타낸다. 즉 격물할 때에는 반드시 모든 정력을 물物에 집중하여 절실히 격물의 하학공부를 해야 한다는 것이다. 물을 주로 하면 사람은 곧 그 다음이 된다. 이것은 사람이 마음을 물에 써서 물에 나아가 리를 궁구함에, 사물을 떠나서 허공에서 상상할 수 없음을 말한다. 윤증은 또 다음과 같이 말하였다.

> 길을 감에 길이 다한다는 것은 길로써 말한 것이며, 이르고자 함에 이미 이르렀다는 것은 사람으로써 말한 것이다. 이와 같이 나누어 보게 된다면 끝내 빠뜨린 부분이 있을 것 같다. 잘 깨우쳐 주었다고 말할 수 있으나 미진함이 있는 듯하니, 자세히 생각해 보는 것이 어떻겠는가? 책을 읽는 것으로써 깨우쳐 주는 것만 같지 못하다. 책을 읽음에 책이 다하는 것은 책을 주로 하여 말한 것이고, 책을 읽고서 그 뜻을 아는 것은 사람을 주로 하여 말한 것이다. 그 문의文義를 알고자 하면 마땅히 그 책을 읽어야 하는데, '책이 이미 다한즉 문의가 이미 다 알아졌다'는 것이 책을 읽는 주체가 사람이 아니라는 뜻이 아니다. 이와 같이 본다면 어떻겠는가?[9]

윤증은 우선 "길을 감에 길을 다한다" 및 "이르고자 함에 이미 이르렀다"를 '길'과 '사람'으로 분별하여 말한 것은 잘된 비유라고 인정하면서도, 이처럼 분별하여 말하는 것은 미진한 바가 있다고 생각한다. 그래서 그는 '책을 읽는 것'(讀册)을 비유로 든다. 책을 읽음에 '책이 다하였다'(盡册)는 것은 책을 주로 하여 말한 것이고, 책을 읽음에 그 의미

---

9) 『明齋遺稿』補遺,「答李壽翁」, "行路路盡, 以路而言, 欲至已至者, 以人而言. 如此分看, 然後方有下落矣. 可謂善諭, 而有未盡. 細思之如何? 不如以讀此册爲諭. 讀册册盡者, 主册而言, 讀册而知其義者, 主人而言. 言欲知其文義, 當讀其册, 其册旣盡, 則文義已盡知矣, 非謂讀册者非人讀之也. 如此看, 未知如何?"

를 아는 것은 사람을 주로 하여 말한 것이다. 이 '책을 읽는' 비유는 '길을 가는' 비유와 의미가 비슷하지만 자세히 살펴보면 다른 점이 있다. 책을 읽는 비유가 '격물은 공부의 참된 곳'이라는 뜻을 더욱 잘 나타낸다. 사람이 책을 읽는 목적은 그 문장의 의미를 요해하는 데 있으며, '책을 읽어서 다한다'고 한즉 자연히 문장의 의미를 요해하는 바가 있다. 책을 읽는 목적에 도달하기 위해 실제로 힘써야 할 곳은 오로지 책을 읽는 것뿐으로, 미리 책 속의 의미를 상상해서는 안 된다. 서책을 다 읽고 나면 문장의 의미가 자연히 이해되는 것이다.

윤증의 이 비유는 분명히 대상인 물物을 주로 해서 책 읽는 사람으로 하여금 '격물'을 통해 '치지'가 가능하게 하는 것으로, 치지가 격물에 통섭되는 지위에 처하게 된다. 윤증의 뜻은 격물로써 치지를 통섭하며, 대상물로써 주체인 사람을 통섭한다. 격물과 책을 읽는 것은 모두 사람의 활동으로서, 사람을 떠나서는 근본적으로 격물과 책을 말할 수 없다. 그러나 사람이 격물을 할 때에는 객관적인 물을 주로 하여 물의 입장에서 리를 궁구해야지 내 입장에서 상상해서는 안 된다. 서책을 읽을 때에도 꾸준히 읽어서 문자를 자세히 이해하면 그만이지 문자 이외의 리를 궁구할 필요는 없다. 그러므로 윤증의 말은 리를 밝힘에는 반드시 격물이 주가 되어야 함을 강조하는 것으로, 물로써 사람을 통섭하고 객관으로써 주관을 통섭한다. 즉 사람은 우선 자신의 생각을 제쳐 놓고 전념하여 사물에서 리를 궁구해야 하는 것이다. 이러한 설은 주자학의 사상체계에 정확하게 일치하고 있다.

격물을 논한 주희의 다음 말은 위의 뜻을 잘 나타내고 있다.

"그런즉 그대의 학문은 마음에서 구하지 않고 자취에서 구하는 것이니, 안에서 구하지 않고 밖에서 구하는 것이다. 나는 아마도 성현의 학문이 그처럼 천근淺近하고 지리支離하지는 않을 것이라고 생각한다"라고 힐문하자 다음과 같이 말했다.

"사람이 학문하는 것은 마음(心)과 리理일 따름이다. 마음은 비록 한 몸(一身)을 주관하는 것이지만, 그 체體가 허령虛靈하여 족히 천하의 리를 주관할 수 있다. 리는 비록 만물에 산재하지만, 그 용用이 미묘微妙하여 실로 한 사람의 마음 밖에 있지 않다. 따라서 애초에 안과 밖, 정밀함과 거침으로써 논할 수 없다. 다만 간혹 이 마음의 영靈을 알지 못하여 보존하지 아니한즉 혼매하고 어지럽게 요란하여 중리衆理의 묘妙를 궁구하지 못하게 되고, 중리의 묘를 알지 못하여 궁구하지 않은즉 편협하고 단단하게 막혀 버려서 이 마음의 전체를 다하지 못하게 되는 것이다. 이 리세理勢가 서로 기다리는 것은 대개 또한 필연必然이 있는 것이니, 그렇기 때문에 성인聖人은 가르침을 베풀어서 사람들로 하여금 묵묵히 이 마음의 영靈을 알아서 보존하여 단정하고 엄숙하고 고요하고 한결같은 가운데서 궁리窮理의 근본을 삼도록 하고, 궁리의 묘를 알아서 궁구하고 학문하는 사이에 마음의 공부를 다하도록 한 것이다. 크고 작은 것은 서로 받아들이고 움직임과 고요함은 서로 길러 주니, 처음에 일찍이 안과 밖, 정밀함과 거침의 선택이 있지 않다. 진실로 힘을 쌓음이 오래됨에 이르러 활연히 관통한즉 또한 그 혼연한 일치를 알게 됨이 있을 것이니, 과연 안과 밖, 정밀함과 거침을 말할 수 없다. 지금 이것을 천근하고 지루하다 하여 모양을 감추고 햇볕을 숨기고서 별도로 하나의 어둡고 황홀하고 어렵고 험하게 가로막는 논論을 만들어, 학자들로 하여금 망연茫然히 그 마음을 문자와 언어 밖에 두어 힘쓰게 하면서 도道는 반드시 이와 같은 연후에 얻을 수 있다고 말한즉 이는 근세 불학佛學의 교활하고 음란하며 사특함보다 더한 것으로, 이를 옮겨서 고인의 명덕明德과 신민新民의 실학實學을 어지럽히고자 하니 그 또한 그릇된 것이다.10)

---

10) 『大學或問』, "曰, 然則子之爲學, 不求諸心, 而求諸跡, 不求之內, 而求之外. 吾恐聖賢之學, 不如是之淺近而支離也. 曰, 人之所以爲學, 心與理而已矣. 心雖主乎一身, 而其體之虛靈, 足以管乎天下之理, 理雖散在萬物, 而其用之微妙, 實不外乎一人之心, 初不可以內外精粗而論也. 然或不知此心之靈, 而無以存之, 則昏昧雜擾,

주희는 비록 편벽되지 않게 심과 리 두 방면에서 공부해야 한다고 말하지만 그 중점은 어디까지나 리에 있다. 존심存心은 단지 단장정일端莊靜一함으로써 그 심을 함양하는 것에 불과하고, 학문사변으로써 리를 밝히는 것이 곧 진심궁리盡心窮理의 작용을 한다. 이것이 바로 '이객정주以客定主'의 작법이다. 그는 독립적으로 심이 홀로 진작振作하여 본심을 활연히 깨우치는 공부를 반대하면서 반드시 외재적外在的 예의로써 그 심을 붙잡고 또 외재 사물의 리에 심이 따르게 하는데, 이것이 이른바 '이객정주以客定主'인 것이다. 이것은 윤증의 격물론에서 말한, 격물은 물을 주로 하며 사람이 그 가운데 있다는 뜻과 같다. 그러나 기필코 본심을 자각하여 사람의 진정한 생명을 발현시키는 것을 주요 공부로 삼는 육왕학에서는 주체의 자각을 중시하여 '구기방심求其放心', '선립기대先立其大' 및 '치지존호심오致知存乎心悟'[11]을 강조하는데, 이런 육왕학에서 주희나 윤증의 사상을 본다면 당연히 위의 인용문에서와 같이 "안에서 구하지 않고 밖에서 구한다"(不求之內, 而求之外)고 힐난하게 될 것이다.

이상에서 윤증의 치지격물에 대한 이해는 주자학의 의리에 속한다는 것을 논증하였다. 그런데 윤증이 치지격물 관계의 설명에서 사용

而無以窮衆理之妙. 不知衆理之妙, 而無以窮之, 則偏狹固滯, 而無以盡此心之全. 此其理勢之相須, 蓋亦有必然者. 是以聖人設敎, 使人黙識此心之靈而存之, 於端莊靜一之中, 以爲窮理之本, 使人知有衆理之妙而窮之, 於學問之際, 以致盡心之功. 巨細相涵, 動靜交養, 初未嘗有內外精粗之擇, 及其眞積力久, 而豁然貫通焉, 則亦有以知其渾然一致, 而果無內外精粗之可言矣. 今必以是爲淺近支離, 而欲藏形匿景, 別爲一種幽深, 恍惚, 艱難, 阻絶之論, 務使學者茫然措其心於文字語言之外, 而曰道必如此然後可以得之, 則是近世佛學詖淫邪遁之尤者, 而欲移之以亂古人明德, 新民之實學, 其亦誤矣."

11) 왕수인의 「大學古本序」에 있는 말이다.

한 비유는 그 논법이 양명학의 '지행합일知行合一'의 설과 비슷하다. 그가 말한 "모처에 이르고자 하면 마땅히 길을 가야 한다. 길이 이미 다한 즉 이미 모처에 이른 것이다"라는 것은 왕수인이 설한 "지는 행의 주의요 행은 지의 공부"[12]라는 말, 즉 지행 양자는 상호 포함하며 갈라질 수 없다는 뜻과 같다. 윤증은 길이 다한 것이 곧 물격이요 길이 다 끝나 이미 어떤 곳에 이른 것이 곧 지지라고 하였는데, 이것은 왕수인의 "행은 지의 성취"라는 말과 같다. 그리고 "어느 곳에 이르고자 하면 마땅히 길을 가야 한다"는 것도 역시 "지는 행의 시작"이라는 말과 같다.[13] 이러한 시각으로 본다면 윤증은 왕수인의 지행합일의 영향을 받았다. 그러나 그 영향은 다만 설법의 방식에 있는 것이지, 의리의 내용에 있는 것은 아니다.

2. 인심도심론

윤증은 인심人心과 도심道心에 대해 깊은 체득과 정찰이 있었는데, 그의 이해는 주자학의 성격을 잘 드러내고 있다. 그는 다음과 같이 말하였다.

> 정자程子가 인심人心을 말한 것이 비록 이와 같으나, 주자의 말년정론에서 인심과 인욕人欲을 나누어 양절兩節로 삼았으니 아마도 이와 같이 말할 수

---

12) 『傳習錄』 上, 「徐愛錄」, 第5條, "知是行的主意, 行是知的工夫."
13) 『傳習錄』 上, 「徐愛錄」, 第5條, "知是行之始, 行是知之成."

는 없을 것 같다. 보내온 편지에 이른바 도심道心이 천리天理인즉 인심은 마땅히 사욕私欲이 된다고 하였으나, 아마도 그렇지 않은 것 같다. 어찌 인심만을 유독 천리가 아니라고 하겠는가? 「중용서中庸序」에서 사私는 '홀로 사사롭다'(獨自)는 뜻이지 '사사로워서 사특함'(私邪)을 이르는 것이 아니라고 하였다. 의義와 이利의 나뉨은 진실로 중간에 따뜻하게 감싸는 것이 없으니, 순舜에서 나와 도척盜蹠에로 들어간다. 그러나 인심과 같은 것은 상지上智라도 능히 없을 수 없으니, 순과 도척이 함께 행하는 것이다. 다만 정情이 다를 뿐이니, 어찌 의義와 이利 같은 것과 나란히 말할 수 있겠는가? 다행히 「중용서」를 다시 깊이 음미하여 얻음이 있었으니, 이 뜻이 어떠한가?[14]

윤증은 도심과 인심에 대한 구분은 천리와 인욕의 구분과 다르다고 보았다. 정이는 인심을 인욕이라고 하지만 윤증에 따르면 주희는 만년에 그처럼 설명하지 않았다는 것이다. 정이는 '16자 심법'을 해석하여 "인심은 사욕私欲이며 도심은 정심正心이다. 위危는 불안不安을 말하고 미微는 정미精微를 말한다"[15]라고 하였는데, 주희도 처음에는 "인심은 인욕이요 도심은 천리"(「答張敬夫書」)라고 여겼지만 후에 '인심이 곧 사욕'임은 인정하지 않게 되었다.[16] 그는 다음과 같이 말하였다.

도심道心은 도리道理를 지각하며, 인심人心은 소리·색깔·냄새·맛을 지각한다. 인심은 완전히 좋지 못한 것이 아니다. 만일 인심이 완전히 좋지 못

---

14) 『明齋遺稿』, 권15, 「答羅顯道」, "人心, 程子說雖如此, 朱子末年定論, 以人心人欲分爲兩節, 恐不可如此說也. 來敎所謂道心旣天理, 則人心當爲之私慾者, 恐不然. 人心豈非天理耶? 中庸序所謂私者, 是獨自之義, 非私邪之謂也. 義利之分, 則誠無中間溫呑煖底. 出於舜則入於蹠矣. 如人心則上智不能無者, 舜與蹠同行, 而但異情耳, 何可與義利比而同之乎? 幸於中庸序更潛玩而有得焉, 如何?"
15) 『二程遺書』, 권19, "人心, 私欲也, 道心, 正心也. 危, 言不安, 微, 言精微."
16) 唐君毅, 『中國哲學原論·原性篇』 第13章 참고.

한 것이라면 마땅히 아래에 '위危'라는 글자를 쓰지 말아야 한다. 대저 인심은 쉽게 악한 곳을 따라가기 때문에 '위'라는 글자를 쓴 것이다. 만일 완전히 좋지 못한 것이라면 모두 전도된 것이니 어찌 위危자에 그치겠는가?……만일 도심은 천리고 인심은 인욕이라고 말한다면, 도리어 두 개의 마음이 있게 되는 것이다. 사람은 다만 하나의 마음이 있을 뿐이다. 다만 도리를 지각하는 것이 도심이고, 소리·색깔·냄새·맛을 지각하는 것이 인심일 따름이다. 따라서 "인심은 인욕이다"라는 말은 병폐가 있다. 비록 상지上智라도 이것이 없을 수 없으니, 어찌 완전히 옳지 않다고 말할 수 있겠는가? 육자정陸子靜 또한 이와 같이 사람들에게 말하였는데, 본래 두 개의 마음이 있는 것이 아니다. 도심과 인심은 본래 하나의 사물인데, 다만 그 지각하는 바가 같지 않을 뿐이다.[17]

이 말은 명백히 인심을 인욕으로 여기는 것을 반대한다. 이것이 이른바 주희의 '말년정론末年定論'이다. 주희가 여기에서 설한 것은 그의 「중용장구서中庸章句序」에서 설한 바와 그 뜻이 일치하는 것으로, 윤증이 말한 "인심과 인욕을 나누어 양절로 삼는다"는 것과 같다. 즉 인심과 인욕을 구분하여, 비록 인욕이 인심과 관계를 맺고 있기는 하지만 결코 인심 그 자체인 것은 아님을 주의하고 있는 것이다.

주희에 따르면 심은 허령명각虛靈明覺한 것으로서 도심과 인심은 모두 허령명각의 작용이다. 그래서 "사람은 다만 하나의 마음을 가지고 있다"라고 말한 것이다. 이 심을 도리에 작용시키면 도심이 되고 성색

---

17) 『朱子語類』, 권78, "道心是知覺得道理底, 人心是知覺得聲色臭味底, 人心不全是不好, 若人心是全不好底, 不應只下箇危字. 蓋爲人心易得走從惡處去, 所以下箇危字. 若全不好, 則是都倒了, 何止於危?……若說道心天理, 人心人欲, 卻是有兩箇心! 人只有一箇心, 但知覺得道底是道心, 知覺得聲色臭味底是人心, 不爭得多. 人心, 人欲也, 此語有病. 雖上智不能無此, 豈可謂全不是? 陸子靜亦以此語人, 非有兩箇心. 道心, 人心本只是一箇物事, 但所知覺不同."

형기聲色形氣에 작용시키면 인심이 된다. 그러나 비록 형기에 작용된 것이기는 하지만 인심이 반드시 불선한 것은 결코 아니므로 "비록 상지라도 인심이 없을 수 없다"고 말한다. 단지 욕구에 의해 쉽게 악에 빠져들기 때문에 또한 인심은 '위危'라고 말하게 되는 것이다.

주희에 따르면 인심은 형기形氣의 사사로움(私)에서 생긴다. 즉 심지心知의 작용이 개체의 생리욕망을 만족시키기 위하여 발한다. 만일 이것이 인욕과 같지 않다면, 주희가 생각하기에 생리욕망의 요구는 결코 있어서는 안 될 것이 아니다. 생리욕구가 예의규범 아래에서 절도에 맞을 수 있다면 충분한 것이다. 만일 도심이 주가 되고 인심이 명령을 듣는 상태라면 사람의 형기의 사사로움을 만족시키는 행위 역시 합리적인 것이 되기 때문에 단절할 필요가 없다. 이러한 사사로운 형기의 욕구를 모두 부정하고 단절시켜 버린다면 결코 정상적인 인생의 도道가 아니다. 주희의 이와 같은 견해는 매우 합리적인 것이다. 이로 볼 때 주희 및 기타 송명宋明 유학자들(왕수인 등을 포함한)이 주장하는 '존천리거인욕存天理去人欲'은 형기의 생리욕구를 단절시켜야 한다는 뜻이 아니다. '거인욕'은 생리욕구 자체에 대한 부정이 아니라 존심存心에서 순정純正하기를 요구하는 것이다. 주희의 "먹고 마시는 것은 천리요, 좋은 맛을 구하려는 것은 인욕이다"[18]라는 말은 바로 이런 뜻이다. 따라서 윤증의 인심과 사욕 구별은 주희의 뜻에 의거한 것이었다.

육구연陸九淵에게도 천리와 인욕, 인심과 도심에 관한 설이 있다. 육구연은 다음과 같이 말하였다.

---

18) 『朱子語類』, 권13, "飮食者, 天理也, 要求美味, 人欲也."

천리와 인욕의 말은 또한 지극한 이론이 아니다. 만일 천天이 리理고 인人이 욕欲이라면 천과 인은 같지 않으니, 이는 대개 노자의 말에 근원한 것이 되고 만다. 『악기樂記』에서는 "사람이 나면서 고요한 것은 하늘의 성性이요, 사물에 감응해서 움직이는 것은 성의 욕欲이다. 사물이 이르면 그 지知가 안 연후에 호오好惡가 이루어지는데, 능히 내 몸에 돌이키지 못한다면 천리가 멸하게 된다"라고 하였다. 천리인욕의 말은 대개 여기에서 나온 것인데, 그렇다면 『악기』 또한 노자에 근원하는 것이 되고 만다. 또한 만일 오직 정정靜만이 천성天性이라고 한다면, 유독 움직이는 것은 천성이 아니라는 말인가? 『서경書經』에 이르기를 "인심은 오직 위태롭고 도심은 오직 은미하다"라고 하였는데, 해석하는 자들은 대부분 인심을 인욕이라 하고 도심을 천리라고 한다. 이것은 옳지 않다. 마음은 하나일 뿐인데, 도를 기준으로 말하면 오직 은미하다고 하는 것이다. 망념罔念은 광狂이 되고 극념克念은 성聖이 되니, 위태롭지 않은가? 소리도 냄새도 없으며 형체도 없으니, 은미하지 않은가? 장자莊子는 "작고도 작구나! 인간에 속한 바요, 크고도 크구나! 홀로 그 하늘에서 노니는구나"라고 하면서 "천도와 인도가 서로 멀도다" 하였으니, 이는 분명 천天과 인人을 나누어 둘로 삼은 것이다.[19]

육구연도 주희처럼 심이 오직 하나라는 것을 인정하면서 인심은 인욕이며 도심은 천리라는 것에 반대한다. 그래서 주희는 일찍이 위의 인용문에 의거하여 육구연과 자신의 도심인심에 대한 이해가 일치하는 것 같다고 하였다. 그러나 위의 육구연의 말은 천과 인을 둘로 나

---

19) 『象山全集』, 권34, 「象山語錄」 上, "天理人欲之言, 亦自不是至論. 若天是理, 人是欲, 則天人不同矣. 此其原蓋出於老氏. 樂記曰, 人生而靜, 天之性也, 感於物而動, 性之欲也. 物至知知, 然後好惡形焉, 不能反躬, 天理滅矣. 天理人欲之言蓋出於此. 樂記之言亦根於老氏. 且如專言靜是天性, 則動獨不是天性耶? 書云, 人心惟危, 道心惟微. 解者多指人心爲人欲, 道心爲天理, 此說非是. 心一也, 自道而言, 則曰惟微. 罔念作狂, 克念作聖, 非危乎? 無聲無臭, 無形無體, 非微乎? 因言莊子云, 眇乎小哉! 以屬諸人, 謷乎大哉! 獨遊於天. 又曰: 天道之與人道也相遠矣. 是分明裂天人而爲二也."

누어 천天을 선한 것으로, 사람을 악한 것으로 보는 것을 반대하는 데에 주된 목적이 있다. 그는 천리와 인욕을 구분하는 것은 인위적인 것을 반대하고 자연을 선으로 여기는 도가의 설이라고 지적한다. 육구연에 따르면 천인天人은 서로 같은 것이며 도심과 인심은 다만 하나의 심일 따름이다. 그의 뜻은 사람의 마음이 곧 천의 마음이며 나에게 있는 마음이 천 그 자체이기 때문에 형해形骸로써 이 마음을 한정할 수 없다는 데 있다. 인심이 천과 같지 않다고 여기는 것은 스스로를 낮추어 보는 것이다. 여기에서 육구연이 말하는 심은 '심즉리心卽理'의 '본심本心'이다. 그는 진작경책振作警策하여 사사로운 욕구에 따라 생각이 일어나지 않는다면 본심이 곧 드러나게 되는데 사람은 이때에 바로 이 심이 고명광대高明廣大하여 천과 같다는 것을 깨우치게 된다고 하면서, "우주가 곧 내 마음이요 내 마음이 곧 우주"(宇宙便是吾心, 吾心便是宇宙)라고 하였다. 이처럼 그가 천리와 인욕, 인심과 도심의 구분에 반대한 것은 천과 인이 하나며 나의 마음이 곧 천리임을 강조하기 위한 것으로, 주희의 사유와는 결코 같지 않다.

사람의 심이 곧 천리고 천심이 곧 인심이며 사람의 성性이 바로 천도라는 것을 강조하는 육구연의 설법은 심즉리, 성즉천性卽天이라는 명제를 돌출시킨다는 점에서 매우 큰 의의가 있다. 그러나 육구연의 의도가 반드시 인심도심 및 천리인욕의 구분을 거부함으로써만 달성될 수 있는 것인가? 아마도 반드시 그런 것은 아닐 것이라고 생각된다. 사람의 본심은 천리이지만, 항상 그러한 마음을 보존할 수 있는 것은 아니다. 그래서 육구연은 앞에서도 보았듯이 "망념은 광이 되고, 극념은 성이 된다"(罔念作狂, 克念作聖)라고 했던 것이다. 성聖이 되는가 광狂이 되는가의 구분은 다만 일념一念 사이에 있다. 육구연에 따르면 사람이 일념으로 경책하면 진실로 천과 같아질 수 있지만, 한번만 어긋나면 곧 그 본심을 잃을 수도 있다. 사람의 마음은 현재에 바로 본심이 드러날 수도 있고 또 그 본심을 잃을 수도 있는 것이다. 이때 본심을 주로 하게 되면 도심이라고 하며, 본심을 잃게 되면 인심이라고 한다. 이와 같다면 천리와 인욕을 구분하는 것 또한 합리적인 것이라고 할 수 있다. 따라서 육구연의 천인구분은 비록 그 의의를 인정할 수는 있을지라도 완전하고 합당한 이론이라고는 할 수 없다.

결국 '심즉리'의 본심을 긍정하게 되면 도심과 인심을 구분할 수도 있고 또 도심은 천리, 인심은 인욕이라고 말할 수도 있다. 즉 본심이 드러날 때가 바로 도심이 되고, 감성적 욕망의 제한으로 인해 본심이 드러나지 못하면 곧 인심이 되는 것이다. '심즉리'이기 때문에 본심이 드러날 때는 곧 천리가 된다. 그러나 감성적인 욕망이 그 사이에 섞여 본심이 드러나지 않았다면 이때의 심은 인욕 또는 사욕이 된다. 이때는 비록 행선천덕한다 하더라도 그 동기가 순수하지 않을 것이다. 이와 같이 구분하면 합리적이고 명백하다고 할 수 있지 않을까?

정이는 인심은 사욕이고 도심은 정심正心이라고 하였고, 주희 또한 처음에는 도심은 천리고 인심은 인욕이라고 하였다. 이러한 설법은 앞에서와 같이 '심즉리'의 본심을 인정할 경우 합리적인 설법이라고 할 수 있다. 즉 본심은 그대로 도심이 되고 천리가 된다. 그런데 그 본심을 잃었을 때의 심 즉 인심이 인욕이 되고 사욕이 된다는 데 문제가 있다. 그래서 주희는 후에 인심이 인욕이라는 것에 반대하는데, 여기서 그가 말하는 심이 본심이 아님을 알 수 있다. 주희에 따르면 심은 허령지각한 것으로 리를 인식하고 리를 가질 수 있는 것이지, 심이 곧 리 자체인 것은 아니다. 사람의 심에는 도심, 인심, 인욕(사욕)의 세 가지 상황이 있을 수 있다. 도심은 성명性命에서 발한 것으로, 이때의 심은 리에 합당한 것이다. 인심은 형기形氣의 사사로움에 관련된 것으로, 리에 합당할 때도 있고 그렇지 않을 때도 있다. 사욕은 인심이 형기에 지나치게 부림을 받는 것으로, 리에 맞지 않기 때문에 극복의 대상이 된다. 주희의 이 분석은 매우 타당한 것으로서, 그가 심을 '허령지각'이라고 명확히 규정한 후에야 있게 되는 설이다. 결국 주희의 도심, 인심, 인욕 세 단계의 구분은 심과 리가 둘이라는 가정 아래 성립되는 이론이다. 만일 도심인심을 천리인욕과 대응시킨다면 반드시 '심즉리'의 본심을 긍정하게 되는데, 이때의 심은 본체적인 심이지 결코 기심氣心이 아니다.

주희에 따르면 도심은 비록 심이 성명性命을 따르는 것이기는 하지만 이 심은 리에 합당한 것이지 리 그 자체는 아니다. 따라서 도심의 합리성은 필연적인 것이 아니다. 이 허령한 마음은 중성적中性的인 것이어서 수시로 형기形氣의 사私에 부림 받아 인심으로 될 수 있다. 그래서 주희는 도심의 보존을 위해서는 반드시 정일精一의 공부를 가해야 한다고 강조하면서, "정精은 이 둘 사이를 살펴서 섞이지 않게 하는 것이며 일一은 그 본심의 바름을 지켜서 분리되지 않도록 하는 것이다"[20]라고 하였다. 이것은 밖에서 공부의 작용을 더하여 심이 항상 리에 부합되는 상태를 유지하게 하는 것이다. 반면 육왕의 관점에 따른다면 단지 이 '심즉리'의 본심을 정립하는 것만으로 충분하다.

윤증의 인심도심에 대한 관점은 분명 주자학의 사상체계에 속한

---

20) 『中庸章句』, 「序」, "精, 則察夫二者之間而不雜也, 一, 則守其本心之正而不離也."

다. 그는 주희와 마찬가지로 인심과 인욕을 구분하고 "도심은 곧 천리요 인심은 곧 사욕"이라는 설을 반대하면서 심을 도심, 인심, 사욕의 세 단계로 나누는데, 이는 위의 분석에 따르면 심과 리를 둘로 하는 데서 성립될 수 있는 설법이다. 그는 또 '도심인심'과 '의리지변義利之辨'을 분별하여, 도심과 인심은 병존할 수 있지만 사람의 마음에 의義와 이利가 병존할 수는 없음을 주장한다. 사람은 형기의 욕구를 단절할 필요가 없으며, 다만 도심을 주로 하면 되는 것이다. 그렇기 때문에 인심과 도심을 함께 말할 수 있다. 그러나 의리義利의 구분은 그렇지가 않아서, 사람의 행동은 의義를 위하면 이利를 위할 수 없고 이利를 위하면 의義를 위할 수 없다. 조건 없이 친구를 돕는 일은 오직 다른 사람을 마땅히 도와야 한다는 마음에서 기인한 것으로 곧 의義를 위한 것이지만, 목적이나 조건을 두고 남을 돕는다면 이는 돕는 행동을 빌려 자기의 이익을 도모하는 것으로서 곧 이利를 위한 것이다. 그 마음이 이利를 위한 것이라면 끝내 의義를 위함이 될 수 없고 그 반대의 경우도 마찬가지여서, 양자는 상호 배척한다. 즉 의義와 이利는 뚜렷이 다르며 둘로 존재할 수 없는 것이다. 여기에서 윤증의 정찰함을 엿볼 수 있다. 도심과 인심의 관계가 의義와 이利의 관계와 같지 않다는 점으로부터 시작하여 윤증의 심에 관한 논설은 모두 주희의 설을 따르고 있다. 따라서 윤증의 심은 허령지각의 기심氣心으로서, 성명에 근거하여 발하는 동시에 형기의 사私에 부림을 받을 수도 있다.

윤증은 또 말하기를 "인심과 같은 것은 상지上智라도 능히 없을 수 없으니, 순과 도적이 함께 행하는 것이다. 다만 정情이 다를 뿐이니, 어찌 의義와 이利 같은 것과 나란히 말할 수 있겠는가?"라고 하였다. 인심은 형기의 욕구를 만족시키려는 것으로, 식욕이나 색욕 같은 것은 비록 성인이라도 없을 수 없다. 그러나 성인의 행은 도심이 주가 되는 데 비해 소인의 행동은 욕구에 절도가 없다는 점에서 차이가 있다. 그 '행함은 같지만 정상은 다른'(同行而異情) 것이다. 여기에서 윤증의 분석이 매우 합리적이고, 또한 주희의 「중용장구서」에 대한 이해가 합당함을 확인할 수 있다.

3. 맺음말

격물치지 및 도심인심의 문제에 있어서 윤증은 자신의 정찰精察과 뛰어난 오성悟性을 드러내었는데, 앞서 보았듯이 그의 사상은 단순한 주자학 의리의 반복이 아니었다. 다만 그렇더라도 그는 역시 주자학 계통의 사상가로서, 결코 육왕학에 접근하는 경향은 보이지 않았다. 윤증의 종손 윤동수尹東洙는 다음과 같이 말하였다.

> 선생께서 말씀하셨다. "옛사람이 글을 지을 때는 마치 농부가 밭을 갈거나 도공과 주물사가 그릇을 만들고 철공구를 만드는 듯한 노력이 없을 수 없게 된 연후에야 하였다. 이제 경전 이래로 정주程朱의 여러 책에 이르러서는 갖추어지지 않은 것이 없다. 그 가운데에 나아가 숙독하고 정밀히 생각하여 그 반드시 그런 까닭을 알아서 힘써 행한다면, 곧 참된 배움이요 참된 얻음이라 할 수 있다. 진실로 여기에 힘쓰지 않고 저술에 종사하여 앞에 닦은 것보다 많음을 구하는 것은 무실務實의 학이 아니다."[21]

---

21) 『明齋遺稿』, 「遺稿跋」, "先生曰, 古人所作, 如未耜陶冶之不可無, 然後爲之. 今則經傳以來, 以至程朱諸書, 無不畢備. 就其中熟讀精思, 知其必然而力行之, 乃眞爲學也, 乃眞自得也. 苟不務此而從事著述, 以求多於前修, 非務實之學也."

여기에서 윤증은 정주程朱의 서書에 성학聖學 이론이 가장 완비하게
서술되고 해석되어 있으므로 후인들은 다만 그 설에 따라 정밀하게 사
고하고 힘써 실천하면 된다고 하면서 다른 저술이 필요 없다고 하였다.
지금까지의 분석을 감안하면 윤증의 이러한 정주에 대한 추숭은 응당
그 마음속에서부터 우러나오는 말이어야 한다.

명재 윤증의 학문연원과 가학

명재 윤증의 무실학풍

✳

樓 宇 烈

　　명재明齋 윤증尹拯(1629~1714)은 17세기 중엽에서 18세기 초에 이르는 시기 조선조의 저명한 성리학자 가운데 일인으로 리학理學을 숭상하는 유학자 집안에서 태어났다. 증조부 윤창세尹昌世는 성품이 지극히 순수하고 행실이 출중하여 이조참판吏曹參判으로 추증되었고, 대사성大司成을 지낸 조부 윤황尹煌(1610~1669, 호는 八松)은 선善을 좋아하고 품행이 돈독할 뿐 아니라 강직하고 절개가 있어 선비들 사이에 명성이 대단하였다. 부친 윤선거尹宣擧(호는 魯西)는 효종孝宗과 현종顯宗 때에 조정으로부터 여러 차례 부름을 받았지만 응하지 않고 구원丘園에 은거하여 강학講學과 전도傳道에 전념하였다. 윤선거는 처신이 올바르고 학문에 조예가 깊었으며 정도에서 어긋나는 일을 하지 않아 학계와 세상 사람들로부터 존중을 받았는데, 학자들은 그를 노서魯西선생이라고 불렀다.

윤증은 오랜 전통을 자랑하는 가학을 이어받았을 뿐만 아니라 당시의 대유들로부터도 학문을 배웠다. 그 역시 누차 조정의 부름을 받았으나 일생 동안 성리학을 실천하고 발전시키는 일을 자신의 소임으로 간주하였다. 그는 현학이나 공리공담을 숭상하지 않고 허명도 추구하지 않은 채 오로지 입지와 실천을 중요하게 여겼다. 그의 학문은 실심實心과 실공實功을 추구하는 것을 특징으로 함으로써 한국유학의 실천지향적 학파의 전통을 크게 발전시켰다.

1.

윤증은 어려서부터 가훈을 이어받았는데 조부인 윤황과 부친인 윤선거의 리학사상이 그에게 깊은 영향을 끼쳤다. 14세 때에 당시 유명한 유학자인 유계兪棨(호는 市南)로부터 수업하였고, 19세 때는 장인인 권시權諰(호는 炭翁)로부터 학문을 배웠으며 스승의 예의로써 그를 섬겼다. 23세 때는 거유巨儒인 김집金集(호는 愼獨齋)을 스승으로 모셨고, 또 김집의 추천으로 29세 때는 송시열宋時烈(호는 尤庵)을 만났으며, 그에게서 주자서朱子書를 받은 후 역시 스승으로 모셨다. 이외에 윤증은 당시 유명한 학자인 송준길宋浚吉(호는 同春堂), 조익趙翼(호는 浦渚), 박세채朴世采(호는 南溪), 나량좌羅良佐 등과도 서로 학문을 교류하고 논쟁을 벌였다. 이들 학자들은 모두 당시의 저명한 유학자들로서 그 가운데 김집, 송시열, 박세채 등 사람은 후에 성균관成均館에 배향되었다. 이들은 윤증이 실천지향적인 학문을 형성하고 창도하는 데 모두 상당한 영향을 미쳤다.

윤증의 부친인 윤선거는 일찍이 "우리 동방의 도학道學은 한훤寒喧이 창도하고 정암靜庵과 퇴계退溪에 이르러 융성·발전했으며 우계牛溪와 율곡栗谷에 이르러 밝혀졌으니 그들의 격조 높고 지당한 말씀은 가히 염락濂洛과 비견된다"라고 말하였다. 그는 또 "칠현七賢의 글을 뽑아 『근사近思』의 목차에 맞추어 초록을 만듦으로써 이름을 『근사후록近思後錄』이라고 짓고 학문 교육에 보탬이 되도록 하는" 것을 희망했지만 끝내 실현하지 못했다.1) 윤증은 줄곧 윤선거의 유원遺願을 이루려고 노력했으나 역시 뜻을 이루지 못했다. 만년에 그는 박세채에게 보낸 편지에서 이 일을 다시 제기하면서 이렇게 말했다.

> 선인께서는 한훤, 정암, 회재, 퇴계, 우계, 율곡의 글들 가운데 중요한 것들을 발췌하고 분류하여 『근사』 후편으로 편집하려고 했으나 결실을 보지 못했습니다. 소인이 감히 잊지를 못하고 항상 염두에 두고 있었으나 이미 현재의 정력과 정신상태로는 감당하기에 어려움을 느끼고 있습니다.2)

이이李珥(호는 栗谷) 이후 한국의 성리학은 크게 영남嶺南(退溪學)과 기호畿湖(栗谷學) 양대 학파로 갈라졌는데, 두 학파 모두 각자의 전통을 갖고 있었다. 비록 윤증은 이황李滉(호는 退溪)을 아주 존숭하여 "퇴계는 동방의 회암晦庵이요, 회암을 배우는 것은 마땅히 퇴계로부터 시작해야 한다"3)라는 말까지 하였지만, 근본적으로 윤선거와 윤증이 가장 탄복한

---

1) 『明齋遺稿』附錄, 「明齋先生年譜」권2.
2) 『明齋遺稿』, 권11, 「與朴和叔」, "先人欲哀寒, 靜, 晦, 退, 牛, 栗文字, 分類節要, 以續『近思』之後, 而竟未果. 區區不敢忘, 而精力聰明已覺難堪."
3) 『明齋先生言行錄』, 권4, 「問答上」, "退陶東方之晦翁, 學晦翁當自退陶始."

학자는 역시 성혼成渾(호는 牛溪)과 이이였다. 윤증은 일찍이 "어릴 때 집안으로부터 우계와 율곡 두 현인은 동방의 정주程朱고 사옹沙翁은 정자 문하의 화정和靖이요 주자 문하의 면재勉齋라는 말을 듣곤 하였다"[4]라고 피력하고, 또 "어린 시절 율곡과 우계의 책을 읽고는 성현들이 서로 전하여 내려온 학문이 바로 여기에 있다는 것을 알아서 온 몸을 바쳐 파고들 곳이라고 여겼다"[5]라고 하였다.

예를 들면 리기理氣의 관계 문제는 성리학의 근본적 문제로서 이이와 이황 두 사람은 이 문제에 있어서 뚜렷한 견해 차이가 존재한다. 그런데 윤증은 "율곡이 논한 기발리승氣發理乘 네 자는 이미 뒤엎을 수 없는 논리고 리통기국理通氣局 네 자는 또한 곡해를 해소하고 다른 곳에 적용해도 막힘이 없으니, 명리名理의 설은 이 경지에 이르러 더 발굴할 것이 없다"[6]라고 분명히 말하였다. 이이의 학설을 정론으로 삼은 토대 위에서 윤증은 여러 학파의 학설 간에 존재하는 동이同異에 대해서는 간단히 부정하지 말고 그 의미를 깊이 연구할 것을 주장하였는데, 이것이 곧 그가 말한 이른바 "우리가 비록 율곡의 학설을 정론으로 삼고 있지만 여러 학설 간에 존재하는 동이와 득실을 쉽게 단정해서는 안된다. 후학들은 오로지 각자 배우는 학설에 따라 그것의 의미를 탐구하고 깊이 연찬한다면 일정한 시간이 지난 후 진실로 정통할 날이 있을

---

4) 『明齋先生言行錄』, 권4, 「問答上」, "少聞於家庭, 以牛栗兩賢爲東方程朱, 而以沙翁爲程門之和靖."
5) 『明齋遺稿』, 권6, 「辭大司憲疏」, "自幼少時, 誦習李珥, 成渾之書, 以爲聖賢相傳之學在此, 爲沒身鑽仰之地矣."
6) 『明齋遺稿』, 권24, 「與梁擇夫」, "栗谷所論氣發理乘四字, 已爲不易地論, 而理通氣局四字, 則又所以曲暢旁通, 無有窒礙者也, 名理之說, 到此殆無餘蘊矣."

것이다"라고 한 견해다.

또 윤증은 학자들을 가르칠 때 줄곧 이이의 『격몽요결擊蒙要訣』 및 성혼이 편찬한 『주자서朱子書』를 학문공부를 위한 방편과 입문도서로 삼았다. 예컨대 그는 "다만 일찍 듣기로는 선인(윤선거)께서는 율곡선생이 지은 『격몽요결』 및 우계선생이 초록한 『주자서』를 학문공부를 위한 방편으로 보고 초학자들이 먼저 읽어야 할 책이라고 간주하여, 학자들이 찾아오면 반드시 이 두 책을 읽게 하고 나중에 다른 책을 읽도록 하였다고 한다"⁷⁾라고 말하고, 또 "『격몽요결』은 학자들에게 있어서 가장 중요하다. 사람들을 놓고 볼 때 현우노소賢愚老少를 막론하고 모두 얻는 바가 있으니 학자가 최초로 응당 읽어야 하는 책이다. 『주문지결朱門旨訣』은 그 다음 중요한 것으로서 이 책에서 논한 지경持敬공부는 아주 정미하다"라고 하였다. 나아가 그는 "다행스러운 것은 이 두 책으로 문호門戶를 삼으면 어떨까 하는 것이다. 비단 배우는 자들이 그렇게 해야 할 뿐만 아니라 우리 같은 사람들이 만년의 공부가 범람하지 않고 검속할 수 있는 것도 이것에 지나지 않는다"⁸⁾라고 주장하였다.

이것을 통해 윤증은 율곡학파에 속하며 주로 이이의 사상을 이어받고 발전시켰음을 알 수 있다.

---

7) 『明齋遺稿』, 권23, 「答權汝柔」, "唯嘗聞諸先人, 以爲栗谷先生所著『擊蒙要訣』及牛溪先生所抄朱子書爲學之方, 初學者不可不先讀也. 是以有來學者, 先人必令先讀此二書, 而後及他書."
8) 『明齋遺稿』, 권14, 「答羅顯道」, "幸須以此二書爲門戶如何? 非但學者爲然, 吾輩晚暮工夫, 不可泛濫, 其爲要約, 無過於此."

2.

윤증은 일생 동안 명예와 이익추구을 추구하지 않고 담백함으로 일관하였다. 조정에서 부를 때마다 늘 사양하였을 뿐만 아니라 책을 쓰고 학설을 세우는 것에도 뜻을 두지 않고, 오로지 실행에 뜻을 두고 성현이 밝힌 천리성명天理性命의 학설을 실천하는 것을 소임으로 삼았다. 그리하여 일부 사람들이 그에게 책을 쓰고 학설을 세워서 후학들에게 혜택을 줄 것을 희망하였을 때 그는 "저술이 어디 후학된 자로서 감히 엄두를 낼 일입니까? 성현이 지은 경전 속에는 후세 사람들을 가르칠 내용들이 두루 다 갖추어져 있으니, 정주程朱 이후로는 당연히 저술할 필요가 없어졌습니다. 학자들은 오로지 이것들을 숙독하고 깊이 사색하여 진실로 알아서 실천하면 됩니다. 이것에 힘쓰지 아니하고 헛되이 저술에 종사하는 것은 실천에 충실한 학문이라고 할 수 없습니다"[9]라고 대답하였다.

이처럼 저술에 종사하는 것을 싫어하였지만 그는 학자들 간에 서로 토론하고 교류하는 것을 아주 중시하고 강조하여 사우師友 및 문생門生들과 주고받은 수많은 서신을 남겼다. 그 속에는 성리학의 기본 이론에 관한 허다한 논의와 관점들이 담겨 있는데, 적지 않은 부분에서 이이의 사상을 발전시키고 있다.

---

9) 『明齋先生言行錄』, 권1, 「德行上」, "著述豈後學所敢爲? 聖經賢傳, 垂敎後世者, 無所不備, 而程朱以後固無事於著術矣. 學者但當就此熟讀精思, 眞知力踐而已. 不務此而徒事著述, 非務實之學也."

요체만을 추려서 말하면, 리기理氣의 문제에 있어서 윤증은 이이가 제기한 리기의 부잡불리설不雜不離說을 견지하였다. 그는 "리理와 기氣는 서로 혼잡해 있지 아니하고 또 서로 떨어져 있지도 아니하며 선후와 상하를 나눌 수 없다. 그런데 음양동정陰陽動靜에는 반드시 소이연所以然이 있기 때문에 형이상하形而上下로 나뉘는데 필경 리가 먼저 있다고 말한다"[10]라고 하였다. 동시에 그는 리기일원론理氣一元論의 관점을 끝까지 관철시켜서 리는 하나고 기 역시 하나며, 기에 선악善惡, 청탁淸濁, 수박粹駁, 편정偏正, 통색通塞이 있으므로 리에도 마땅히 선악, 청탁, 수박, 편정, 통색이 있다는 관점을 제기하였는데, 그는 아래와 같이 지적하였다.

통체일태극統體一太極이므로 리는 하나다. 만물은 각각 하나의 태극을 갖고 있으므로 만수萬殊가 되는 것이다. 기는 광대무변한 태허太虛이므로 기 역시 하나다. 천지가 세워지고 인간과 만물을 낳아서 만수가 된다. 그렇다면 기는 하나고 리 역시 하나며, 리는 하나고 기 역시 하나다. 리가 만수라면 기 역시 만수고, 기가 만수라면 리 역시 만수인 것이다.[11]

세상에는 리가 없는 기가 존재하지 않고 기가 없는 리 역시 존재하지 않는다. 서로 혼잡해 있다고 말해서도 안 되지만 또한 서로 떨어져 있다고 말해서도 안 된다. 때문에 기에 선악이 있으므로 리에 선악이 있음을 발견할 수 있고, 기에 청탁·수박이 있으므로 리에 청탁·수박이 있음을 발견할

---

10) 『明齋遺稿』, 권15, 「答羅顯道」, "理與氣旣非相雜之物, 又非相雜之物, 不可分先後上下. 而陰陽動靜, 必有所以然, 故所以分形而上下, 而又謂之畢竟先有理也."
11) 『明齋先生言行錄』, 권4, 「問答上」, "統體一太極, 則理一也. 萬物各具一太極, 則萬殊也. 氣坱然太虛, 則氣亦一也. 立天地生人物, 則萬殊也. 如此, 則氣一而理亦一, 理一而氣亦一. 理萬殊而氣亦萬殊, 氣萬殊而理亦萬殊."

수 있다. 대저 이것은 기에 즉卽하여 리가 존재하고 리가 있어서 기가 생기기 때문이다.12)

만물이 고르지 못한 것이 만물의 실정이다. 이로써 삼가 생각해 보건대 인간과 금수 및 초목은 기를 품부받을 때 이미 편정 혹은 통색의 차이가 존재한다. 때문에 리 역시 편정과 통색의 차이가 있게 마련이다. 성현과 어리석은 사람은 기를 품부받을 때 그 청탁 혹은 수박이 같지 아니하다. 때문에 리 역시 청탁 및 수박의 부동함이 있게 마련이다.13)

같은 견지에서 윤증은 태극과 음양 역시 불잡불리不雜不離의 관계고 음양 밖에 또 다른 하나의 형체가 있는 태극이 존재하지 않는다고 여겼다. 그는 주돈이周敦頤와 주희의 '무극無極'에 관한 견해를 해석하면서 다음과 같이 지적했다.

주로 태극만을 말하면 아마도 사람들이 태극을 형체가 있는 것으로 잘못 생각할까 두려워 무극이라 말하는 것이니, 태극 밖에 별도의 무극이 있는 것이 아니다.14)

뿐만 아니라 그는 또 "태극은 진실로 무성취無聲臭라고 할 수 있기 때문에 또 무극이라 말한다. 무극이라는 것은 극極이 없음을 가리킨

---

12) 『明齋先生言行錄』, 권4, 「問答上」, "天下未有無理之氣, 亦無無氣之理, 不可謂相雜, 而亦不可謂相離也. 故氣有善惡, 則可見理之有善惡 ; 氣有淸濁粹駁, 則可見理之有淸濁粹駁. 蓋卽氣而理存焉, 有理而氣生焉故也."
13) 『明齋先生言行錄』, 권4, 「問答上」, "蓋物之不齊, 物之情也. 因竊思之, 人與禽獸與草木稟氣卽有偏正, 通塞之異, 故理亦不免有偏正, 通塞之異 ; 聖賢與愚人稟氣亦有淸濁粹駁之不同, 故理亦不免有淸濁粹駁之不同."
14) 『明齋遺稿』, 권25, 「答鄭萬陽葵陽」, "蓋主言太極而恐人以太極爲有形體, 故言無極, 非太極之外又有無極也."

다"15)라고 말하였다.

　윤증은 기질지성氣質之性과 본연지성本然之性의 관계 및 인심人心과 도심道心의 관계 문제에 있어서도 일원론적 입장을 끝까지 고수하였다. 그는 "리기가 묘합妙合하여 형체가 이루어지고 형체가 이루어지면 성性이 그 가운데 존재한다. 기질지성과 본연지성은 두 개의 성이 아니다. 단지 기질 가운데서 리 한쪽만을 가리킨 것이 본연지성이다"16)라고 말하고, 또 다음과 같이 거듭 논하였다.

　　귀는 소리를 듣고자 하고 눈은 색을 보고자 한다. 절도에 어긋나는 것은 인심이 아니라 바로 인욕人欲이다.17)

　　형색形色은 천성이니, 인심 역시 어찌 선하지 않다고 하겠는가? 그 중에 과불급過不及이 있어서 악으로 흐르는 것이다.18)

　　인심 중에 과불급이 없는 것이 이른바 본심本心의 올바름이고, 본심의 올바름이 곧 도심이다.19)

　그리하여 윤증은 "도심으로써 인심을 주재해야 한다"라는 관점을

---

15) 『明齋遺稿』, 권17, 「答奇子亮」, "蓋太極實務聲臭之可言, 故又曰無極. 無極者, 無其極也."

16) 『明齋遺稿』, 권15, 「答羅顯道」, "理氣妙合而成形, 有形則性在其中矣. 氣質之性, 本然之性非二性也. 只就氣質之中, 擧其理一邊, 則是本然之性也."

17) 『明齋遺稿』, 권16, 「附評君輔與懷川論'心經釋疑'別紙」, "耳欲聲目欲色, 而過其節者, 非人心乃人欲."

18) 『明齋遺稿』, 권26, 「答或人」, "形色天性也, 人心亦豈不善乎. 由其有過不及, 而流於惡耳."

19) 『明齋遺稿』, 권24, 「答朴泰漢喬伯」, "人心之無過不及者, 卽所謂本心之正, 本心之正, 卽道心也."

논평하면서 다음과 같이 더욱 분명하게 말하였다.

도심으로써 인심을 주재해야 한다고 말하는 것은 그다지 온당치 못한 것 같다. 대저 방출放出되는 것은 형기形氣에 의한 것이고 거둬들이는 것은 성명性命의 양능良能이라고 하지만, 결국 방출시키는 것도 마음이고 거둬들이는 것도 마음이다. 방출을 알고 또한 구하려고 노력한다면 마음은 보존되는바, 예컨대 지키며 보존되고 버리면 사라진다고 논한 것과 같다고 할 수 있다. 마음이라는 것은 하나이니, 이 마음으로써 저 마음을 구하는 것이 아니다. 오늘날 도심으로써 인심을 구한다고 말하는 것은 마치 두 개의 마음이 있어서 이것으로써 저것을 구하고자 하는 것과 같다. 선유의 말씀이 있었는지는 알 수 없지만 아마도 타당하지 않은 것 같다.[20]

좀 더 깊이 말하자면 윤증은 '욕기소당욕欲其所當欲'과 '불과기절不過其節'의 범위 내에서 정욕情欲의 합리성을 충분히 긍정하여, "우암의 이른바 욕기소당욕자欲其所當欲者라는 말은 인심의 본연한 체단體段을 말한 것으로, 인심이 곧 인욕人欲이 아님을 밝히려는 데 있다. 생각건대 귀가 소리를 듣고자 하고 눈이 색을 보고자 하는 욕망이 절도에 어긋나지 아니한 것은 인심의 본연으로서, 일반인이나 성인이 모두 똑같다. 귀가 소리를 듣고자 하고 눈이 색을 보고자 하는 욕망이 절도에 어긋나는 것은 인심이 아니라 인욕이니, 이것이 이른바 뭇사람들이 도심의 명령에 따르지 못한다고 하는 것이다. 그 뜻이 이러하다는 사실은 의심할

---

20) 『明齋遺稿』, 권25, 「答鄭萬陽葵陽」, "以道心使人心云者, 似未穩. 蓋其放出者雖是形氣之使然, 收回者雖是性命之良能, 然放者是心也, 收者亦是心也. 知其放而欲求之, 則心便在, 如操舍存亡之云耳. 心則一也, 非而此心求彼心也. 今謂以道心而求人心, 則若有兩樣心, 以此求彼者然. 未知有先儒之說耶, 恐未安."

바가 없다"21)라고 말하였다. 한 걸음 더 나아가 그는 "예는 천리로부터 나와서 인정에 뿌리를 두고 있으니"22) "인정의 동일함이 곧 천리의 소재所在함이다"23)라고 하였다.

상술한 윤증의 견해들을 볼 때 그는 성리학의 여러 기본적인 이론에 있어서 많은 체득과 발명이 있었다. 따라서 한국유학사에서 차지하는 그의 위치에 대해 충분한 관심이 있어야 할 것이라고 생각된다.

3.

윤증은 성리학을 탐구하는 일은 공담에 그칠 것이 아니라 일상생활과 인륜일용人倫日用의 실천 속에서 이루어져야 한다고 여겼다. 이것이 그의 실천지향적 학문의 근본 소재다. 이 문제에 대해 그는 "물物이 있으면 반드시 리가 있게 마련이다. 그러나 사물에 의거하지 않고 헛되이 공허한 이치만을 논한다면 필경 잡는 것이 없게 된다"24)라고 지적하였다. 때문에 그는 일반적으로 학자들이 '리학理學'과 '예학禮學'을 두 종류의 학문으로 분류하는 것에 대해 비판적인 입장을 취하였다.

---

21) 『明齋遺稿』, 권16, 「與李君輔」, "尤翁所謂欲其所當欲者, 是人心本然之體段云者, 正欲明人心之非人慾也. 以爲耳欲聲目欲色而不過其節者, 人心之本然, 而凡聖之所同也. 耳欲聲目欲色而不過其節者, 非人心乃人慾, 而衆人之不能聽命於道心者也. 其義如斯, 自無可疑."
22) 『明齋遺稿』, 권31, 「代湖西儒生論禮疏」, "伏以禮者, 出於天理, 而根於人情."
23) 『明齋遺稿』, 권15, 「答羅顯道」, "人情之所同然, 卽天理之所在也."
24) 『明齋先生言行錄』, 권4, 「問答上」, "有物必有理, 不依事物, 懸空說理者, 畢竟無摸捉."

그는 "예학으로 말하면 단지 배우는 것 중의 한 가지 일로서 어찌 또 다른 문호가 있겠는가? 세상 사람들은 늘 리학과 예학을 두 가지로 논하는데 역시 가소로울 뿐이다. 대저 배우는 자가 몸가짐과 거가居家에 관해서부터 일용日用의 모든 것에 이르기까지 어느 것 하나 예에 따르지 않는 것이 없이 흐트러지지 않는다면 절문節文과 예의법칙을 어떤 일에서든 혹은 어디에서든 스스로 강구할 수 있게 되는 것이다. 이것이 이른바 먼저 지킴이 있어야 한다고 한 말이니, 바로 학문을 일컫는 것이다"[25]라고 말하고, 또 이르기를 "이른바 일리一理라는 것은 인의예지仁義禮智일 뿐이니, 인의예지 밖에 따로 일리一理가 있는 것이 아니다"[26]라고 하였다.

윤증은 위학爲學과 진덕進德의 문제에 있어서 독서의 중요성을 강조하였지만, 그와 더불어 일상일용의 공부 역시 매우 중시하였다. 그는 한편으로는 "공자 문하의 공부는 독서를 근본으로 삼는다. 지경궁리持敬窮理, 수심양성收心養性이 모두 이 부분에 있는바, 이것을 버리면 의거할 곳이 없게 된다"[27]라고 말하면서도 다른 한편으로는 "이른바 학업이란 반드시 앉아서 독서하는 것만이 아니다. 오로지 모든 곳에서 경각심을 늦추지 않고 일에 따라 체득하는 것으로, 하루 사이에 세 번

25) 『明齋遺稿』, 권25, 「答鄭萬陽葵陽」, "至於禮學, 則只是學之一事, 有何別樣門戶? 世人往往以理學禮學對舉稱之, 亦可笑也. 蓋學者自持身居家, 以至日用凡百, 莫不一於禮而不苟, 則節文儀則, 隨事隨處自當講究. 此所謂先有據守者, 而卽此是學也."
26) 『明齋遺稿』, 권17, 「答奇子亮」, "所謂一理者, 卽仁義禮智也, 非仁義禮智外, 別有所謂一理也."
27) 『明齋先生言行錄』, 권4, 「問答上」, "孔門爲學, 以讀書爲本. 蓋持敬窮理, 收心養性, 皆在於此, 捨此無所據依."

내지 다섯 번 정돈하고 세 가지 혹은 다섯 가지 일에서 깨닫는 것이 있다면 나날이 축적함으로써 자연히 숙지하여 밝아질 수 있다"28)라고 하였다. 아울러 그는 또 "학자가 세상 사무에 관심 갖는 것 역시 궁리窮理의 공부이니, 모든 것을 내 직분 내의 일처럼 여기는 것이 이른바 체용體用의 학문이다"29)라고 주장하였다. 그는 손자 윤동원尹東源을 교육할 때에도 "너는 비록 아직 책을 읽을 수 없지만 능히 이러한 뜻을 잊지 않는다면 일상생활에서 배움이 아닌 것이 없게 된다. 병석에는 병석에서의 공부가 있고 베개 위에는 베개 위에서의 공부가 있으며 앉거나 서는 것 및 걷는 것에 이르기까지 모두 당연의 법칙이 있으니, 배움이 아닌 것이 없다"30)라고 지적하였다.

윤증은 실천지향적 학문을 실현하려면 우선 뜻을 세워야 한다고 여겼다. 이른바 입지立志란 우선 희성희현希聖希賢의 뜻을 세우는 것으로, "선비는 현인이 되기를 희구하고 현인은 성인이 되기를 희구한다. 먼저 이 뜻을 세운 후에 인재가 될 수 있다",31) "학자는 스스로 성현이 되기를 기대해야 한다. 나의 본성이 성인의 본성과 동일하니, 학문이 비록 성인의 경지에 미치지 못하더라도 나의 본성을 다 발휘하는 데는 분별이란 있을 수 없다"32)라는 말들이 그것이다. 다음으로는 실심

---

28) 『明齋遺稿』, 권25, 「答鄭錫老」, "所謂學業, 非必坐而讀書, 只是隨處提撕, 隨事禮究, 但使一日之間, 整頓得三五次, 里會得三五事, 則日積月累, 自然純熟而光明者."

29) 『明齋遺稿』, 권22, 「與李燔希敬」, "學者留心世務, 亦是窮理工夫, 莫非己分內事, 所謂禮用之學也."

30) 『明齋先生言行錄』, 권1, 「德行上」, "汝(東源) 雖不能讀書, 能勿忘此意, 則日用事爲無非學也. 病中有病中工夫, 枕上有枕上工夫, 以至坐立行步, 皆有當然至則, 莫非學也."

31) 『明齋遺稿』, 권23, 「答李延大體乾」, "士而希賢, 賢而希聖. 先立此志, 然後可以有爲."

實心을 세우는 것이다. "실심이 세워지지 않으면 실공實功으로 나아갈 수 없기"³³⁾ 때문이다. 좀 더 깊이 얘기하면 "하늘은 먼저 실심이 있은 후에 실공이 있고, 실공이 있은 후에 실덕實德이 있다. 실덕이 있은 후에는 밖으로 드러나는 것이 진실되지 아니한 것이 없다"³⁴⁾라고 말하게 된다. 이처럼 반드시 먼저 실심을 세운 다음이라야만 실공이 가능한 것이다. 다음으로 구체적인 실행방법으로는 주로 '지경持敬', '궁리窮理'와 '주충신主忠信'(敬과 뜻이 통한다)이 있다. 윤증은 일찍이 "배움에는 따로 방법이 없고 단지 지경과 궁리 두 단서가 있을 뿐이다. 지경의 요체는 몸과 마음을 수렴收斂하는 것이고 궁리의 요체는 날마다 사물과 접하는 가운데 매사마다 천리에 부합되게 하는 것이며 독서는 리理를 구하여 발견하는 것일 따름이다"³⁵⁾라고 하였다. 그리고 그는 『논어』 중의 '주충신主忠信'의 명제에 대해 이렇게 말하였다.

공자의 '충忠과 신信을 주로 한다'(主忠信)는 것에 대해 주자가 해석하기를, "사람이 충성과 믿음이 없으면 모든 일에서 진실됨이 없게 된다. 악한 일을 하기는 쉬우나 선한 일을 하기는 어렵다. 때문에 배우는 자는 반드시 이것을 주된 것으로 삼아야 한다"라고 하고 또 "충은 실심實心이요 신은 실사實事"라고 하였다. 율곡선생께서 이것을 발휘하여, "천天에는 실리가 있고 사

---

32) 『明齋先生言行錄』, 권4, 「問答上」, "學者要以聖賢自期待, 吾之性與聖人之性一也, 學不及與聖人, 則於吾性有不盡分處."

33) 『明齋遺稿』, 권18, 「與柳和仲」, "實心未立, 實功難進."

34) 『明齋遺稿』別集, 권3, 「擬與懷川書」, "天有實心而後有實功, 有實功而後有實德, 有實德而後發於外者無往而不實."

35) 『明齋先生言行錄』, 권4, 「問答上」, "爲學無也, 只持敬窮理兩端, 而持敬之要 在收斂身心而己 ; 窮理之要 在逐日遇事接物, 每事求合於天理而己, 讀書求見此理而己."

람에게는 실심이 있다고 하였다. 사람이 만약 실심이 없게 되면 천리에 위배되는 것이다. 일심一心이 진실하지 못하면 만사가 모두 거짓이 되며 일심이 만약 진실하면 만사가 모두 진실하게 된다. 때문에 주자周子는 '성誠이라는 것은 성인聖人의 근본'이라고 하였다"라고 말하였다.[36)]

한국의 유학 및 성리학 가운데는 항상 실천을 강조하는 전통이 존재하였다. 이황과 동시대 사람인 조식曹植(호는 南冥)의 경우가 그 대표적인 예라고 할 수 있는데, 윤증의 실천지향적 학문은 이러한 전통과 일맥상통한다. 더욱이 그의 학문은 그가 처한 시대적 상황을 잘 반영하면서, 그가 이론 및 실천으로 체득한 새로운 내용들을 담고 있다. 이러한 점들은 현재 한국의 유학사와 성리학사를 연구하는 학자들이 마땅히 관심을 갖고 연구해야 할 분야라고 생각된다.

---

36) 『明齋遺稿』別集, 권3, 「擬與懷川書」, "子曰 : 主忠信. 而朱子解之曰 : 人不忠信, 則事皆無實. 爲惡則易, 爲善則難. 故學者必以是爲主焉. 又曰 : 忠爲實心, 信爲實事. 栗谷先生因以申之曰 : 天有實理, 人有實心. 人無實心則悖乎天理矣. 一心不實, 萬事皆假, 一心苟實, 萬事皆眞. 故周子曰 : 誠者, 聖人之本."

제 2 부

명재 윤증의 가학

노강서원

명재 윤증의 학문연원과 가학

팔송 윤황의 생애와 사상

김 문 준

1. 머리말

윤황尹煌(1571~1639, 호는 八松, 자는 德耀)의 경세론과 척화의리론은 17세기 초 임진왜란 이후 병자호란을 당할 때까지의 위란기에 처한 조선의 척화파 사상가들의 경세론과 척화의리론의 기저와 실천 양상을 이해하기 위해 파악해야 할 대표적인 연구 대상 가운데 하나다.

윤황이 활약했던 시기는 지속적인 내란과 외침의 시기였다. 임진왜란(1592)이 끝난 후 광해군시기를 지나 인조반정(1623)이 일어났고, 이괄의 난(1624)을 거쳐 정묘호란(1627)과 병자호란(1636)을 겪었던 격란의 시기였다. 참혹한 왜란을 겪은 후, 임진왜란을 계기로 청淸의 등장과 명明의 몰락이라는 동북아시아의 대변동이 벌어지는 상황 속에서 조선은 새로운 위기의 기로에 서게 되었다.

인조반정 후 반정정부는 광해군의 중립 외교정책을 '명을 배반하고 후금에 붙었다'(背明附後金)고 반대하고, 향명배금向明排金 정책을 표방하는 등 친명배금 정책을 시행했다. 후금의 태종은 광해군을 위해 보복한다는 구실을 빙자하여 인조 5년(1627)에 3만의 군사로 조선을 침략하여 정묘호란이 일어났다. 인조는 강화도로 피난했으나, 후금이 먼저 강화를 요청하여 형제의 맹약, 명청전쟁에서의 중립을 요청하여 조선은 후금이 제시한 강화 조건을 받아들였다.

정묘호란 후 후금은 수도를 심양으로 옮기고, 칭제하며 국호를 대청이라고 개칭하고는 조선정부에 명 정벌을 위한 군수물자를 요구하고 신칭臣稱하는 신하의 예를 강요하였다. 그러나 후금을 오랑캐라고 하시하던 인조와 조선 조정은 이에 크게 반발하였다. 그러자 청의 태종은 인조 14년(1636) 12월 10만 군사로 재침하였고(丙子胡亂), 인조는 삼전도三田渡(현재 서울시 송파구)에 주둔하던 청 태종의 진영에서 삼배구고두三拜九叩頭로 항복을 청하여 '성하城下의 맹맹盟'을 맺고 신칭하는 굴욕을 당했다.

2차례의 호란은 윤황과 그 가문에 엄청난 시련을 주었다. 윤황은 강력하게 척화를 반대하는 상소 때문에 유배생활을 하였고, 윤황의 아우 윤전은 강화도에서 청군과 대치하다가 순절하였으며, 아들 윤선거의 처 공주이씨 역시 강화에서 순절하는 등 윤황의 가문은 우국충절의 명문 사족가문으로 이름나게 되었다. 또한 윤선거의 강화도사건은 훗날 손자 윤증과 송시열의 사제의리가 끊어지고 노소론이 갈리는 계기가 되었다.

윤황은 관직이 옥당을 거치고 대사간에 이르렀는데, 강력하게 직언하는 간관으로 명성이 높았다. 특히 정묘년에서 병자년에 이르는 국가존망의 시기(1527~1636)에 경장更張과 항전을 강력하게 주장한 상소가 많이 남아 있다. 윤황의 저작으로 현존하는 자료는 그때의 봉사封事와 서계書啓를 모아 수록한『팔송봉사八松封事』가 있을 뿐이다.1)

윤황은 정묘년에서 병자년에 이르는 10년 동안 초지일관하여 국가개혁과 항쟁을 주장하였으며, 그 주장이 대부분 수록되어 있는『팔송봉사』를 통하여 윤황의 각종 경세 정책안과 항쟁의지를 충분히 알 수 있다. 이 문집은 일반 문집과는 달리, 봉사와 서계가 주 내용이며, 「제우계선생문祭牛溪先生文」 등 제문과 시문 몇 편, 「계제자서戒諸子書」, 「가훈」, 「시제자示諸子」 등 말년에 자손에게 준 훈계 및 유서 3편이 부록 상에 잡저로 들어 있고 부록으로는 연보와 행장 등이 있다.

정묘호란에서 병자호란에 이르기까지 활약한 척화신 가운데 가장 대표적인 간관이었던 윤황의 경세론과 척화의리론은 당시 척화의리파의 경세론과 척화론의 대내외 정책을 이해할 수 있는 바탕이 될 것이다. 윤황은 임진왜란 이후 국가를 전반적으로 재정비할 경장이 절실하고 국가를 운영할 확고한 공감대가 절실한 시기에 처한 척화파 관료로서, 확고한 이념과 적실한 경장책을 제시하고자 했다. 이러한 윤황의 경장론과 척화의리론은 당시대 척화파의 전형적인 모습을 보여 주고 있다.

그동안 윤황에 대한 연구는 없었으며, 1982년에 한국학문헌연구소에서 출판한『우계문도파산급문제현집』(아세아문화사)에 해제가 들어

---

1) 한국학문헌연구소 편,『牛溪門徒坡山及門諸賢集 - 八松奉事』(아세아문화사, 1982). 이하『八松奉事』로 표기한다.

있다. 이 연구는 윤황의 『팔송봉사』를 중심으로 그의 경세론과 척화의리론을 재구성하고, 이를 통하여 17세기 초 조선의 척화파 사상가들의 경장론과 척화론의 맥락과 실천 양상을 이해하고자 한다.

2. 수학과 출사

윤황의 일생은 임진왜란 때부터 병자호란이 끝난 직후까지 이어지는 고난과 역경의 시기였다. 그의 관직생활은 한국 도학정신을 바탕으로 국난극복에 매진한 일로 점철하였다. 윤황의 생애는 크게 3부분으로 나누어 볼 수 있는데, 1기는 수학기, 2기는 출사한 때부터 광해군 때까지의 관직활동과 은거시기, 3기는 인조반정 이후부터 병자호란 시기를 지난 후 사망할 때까지의 올곧은 간원으로 명성을 떨친 관직생활시기다.

윤황은 1571년(선조 4) 윤창세의 둘째 아들로 태어나, 일찍이 서울에서 유학하여 당대의 명유인 성혼成渾(1535~1598, 호는 牛溪)의 문하에서 공부하였으며, 20세에 성혼의 딸과 결혼하여 사위가 되었다. 따라서 윤황의 정신과 사상을 형성하는 데 성혼의 학문과 가르침은 중요한 영향을 주었다고 생각된다.

성혼의 학문은 한국의 정통 도학파에 연원하고 있다. 성혼은 청송聽松 성수침成守琛의 아들로서, 성수침은 조광조의 문인이며 당대의 유일遺逸로 명망이 높았던 사람이었다. 성혼은 이이李珥(1536~1584, 호는 栗谷)와 함께 도학과 성리학을 도야한 당대 최고의 학자였던만큼, 이러한 학문 계승은 윤황의 학문과 사상을 짐작하게 해 준다. 윤황이 성혼의 사위가 되어 그 문하에서 학문을 이어받은 일은 후에 그 아들 윤선거가 「우계선생연보」, 『계갑록』 등 성혼의 학문을 정리하고 현창하는 데 많은 노력을 기울인 것에서 나타나듯이 윤황 일가의 가학적 전통이 되었다.

성혼의 문하에는 윤황(八松) 외에, 이귀李貴(默齋), 정엽鄭曄(守夢), 조헌趙憲(重峰), 이시백李時白(釣巖), 안방준安邦俊(牛山), 강항姜沆(睡隱), 황신黃愼(秋浦), 김덕령金德齡(忠壯公) 등이 있는데, 이 가운데 이귀, 정엽, 조헌, 안방준, 황신 등은 이이 문하에도 출입했다. 이들 가운데 윤황은 영광군수로 재직하던 때, 그곳에 살던 강항에게 아들 윤순거를 보내어 배우게 하였으며, 훗날 윤순거는 강항의 문집인 『수은집睡隱集』을 정리하고 간행하여 두터운 사제관계를 맺었다.

윤황의 저술은 『팔송봉사』로 정리되었는데, 이 책에는 리기심성론 등 성리설과 학문에 대한 글이 한 편도 실려 있지 않다. 아마도 인조반정, 임진왜란, 병자호란 등 대변혁을 거치는 국란기에 관직에 나아가 활약했던 탓에 학문적 논변에 침잠할 겨를이 없었던 때문이라고 보인다.

윤황은 임진왜란이 발발하자 성혼을 따라 의주로 피난 갔다가, 23세에 아버지 윤창세가 남쪽에서(湖嶺之間) 의거하였다가 병으로 군중에서 사망하자 의주로부터 달려와 상을 치루고 묘를 충청도 노성현에 모셨으며, 25세 5월에 상을 마쳤다. 26세 6월에 아들 윤순거를 낳았다.[2]

윤황이 관직에 나간 해는 임진왜란이 막바지에 이르렀던 1597년

---

2) 이하 윤황의 생애는 모두 「年譜」에 의한다.

(선조 30), 그의 나이 27세 때였다. 그는 문과에 을과 일인一人으로 급제하여 승문원권지부정자承政院權知副正字로 관직에 나갔다. 이때 왜군이 다시 침략하여 정유재란이 벌어졌는데, 조정이 도망칠 준비나 하는 것을 보고 분개하여 상소를 썼으나, 성혼이 탄핵을 받는 중이어서 올리지는 않았다. 28세에 성혼이 사망했다.

윤황은 과거에 급제하여 관계에 나간 이후 주요 요직을 두루 거쳤다. 30세에 승문원박사로 승진하였고, 31세(1601) 5월에 선무랑을 제수하고 성균관전적으로 승진하였으며, 6월에 사헌부감찰, 7월에 선교랑을 제수하고 형조좌랑, 8월에 사간원정언, 승훈랑, 춘추관기사관이 되었다. 그 후 수원판관, 병조좌랑, 예조좌랑을 거쳐, 예조정랑, 북청판관을 역임하였다. 광해군조에 들어와서는 39세 9월에 영광군수에 임명되어 4년간 재임하다가 43세 8월에 반대파의 탄핵으로 파직되어 고향으로 돌아왔다.

다시 44세에 성균관직강에 제배되었고, 45세에 봉상사첨정·군자감정에 전임한 뒤 46세에 장자 윤훈거의 장인인 해주목사 최기崔沂의 옥사(海獄)에 연루되어 벼슬에서 물러나 수원에 은거하였다가, 48세에 노성으로 돌아왔다. 52세에 승평昇平 김류金瑬와 동악東岳 이안눌李安訥과 더불어 사동계四同契를 만들었다.

53세에 인조반정(1623)이 일어나 광해군이 폐위되자, 윤황은 노성에서 김류와 이귀에게 장서를 보내 혁신 경장할 것을 촉구했다. 이 글은 남아 있지 않다. 이후 군기사정, 사헌부장령, 집의, 홍문관수찬, 교리, 사간원사간, 응교 등을 역임했다.

54세(1624, 인조 2)에 이괄의 난이 일어나서 인조가 공주로 피난할 때에 종사관이 되어 왕을 호종하였다. 이때 반군토벌의 책임자였던 인조반정의 1등 공신 이귀가 토벌에 실패하자 그의 처벌을 강력하게 주장하기도 하였다. 그 후 사인, 성균관사성, 사간을 지냈다. 1626년(인조 4)에는 세자를 가르치는 보덕으로 재직하기도 했다.

57세(1627)에 정묘호란을 당하였고, 58세 정월에 사인에 제수되었으며, 5월에 평안도 암행어사가 되었다. 9월에 조정에서 서북지방을 중시하여 그 지방의 행정관으로 윤황 등을 임명한 일이 있는데, 윤황은 길주목사로 임명되었다가 안변부사로 임명되었다. 그러나 당시의 모든 간원이 윤황을 외직에 보임시켜서는 안 된다는 연계連啓를 올려 외직으로 나가지 않았던 일도 있다. 10월에 성균관사성, 사복시정, 다음해 59세 4월에 응교, 7월에 사인, 60세 되는 해에 집의, 사인, 보덕 등을 거쳐 7월에 동부승지에 제수된 후 내수사의 폐단을 논하였으며, 10월에 우부승지를 역임하였다.

61세 되는 해 정월에 이조참의에 올랐으며, 이때 족병足兵, 족식足食, 임장任將하는 삼책三策을 건의하였다. 11월에 병조참지를 지나, 그 다음해 62세 되는 해 4월에 전주부윤으로 부임하여 65세 4월까지 3년간 역임하다가 건강이 나빠져서 고향으로 돌아왔다. 11월에 대사간으로 임명되었으나 병으로 나아가지 못했고, 66세 되는 병자년(1636) 정월에 조정에 나아가 혁폐革弊 경장의 상소를 올렸다. 2월에 병조참의, 이조참의에 제수되었다. 3월에 절용하고 수양하기를 촉구하는 상소를 올렸다. 4월에 병조참지, 5월에 좌부승지, 이조참의에 배수되었다. 6월에 이조참의, 7월에 대사간에 다시 임명되었으며, 8월에 절용과 경장을 주장하는 상소와 척화 어융하는 대책을 말한 상소 등 수 편의 절절한 혁폐 경장 척화에 관한 상소를 올렸으나, 모두 윤허받지 못하였다. 그 해 12월 다시 호란을 당하고 말았다.

다음해 정월 척화인은 자수하라는 조정의 명이 있었고, 윤황은 상소를 올려 대죄하였다. 그 3일 후 강화도 함락 소식이 전해지자, 조정에서는 윤집, 오달제, 홍익한 등 척화인 11인을 묶어 보내자는 논의가 나왔다. 윤황은 자제를 보내어 이들과 송별했다. 3월에 인조는 '윤황 등 근래의 사대부들이 다만 허명만을 높이고 실사에 힘쓰지 않으니 죄주지 않을 수 없다' 하고, 영동 유배에 처했다. 그 해 8월 유배에 풀려나 금산에 잠시 기거하였다가, 10월에 고향 노성(니산)으로 돌아왔다. 다음 해 1639년(인조 17) 69세 4월에 가훈을 짓고, 5월에 병이 들어 6월에 임종을 맞았다. 윤황이 세상을 떠나자, 사관은 왕조실록에 다음과 같이 기록했다.

전 이조참의 윤황이 죽었다. 윤황의 자는 덕요다. 사람됨이 강하고 굳세며 기절이 있었다. 선조 때에 문과에 급제하여 내직과 외직을 두루 거쳤다. 광해의 정치가 문란하자, 시골에 돌아갔다. 반정 초기에 사헌부의 직에 등용되었다. 강도에서 청나라와 화친을 의논하게 되자 온 조정이 휩쓸렸으나, 홀로 화친을 믿을 수 없다고 극력 말하였다. 그리고 화친을 주장한 신하들을 유배하고 항복한 장수로서 오랑캐를 인도하여 우리나라를 배반한 자를 목 베어야 한다고 주장하였으며, 또 말하기를 "오늘날의 화친은 사실상 항복이다" 하여 상의 노여움을 격발하니 상이 귀양 보내도록 명하였으나, 삼사三司가 힘써 구원함을 힘입어 면하였다. 병자호란 이후에 또 화친을 배척한 것 때문에 마침내 죄를 받아 적소에서 죽었다. 장사를 간소하게 치르고 염할 때 사인士人의 의복을 쓰도록 유언하였다. 일찍이 상제례를 손수 지었는데 검약을 위주로 하였고, 집안사람들로 하여금 그것을 준행하도록 했다.[3]

_____

3) 국역 『인조실록』, 인조17년 6월 8일.

윤황의 묘소는 본래 지금의 애감치 고개에 모시었다가 부인 성씨가 죽은 후 장구동에 합장하였다. 행장은 송시열이 지었고, 묘지명은 김상헌이 지었으며, 묘표는 유계가 지었다. 윤황은 슬하에 8형제를 두었는데, 후손들이 매우 번창하여 14명의 대과 급제자를 배출하였다. 이 가운데 아들 윤순거, 윤문거, 윤선거와 손자 윤증 등 호서유림湖西儒林의 큰 줄기를 이룬 이들이 나왔다.

1710년(숙종 36) 영의정에 증직되었고, 1711년(숙종 37) 문정공文正公의 시호를 받았으며, 1798년(정조 20) 부조묘를 받았다. 정조가 문정공 윤황에게 부조不祧의 특전을 내리고 나서 지은 어제시는 다음과 같다.[4]

세상이 이르기를 팔송의 절개는 푸르고 푸른 고죽孤竹과 같다 하네
삼학사와 마음을 같이하였고 만언의 상소로 의리 밝히었네
북해北海의 이름은 오히려 남았거니와 동창東窓의 계획엔 서툼을 어찌하랴
백세토록 제사를 받드는 일은 단에 배알한 때로부터 시작했네.

3. 국난기의 경장론

윤황은 병자호란을 당하던 병자년(1636)에 조정에 나아가 병조참의, 이조참의, 대사간 등 요직을 두루 거치면서 군주와 신민이 한마음 한뜻으로 외적에 항쟁해야만 국란을 극복할 수 있다고 주장하였다. 그렇게 하기 위한 전제로 국가와 왕실의 비용경감·조세와 군역 개혁으

---

4) 『八松奉事』八松年譜 附錄, 「不祧時御製詩並序」, 657쪽, "世謂八松節, 青青孤竹如, 同心三學士, 明義萬言書, 北海名猶在, 東窓計奈疎, 方禋延百世, 肇自拜壇餘."

로 민생안정을 도모하기 위해 상소문을 올렸고 조정에서 지속적으로 건의했다.

윤황은 민족의 역량을 총동원하기 위하여 당시의 고질적인 수취제도와 군역제도 등 국가의 전반적인 경장을 적극적으로 개진했다. 종묘의 악무樂舞를 정지하고 여러 관사의 불필요한 경비를 줄여서 군량에 보충할 것, 능침陵寢의 오향五享을 중지할 것, 제수를 공상貢上하는 폐단을 없애기 위하여 공물을 모두 파하고 시장에서 사다 쓸 것, 임금이 사용하는 물건(御供)을 대폭 간소화할 것, 대군들의 제택을 간소하게 할 것, 자기·어전·직조·공작 등 일체의 사용물을 감할 것, 외방의 진상물을 없앨 것, 공조의 기인其人의 피해를 없앨 것, 사복시의 말들을 모두 군마로 전환할 것 등을 건의했다. 이 모든 개혁책은 모두 왕과 왕실의 지극한 검소와 절용을 촉구하는 것이다. 특히 왕의 절검을 촉구하여 궁실과 국가의 낭비를 줄일 것을 솔선수범하기를 촉구했다. 예를 들어, 다음과 같이 임금의 결단은 많은 경비를 절약하게 되는 전제가 된다는 것을 논리적으로 설득했다.

바라건대 종묘의 악무를 정지하고 여러 관사의 필요치 않은 경비를 줄여서 군량에 보충하게 하소서. 아, 나라의 대사는 제사와 전쟁입니다. 태묘의 주악이 어떠한 대례입니까. 신이 풍병이 들고 본 정신이 손상되었다 하더라도 어찌 종묘의 주악을 철폐하기 어렵다는 것을 모르겠습니까. 다만 반드시 종묘의 주악을 가지고 말하는 것은, 대개 종묘의 주악을 철폐하면 어선御膳도 반드시 맛있는 것을 구하지 않을 것이고, 어복御服도 반드시 아름다운 것을 구하지 않을 것이고, 내수사와 내탕고의 물건을 내지 않을 수 없을 것이고, 환관과 궁첩들도 줄이지 않을 수 없을 것이고, 진상을 파할 수 있고, 공물을 줄일 수 있어 이를 미루어 나간다면 온갖 헛된 경비를 일체 줄일 수 있을 것이니, 위태로움이 변하여 편안하게 되는 것이 이 한 번의 착

수에 달려 있기 때문입니다.[5]

이러한 경장은 보민을 위한 정책으로 연계되어야 했다. 윤황은 당시 왕실을 비롯한 특권층에게만 유리한 각종 수취제도를 개혁하여, 민생을 구제하고 국고를 증대하여야 한다고 촉구했다. 윤황은 호란이 벌어지기 직전, 병자년 당시 경세의 급무는 경요輕徭 박부薄賦하여 민심을 위로하고 기쁘게 해야 하며, 그 실재는 쓸데없는 비용을 없애고 숙폐를 경장하는 것일 뿐이라고 주장했다.[6]

윤황은 세정 문제에 관하여 구체적인 사례를 들어서 깊이 있게 논했다. 요역·공물·진상물 등을 폐지하거나 삭감하고 전세田稅로 일원화하기를 적극 건의하였다. 궁궐 내의 경비를 대폭 줄이거나 감하고, 긴요한 경비 이외의 지출을 일체 억제하며, 내수사 등은 혁파하고 훈신 권세가의 전횡을 조사해서 군비로 환수해야 한다고 주장했다. 윤황은 아전이나 공납자의 농간을 잘 알고 있었으며 그 폐단을 없애기 위해서는 왕실의 제향·어공까지도 시매市買로 충당할 것을 주장하는 등 파격적인 조치를 촉구했다. 윤황이 건의한 제세정책과 보민책은 대단히 구체적인 계산에 의해 나온 결과며, 다음과 같이 치밀한 정책에

---

5) 『八松奉事』,「論節省修攘疏」(丙子 2月 初8日), 557쪽, "請淳宗廟樂舞諸司浮費 以輔軍餉 狂妄悖慢罪不容誅, 噫國之大事在祀與戎, 太廟奏樂是何等大禮, 臣雖病風喪心 豈不知廟樂之難撤, 第臣必以廟樂爲言者 非謂國家存亡, 惟係於廟樂 廟樂旣撤, 則御膳必不求甘御服必不求美, 內帑內需不得不出宦官宮妾不得不減進, 上可罷貢獻可除推此以往, 則百爲浮費一切蠲省, 而轉危爲安在此一着故也."

6) 『八松奉事』,「絶虜後申論振作修攘疏」(丙子 3月 1日), 561쪽, "今若病民之政未祛詰戎之令, 又下點兵聚糧之擧 急於星火, 而剝膚椎髓之苦, 逾往逾甚 則彼無知小民詎識大義之所在, 而不爲怨叛也哉, 然則今日之急務 莫先於輕徭薄賦 慰悅民心, 而其本實在於蕩滌浮費 更張宿弊而已."

입각하여 효율적으로 국고를 사용할 것을 촉구했다.

신이 호조의 문안을 가져다 상고해 보니, 백관의 반록頒祿과 내인 내관 호위군관 어영군 등의 산료散料 및 기타 1년 비용이 쌀 10만 석에 지나지 않았습니다. 그리고 5도에서 현재 사용되는 전결 및 3도에서 새로 측량한 것을 상고해 보니 18만 결이 넘었으며, 1년에 조세로 들어오는 것이 모두 15만~16만 석이었습니다. 거기서 별수미別收米를 제외한다고 하더라도 13만~14만 석은 됩니다. 10만 석의 경비를 제외하고도 3만~4만 석이 남으며 또 자질구레한 비용을 모두 제하고도 1만여 석의 여분을 얻을 수 있습니다. 그 남은 것을 공물 값으로 충당한다면 제향과 사대와 어공에 쓰더라도 부족할 걱정이 없습니다. 그러니 원세元稅 외의 잡부雜賦를 모두 면제해 주고 매 1결당 쌀 5두와 포 1필만을 거두어 양병의 자본으로 삼는다면, 군사 양식이 남아돌고 병사의 힘이 저절로 강해질 것입니다.[7]

외방의 요역이 너무 무거워서 10부에 베 1필을 내고, 1결에 10필을 낸다 하니, 민간이 내는 것을 기준하여 계산하면 국가의 재용이 크게 여유가 있을 터인데, 어찌하여 내외가 탕진하여 수개월의 비축도 없습니까? 대개 우리나라 전부田賦가 조세는 가벼운데 공물이 무겁고, 기타 잡역이 또 공물보다 더 무겁습니다. 그런데 조세만 국용이 되고 공물과 잡역은 모두 10배나 되는 값을 거두면서도 교활한 아전과 방납자의 주머니 속으로 모두 들어가니, 백성이 어떻게 곤궁하지 않으며 나라가 어떻게 가난하지 않을 수 있겠습니까. 마땅히 만사를 제쳐 놓고 군량에 전력을 쏟아야 할 것인데, 제향은

---

7) 『八松奉事』,「論節省修攘疏」(丙子 2月 初8日), 558쪽, "臣取考戶曹文案, 則百官頒祿內人內官扈衛軍官訓練將官御營軍兵三手散料 及雜上下等一年經費 不過米十萬餘石矣, 且考五道時用田結及三道新量加出十八萬結, 幷一年應入之稅 十五六萬, 雖除別收米二萬餘石, 猶不下十三四萬, 以十三四萬 計除經費十萬石之外 尙餘三四萬石, 又蕩滌冗費 則亦可得萬餘石, 取其所餘以充貢物之價 則以祭享以事大以御供 必無不足之患矣, 元稅外各樣雜賦 悉皆蠲減, 每田一結 只收五斗米 一匹布以爲養兵之資, 則軍食有餘而兵力自强矣."

비록 큰일이기는 하나 마땅히 변통해야 할 바가 있고 어공御供은 전하에게 달려 있으니, 또 무엇이 어려워서 공물의 폐단을 개혁하지 못하십니까. 그리고 경비가 모자랄까 항시 걱정하는 것은 긴요치 않은 식량의 소비와 불필요한 낭비가 많기 때문입니다. 전하께서 풍족하던 구규舊規에 얽매이지 마시고 환관과 궁첩은 사령할 만큼만 남겨 두고 모두 파면하며, 기타 의복과 사용하시는 물품 중에 약간 사치스런 듯한 것은 모두 재감하게 하시면, 외정의 긴요치 않은 식량 소비와 외사의 불필요한 낭비는 일필로 제거시킬 수 있습니다. 산택山澤의 이익은 예로부터 탁지度支에 속한 것인데 지금은 그렇지 아니하여 모두 사문私門으로 들어가고 있습니다. 전하께서 먼저 내수사를 파하여 모두 유사有司에게 돌아가게 하시면, 모든 훈구, 척신과 각 아문은 감히 사사로이 점유하지 못할 것이고, 여러 가지 세금과 공물이 모두 국유가 되어 재용이 넉넉할 것입니다. 참으로 능히 이것을 행하여 군수에만 전념한다면 10만 명의 군량은 마련하기 어렵지 않을 것입니다.[8]

이처럼 국가와 백성을 가난하게 하면서 특수층의 이익만을 도모하게 하는 구습혁파는 당연히 궁궐 비용과 내수사 혁파에서 시작한다면 그야말로 임금의 일필一筆로 해결할 수 있는 쉬운 일인데도 우유부

---

8) 『八松奉事』, 「諫院請警動振作箚」(丙子 8月 20日), 570~571쪽, "臣等聞外方徭役之重 田十負甚者出布一疋 一結出十疋云, 準計民間所出之數 則國家財用 綽有餘裕, 而奈何內外板蕩 曾無數月之蓄乎, 盖我國田賦稅輕而貢重 其他雜徭又多於貢, 而惟田稅爲國之用 貢及雜徭皆收十培之價 盡入於猾吏防納者之囊橐, 民安得不困 國安得不貧哉, 噫今國之大事 無過於兵食, 唯當掃除萬事 專力於軍餉而已, 此外有何所急者乎, 殿下於祭享事大 亦當有所變通, 至於御供 則是在殿下復何所難而不革貢物之弊乎, 且經費之常患乏絶者 冗食多而浮費廣也, 殿下勿拘於豊亨舊規, 宦官宮妾 纔給使令之外 悉皆罷遣, 其他服御儀物稍涉豊侈者 悉令裁捐, 則外廷之冗食 外司之浮費 皆可以一筆句斷矣, 至於山澤之利 錢穀之用 自古屬之度支 以爲軍國之需者也, 今者不然盡入於私門不亦謬乎, 殿下先罷內需之物 悉歸於有司, 則諸勳戚 各衙門不敢有所占吝, 各樣稅物盡爲國有而財用裕矣, 信能行此 專意軍需, 則十萬之餉不難辦矣."

팔송 윤황의 생애와 사상 213

단하게 개혁을 미루는 왕에게 윤황은 통렬한 비판을 가했다.

윤황이 주장한 경장책과 보민책은 당연히 양병책으로 연계되었다. 당시의 군역은 불공평하여 양반과 종실 장정은 군역에서 면제되어 있었다. 윤황은 왕실 등 특권층이 솔선해서 군역을 담당해야만 정병을 확보할 수 있고 사기도 높일 수 있다고 생각했다. 따라서 먼저 서울은 제일차로 궁궐 안의 젊은이·종친·백관의 자제들부터 유생·서리·시민·공사천에 이르도록 한 다음, 지방은 호문성족부터 양민에 이르기까지 순서대로 선발할 것을 국왕에게 건의했다. 또한 군역을 지는 자가 자기 경비를 모두 대는 것은 너무 가혹하다고 하고, 군역을 지는 3인씩 한 조를 이루어 1인은 실제로 군역을 지고 2인은 베를 내어 그 경비를 담당하도록 건의했다. 그리고 다음과 같이, 구체적인 양병책을 건의했다.

신이 군사정책을 보건대 더욱더 형편이 없습니다. 궁궐수비대장(閫帥)과 변장이 된 자들이 군병의 징포를 가로채므로 비록 부민富民이라도 한 번 그 군역에 예속되면 가산을 탕진한 채 도망하여 그 책임이 이웃과 친족에게 미치므로, 한 촌락이 폐허가 되고 맙니다. 그리고 각 고을의 속오군에서는 군적에 편입된 농민은 의복과 양식을 스스로 준비해야 하며, 겸하여 잡역을 제공해야 하므로 스스로 보존할 수가 없습니다. 신이 전에 전주에 부임하였을 때 군용을 보니 포수가 화약을 장전할 줄 모르고 사수가 활 조일 줄도 모르고, 교련시키려고 해도 배고픔과 추위에 시달려 서로 원망하기만 하니, 비록 백만 군사가 있다고 하더라도 전쟁이 났을 때에 무슨 도움이 되겠습니까. 신이 생각하건대, 각색의 정군 및 출신, 새로 뽑은 아병과 속오 가운데 정예병을 엄격히 가려 뽑은 다음 신역을 면제해 주고 의식을 넉넉하게 해 주어 백성으로 하여금 병사가 되는 것을 즐겁게 여기도록 하고, 각각 장령을 가려 번을 나누어 조련하도록 해야 합니다. 전주를 예로 들면 양전하니 1만 3천 결이며 10결의 미포로 병졸 1인을 기를 수 있으니 모두 1천3백 인을 기를 수 있습니다. 이를 미루어 계산하면 팔도를 통틀어 7만~8만의 병 사를 얻을 수 있을 것으로 생각합니다. 이 7만~8만의 정병으로 험지에 웅 거하여 요새를 지킨다면 남쪽의 왜적과 북쪽의 오랑캐를 어찌 걱정할 필요 가 있겠습니까.9)

다음으로는 보민과 양병을 위한 경장을 성공하기 위하여 임금과 관리 등 지배층의 자세가 바로 서야 한다고 주장했다. 당시 지배층은 적침으로부터 나라를 수호하고 백성의 고통과 생명을 돌보기보다는, 자기들의 권익이 보장되는 한에서 외적에 타협하거나 굴복하려고 했 다. 보민책과 양병책을 적용한다면 당장 지배층의 이익과 특권을 포기 해야 하는 것을 의미하므로, 개혁을 적극적으로 추진하기는커녕 개혁 정책이나 항전책을 제대로 세우지도 못하는 실정이었다.

윤황은 백성을 뒤로 하고 왕과 지배층이 앞장서는 양병책이어야 한 다고 다음과 같이 주장했다.

---

9) 『八松奉事』, 「論節省修攘疏」(丙子 2月 初8日), 558~559쪽, "臣竊觀今日兵政 極 其無形 不聞教養之事 徒有浚剝之酷 諸色水陸軍兵, 爲閫帥邊將者 除其入防徵布 以自養, 故雖有富民一隷其役, 則傾貲破産 繼之以遞侵及族隣 一才爲壚其所毒痛, 百倍於平民疲病羸殘有不忍見, 至於各官束伍 則編籍農民 自備衣糧兼供雜役 不 能自保, 臣前任全州初見其軍容之盛 謂可以有用別具犒賞累日試才, 則砲手不解 藏藥 射手不解操弓 欲留之以教鍊, 則呼寒告飢 怨咨朋輿, 如此等兵 須有百萬 何 賴於緩焉, 臣意以爲就各色正軍及出身新選牙兵束伍中極擇精銳, 免其身役 瞻其衣 食, 使民樂於爲兵, 各擇將領分番 操鍊習其技藝 訓以陣法 明其賞罰 立其紀律 則 凡有警焉, 朝令多發 有敢戰之效 無奔北之患矣, 試以全州一府言之, 新量田結一萬 三千餘結, 以十結所收米布養一卒, 則可養一千三百人矣, 以此推之 全羅一道可養 數萬精兵, 通八道 則可得七八萬兵, 以七八萬精兵 據險守要, 則何患乎, 南倭何憂 乎, 北虜乎."

팔송 윤황의 생애와 사상 215

전하께서 참으로 측은한 말씀으로 중외에 효유하시기를 "만일 이 도적을 막아 내지 못한다면 나라는 망하고 말 것이다. 그렇게 되면 경대부는 어떻게 집안을 보전하며 사서인은 어떻게 몸을 보전하겠는가? 똑같이 망하고 죽을 뿐이다. 신민과 합심 협력하여 이 도적에게 대항하여 죽음 속에서 살 길을 찾아낼 계책을 모색하고자 한다" 하시고, 전하께서 먼저 궁액과 근신 중에서 젊고 건장한 자를 일으키고, 다음으로 종실과 백관 중에서 재주가 뛰어난 자를 일으키고, 그 다음에 유생·서리·시민·공사천을 차례로 일으키면 도성 안에서 수만 명을 얻을 수 있을 것입니다. 전하께서 궁문에 납시어 몸소 활과 칼을 잡고서 사민을 창도하시고, 번을 나누어 재주를 시험하고 상벌을 분명히 하시면, 수개월도 되지 않아 성숙한 인재를 얻을 수 있을 것입니다. 사방의 병사 선발도 이 방법을 써서 먼저 부유하고 세도 있는 사람을 일으킨 뒤에 힘없는 백성에게 미치면 온 나라 백성이 모두 감동하여 따를 것이니, 누가 감히 원망하는 마음을 가지며, 누가 감히 법망을 피할 생각을 가지겠습니까. 이와 같이하면 10수만 명의 정병은 어렵지 않게 얻을 수 있을 것입니다.[10]

이처럼 궁궐 내부인과 부유하고 권세가부터 먼저 징병하고 힘없는 백성을 뒤로 하여, 백성 모두 감동하게 하여 따르게 하여야 원망이 없고 법망을 피하는 이가 없을 것이라는 윤황의 양병책은 국란을 극복하는 만고불변의 상식적인 주장이었으나, 끝내 시행하지 못하고 말았다.

---

10) 『八松奉事』, 「諫院請警動振作箚」(丙子 8月 20日), 570쪽, "殿下誠以惻怛之辭 曉喩中外曰, 此賊不絶 則國必亡矣, 卿大夫何以保其家 士庶人何以保其身乎, 等亡耳等死耳, 願與臣民 齊心一力 以抗此賊 以爲死中求生之計, 殿下首發宮掖近習之少壯者, 次發宗室百官之才俊者, 次發儒生, 次發吏胥, 次發市民, 次發公私賤, 則國都之中 可得數萬人矣, 殿下出御宮門 手執弓刃 爲士民之倡, 分番試閱 明其賞罰, 則不出數月 可得成材矣, 四方選兵亦用此道, 先發豪門盛族 而後及於小民, 則擧國元元風動於下孰敢有怨沮之心, 孰敢生規避之意哉, 誠如是則十數萬精兵可不勞而得矣."

216 제2부 명재 윤증의 가학

인조반정의 주동자들은 대개 공의 지구知舊들이었다. 반정 초기에 윤황은 1등 공신인 김류와 이귀에게 장서를 보내서 폐정과 민막民瘼을 대수술할 것을 논의한 바 있었다. 윤황은 경장을 하지 않고는 나라가 망하고 백성도 살 수 없는 판국이라고 보았으나, 훈신들은 자기 권익만을 유지하기 위해 보수를 고집했다.

지도층에 대한 근검절약, 특권의식 포기 등의 촉구는 윤황 자신의 일생은 물론 자식과 자기 집안에 대한 수차례의 훈계에서 잘 드러나고 있다. 근검을 중시한 가훈에 입각한 윤황의 자식 훈계는 사회지도층인 일반 사대부가가 솔선하여 근검절약하기 위해서는 어떻게 생활해야 하는가를 여실하게 보여 주고 있다.[11]

「계제자서戒諸子書」는 1637년(인조 15) 윤황이 귀양길에 동작 나루터에서 자식에게 훈계한 내용이다. 그 내용은 선비 가문으로서의 자제와 절제, 그리고 새로운 각오를 당부하고 있다. 호란은 사치와 허영 때문에 생긴 것이니, 구습을 깨끗이 씻어 버리고 사치하지 말고 근검절약하여야 한다고 당부했다. 옷은 몸만 가리면 되고, 음식은 배를 채우면 되니, 비단옷을 굳이 입으려 하지 말고 맛있는 음식만을 찾지 말며 주색을 삼가며, 집안에서는 효성스럽고 우애 있어야 하고 벼슬길에서는

---

11) 파평윤씨 노종 5방파의 가문 전통과 결속의 상징이 되는 宗約이 작성된 것은 1645년(인조 23)으로 알려져 있는데, 사실상 이 종약의 마련은 22세 參判公 尹昌世, 23세 雪峰公 尹燧, 24세 童土公 尹舜擧로 이어지는 가학과 유훈의 종합이라 할 수 있다. 또한 윤황 가문에서 대대로 전해진 가훈은 "宗法金石 先訓鈇鉞 敢有犯者 鈇鉞臨汝"(종자법은 금석과 같이 소중히 지키고, 선조의 가르침은 부월같이 무섭게 알아야 한다. 감히 이를 지키지 않는 자가 있다면 그 부월이 너를 용서하지 않을 것이다)라는 것으로 이러한 추상 같은 가훈에서 노종의 가문 분위기와 각오, 절제를 엿볼 수 있다.

충성과 정직을 다하여서 가문의 명예를 떨어뜨리지 말라고 하였다. 또한 선비가 빈둥거리고 노는 버릇은 패가망신하는 병폐이니, 이번의 난리를 경험 삼아 절대로 구습을 밟지 말고 지금부터는 모두가 농사짓거나 장사하거나 또는 베를 짜면서 머슴과 종과 손을 나누어 생업에 힘쓸 것이며, 공부하는 사람은 아침에 나가 일하고 저녁에 책을 읽도록 하라는 내용이다. 특히 혼수, 제수, 생활용구, 장신구, 장례 등에서의 절제와 검약의 구체적인 방법까지 적고 있어서, 일상생활 속에서 선비가 구체적으로 어떻게 실천해야 하는지를 강조하는 유훈이다.[12]

「우훈계又訓誡」는 윤황이 영동 유배에서 풀려나 금산에 머물 때의 훈계로 절제와 검약을 다시 한번 강조하는 구체적인 유언이다. 장지를 병사리로 정할 것, 석물을 세우지 말고 만약 세우더라도 작은 비에 '아무개의 묘'라고만 쓸 것, 관과 제수는 난리 직후 조상 산소에 제사지내던 것처럼 간략하게 할 것, 염습과 관대, 운구 등에 이르는 모든 장례 절차에 대한 바람을 적고 있다. 말미에 부인의 경우도 마찬가지로 하고, 만약 이 훈계를 따르지 않는다면 죽어서도 눈을 감지 못할 것이라 강조하고 있다.[13]

「가훈」은 앞의 유훈보다 2년 뒤의 것으로 윤황이 죽기 직전에 정리한 가훈이다. 선비가문으로서 지켜야 할 절제의 법도와 시행방법도 엄격하게 규정해 놓았다. 그 내용으로는, 선비 집안의 법도는 사치하지 않고 근검절약하는 것을 미덕으로 삼으니, 입는 옷, 먹는 음식, 관혼상제 예에 쓰이는 물품까지 검소 절용하여 사용하도록 적어 놓았다. 자

---

12) 『八松奉事』, 「戒諸子書」, 578쪽.
13) 『八松奉事』, 「戒諸子書(又)」, 578쪽.

손들은 이를 잘 지켜 아침마다 보고 외우는 일을 어기지 말며, 또 집안이 모두 모일 때 법도를 어긴 사람이 있으면 혹은 책망하고, 혹은 종아리를 때리되(중년 이상인 자는 대놓고 나무라고 중년 이하인 자는 매를 때려라. 부녀자가 어겼을 대는 남편을 책망하거나, 아들을 때려 벌을 준다) 세 번이나 책망 받고 뉘우치지 못하는 자는 불효와 불공스러움을 들어 사당에 올라오지 못하게 하고 제사에 참여하지 못하게 하라고 하였다. 대략적인 내용으로는, 남자는 나이 오십이 되어야 비단옷을 허락하며, 부녀자의 상용 의복은 베옷 무명 옷 또는 시골 명주옷으로 하고 비단 옷을 입지 말되, 혹 외출할 때에만 잠시 갈아입고 고운 비단은 입지 말며, 음식은 평상시 채소로 하여 굳이 육류를 구하지 말고 술은 몹시 취하도록 먹지 말며, 담배도 피우지 말고, 도박 같은 노름은 절대 하지 마라는 등 일상생활의 검소함을 말하였고, 관혼상제의 물자 사용에 관하여 아주 상세하게 기술하였다.[14]

4. 항전의지와 척화대의

윤황이 지속적으로 촉구한 일은 지도층의 각성과 국가개혁, 그리고 철저한 항전의지였다. 정묘호란이 나자 윤황은 남한산성에서 인조를 호종하면서 김상헌, 정온과 함께 결사항전을 주장했다.

윤황은 예부터 제왕이 오랑캐를 막는 방도는 전戰·수守·화和 세

---

14) 『八松奉事』, 「家訓」, 579쪽

가지인데 강화가 가장 하책이며, 반드시 양국이 서로 대응할 만한 세력이 있을 때 비로소 강화하여 싸움을 그칠 수 있는 것이니, 고식적으로 편안하기를 꾀하는 계책은 오랑캐를 막는 장구한 계책이 될 수 없다고 강조했다.[15] 따라서 오랑캐를 막는 방도는 전수戰守를 먼저 하고 화의를 뒤로 하여야 하며, 그렇게 해야 능히 싸우고 능히 지킬 수 있어서 이후에 화의가 나라를 편안케 할 수 있지만, 싸우지도 못하고 지키지도 못하면서 화의를 먼저 하는 것은 나라를 망하게 한다고 주장했다.[16]

윤황은 "강화는 항복"이라고 주장했다. 윤황은 임금과 조정이 모두 강화한다고 하지만, 사실 적보다 월등 약세로써 청화를 한다는 것은 결국 투항이라 반박하고 또 강화도로 들어가는 대책에 대해서도 통박하였다. 앞장서 싸워 막아야 하지, 그러한 노력은 하지 않고, 백성은 적의 수중에 내버려 둔 채 왕과 집권층만 도주한다는 대책에 분노하였다. 윤황은 다음과 같이 백성을 돌보지 못하는 위정자들의 태도를 통렬하게 비판했다.

아, 우리나라는 사방이 수천 리로서 토지가 넓고 인민이 많기가 저 오랑캐에 비해 10배나 됩니다. 그런데도 병사를 내어 항거할 계책을 내지 못하고 단지 강도江都 한 섬만을 보장지역으로 여겨 궁궐을 수축하고 창고를 채워

---

15) 『八松奉事』, 「江華議和時登對啓辭」(丁卯 2月 初8日), 534쪽, "自古帝王禦戎之道 有戰守和三策 而和爲最下, 然必有兩國相當之勢 然後講和息兵, 以爲姑息偸安之計 亦非禦戎之長策也."

16) 『八松奉事』, 「諫院請警動振作箚」(丙子 8月 20日), 568쪽, "伏以自古帝王禦戎之道 戰守爲先 而和爲後, 是故能戰能守 而後和者其國安, 不能戰不能守而先和者其國亡."

피란할 계획만 하고 있으니 임시만 편안하게 지내려는 계책은 제대로 세웠으나, 팔도의 백성은 어찌하겠습니까.[17]

이처럼 윤황은 지도층의 안일과 무책임을 강력 비판하고 개혁을 강조했다. 평소 고위직에 올라 후록을 받던 장상들은 위난에 처해 발분해서 나라에 몸을 바치겠다는 자가 없고, 반정공신들은 왕을 호위한다고 강화나 산성에 들어 앉아 모두 편안한 땅에 안주해 있다고 비판하고, 이제 국왕부터 대궐에서 나와 몸소 궁검을 잡고 군민軍民을 창도하는 도리밖에 없다고 주장했다.[18]

윤황은 임금 스스로가 확고한 항전의지를 가지고 선두에서 지휘해야 한다고 누차 강조하고 그렇게 하지 못하는 인조의 책임을 다음과 같이 추궁했다.

옛부터 제왕이 나라를 지키고 적을 막는 것은 굳은 한 마음이 가벼이 움직이지 않는 데에 달려 있습니다. 그러므로 임금이 격려하고 사수하는 마음이 있으면 인심을 감발하고 장군 사병이 분발하는 뜻이 있으나, 임금이 놀래어 물러설 마음이 있으면 인심이 흩어져 장군 사병이 해체되니, 존망승패가 호흡의 사이에 달려 있습니다. 지금 적병은 멀리 천 리 밖에 있는데, 모든 백성이 달아나 무너짐이 이와 같은 까닭은 이 모두 임금의 마음이 먼저 움직여 일찍 조정을 물린다는 계책을 정했기 때문입니다.[19]

---

17) 『八松奉事』,「論節省修攘疏」, 559쪽, "嗚呼我國方數千里, 土地之廣 人民之衆 十倍於彼虜, 以曾不能出一兵以相抗 畫一策以自强, 只以江都一島爲保障之地, 築宮闕充府庫 以爲避亂之計, 其於姑息偸安 則得矣, 奈八路生靈何哉."
18) 『八松奉事』,「江華議和時登對啓辭」(丁卯 2月 初8日), 534쪽, "公乃厲聲曰廟堂之臣 平日居高位食厚祿 及今危急之日不能捐軀報國."
19) 『八松奉事』,「奉事, 去邪時榻前啓辭」(丁卯 正月 21日), "自古帝王之守國禦敵者 皆在於堅定一心 不爲輕動而已, 是故人主有激厲死守之心 則人心感發將士思奮,

이때 윤황은 임진 일대를 사수하고 들의 곡식을 태우거나 땅에 묻는 청야책을 적극 주장하였다. 1월 23일 윤황은 대사헌 박동선, 대사간 이목 등 모든 간원과 함께 인조에게 국문에 나아가 직접 정벌에 나서겠다는 뜻을 가지고 군민軍民을 효유하고, 맨 먼저 도성을 떠나자고 제창한 자를 목 베어 군문에 효시한 뒤, 먼저 기병畿兵과 호위하는 제군을 나누어 인솔하여 변성을 지원하거나 임진강을 수비하도록 하고 임금이 근왕병들을 불러 모아 친히 이끌고 이어서 나간다면 삼군의 사졸들은 싸우지 않고도 사기가 배나 치솟을 것이라고 주청하였다. 그러나 인조는 논한 바가 현실성이 없다고 거절하였다. 특히 윤황은 화친을 주장한 이귀를 참수하자고 청한 것이 세 차례에 이르렀다.[20]

그러나 인조는 지금 화친은 계책이 전쟁을 완화시키려는 데에 있는데, 대론의 주장이 과하다고 하자, 윤황이 다시 아뢰기를, 화의가 나오자 군정이 해이해졌으니, 오랑캐 사자를 참하여 삼군의 사기를 고무시키라고 재차 촉구했다. 윤황은 국가의 존망과 인심의 이합과 장졸의 용겁이 모두 인주의 일심에 달려 있으니, 인주人主가 성내어 적을 토벌하려는 마음이 있으면 인심을 감동시키고 장사로 하여금 분발하게 하니 나라가 강해질 것이라고 하였으며, 그렇지 못하고 임금이 두려워하고 도망갈 마음이 있으면 망한다고 하였다.[21]

人主有驚惑退縮之心 則人心渙散將士解體, 存亡勝敗決於呼吸之頃, 今者賊兵遠在千里之外 而都民之奔潰 如此, 此由上心先動而早定去邪之計 故也."

20) 국역『왕조실록』, 인조5년 1월 23일.

21)『八松奉事』,「奉事, 論去邪等事合司啓辭」(丁卯 正月 23日), "國家之存亡 人心之離合 將卒之勇怯 皆繫於人主之一心, 人主有慎廣討賊之心 則人心感動 將士思奮而國必强矣. 人主有怔愳退遁之心 則人心渙散 將士解體 而國必亡矣."

2월 8일에 사간원 사헌부 양사에서 임진강을 사수하고 청의 사신을 거절하기를 청하였지만, 인조가 묘당에서 이미 정한 일이며 다시 의견을 고칠 수 없다고 하자, 윤황이 상소하여 임금이 대간은 모두 오활한 선비라서 더불어 일을 계획할 수 없다고 여기지만, 오늘날 이처럼 나라를 그르친 것이 모두 묘당의 책임이라고 주장하면서, 첫째는 적의 침공 소식이 이르자마자 앞 다투어 한양을 버릴 것을 청하였으며, 둘째는 임진강의 천연적인 해자를 버리고 지키지 않았으며, 셋째는 오랑캐의 차인差人이 한 번 오자 화친을 요구하기를 미처 하지 못할 듯이 하였다고 세 가지를 들어 조정의 책임을 질책하였으며, 남한의 고립된 성에 대군을 헛되이 묵히고 있으니, 나라가 망하지 않기를 바란들 될 수 없다고 주장하였다.22)

특히 윤황은 임금 자신의 태도를 통렬하게 비판하였다. 윤황의 상소문 가운데 다음과 같은 일갈은 인조가 왕이 된 이유를 재확인하고 인의의 군주가 되어야 하는 그 막중한 책임을 저버리는 처사에 대해 되물으며 미온적인 태도를 엄정하게 지적하고 있다.

전하는 난을 다스려 올바름으로 되돌린 군주입니다. 발란撥亂 반정反正한 임금으로서 난망亂亡하는 길을 따르니 신은 실로 그 까닭을 모르겠습니다.23)

---

22) 『八松奉事』, 「江華議和時登對啓辭」(丁卯 2月 初8日), 534쪽, "今日國勢到此地頭者 是誰之罪也, 邊報初至之日卽定去邪之計 以致都民土崩 廟堂之誤國一也, 臨津 乃必守之地 而力言難守開門延敵 廟堂之誤國二也, 賊虜以和事愚我 而必欲延接 以誤戰守 廟堂之誤國三也."

23) 『八松奉事』, 「論節省修攘疏」(丙子 2月 8日), 556쪽, "殿下乃撥亂反正之主也, 以撥亂反正之主 乃踵此亂亡之轍, 臣實未曉其故也."

윤황은 이러한 준엄한 비판의식으로, 임금으로 하여금 개, 돼지에게 항례抗禮를 행하게 하여 일찍이 없었던 치욕을 받게 한 조정 책임자들이나, 다만 구차하게 살기만을 바라고 분발하여 물리칠 뜻이 없이 전례 없는 수모를 받아들인 임금을 성토하였다.[24] 이러한 윤황의 항전의식은 진정한 국란극복의 길이 어떠한 태도에 달려 있는가를 여실하게 보여 주고 있다. 위정자와 지배층은 백성을 위해 존재하며, 국가의 위급한 때를 만나서는 백성을 위해 진력하여 책임을 다해야 함을 증언하고 있다.

5. 맺음말

대체로 정치적 격변기에 대응하는 지식인의 태도는 크게 3가지 유형으로 나누어 볼 수 있다. 첫째는 절의를 지키고 불의에 대항하며 자신의 불이익을 감수하며 심지어 죽음도 불사하는 지사형이며, 둘째는 곡학아세하고 권세에 의부하여 일신과 가문의 영달을 추구하는 소인배형이며, 셋째는 곡학아세하지는 않으나 자신과 가문을 보존하면서 자신이 처한 상황에서 자신의 양심과 역할에 충실하는 현실안정형이다.

윤황의 생애는 정치적 격변기에 처한 유능한 관리가 부조리한 상

---

24) 『八松奉事』,「江華議和時登對啓辭」(丁卯 2月 初8日), 534쪽, "公乃厲聲曰廟堂之臣 平日居高位食厚祿 及今危急之日不能捐軀報國, 乃欲導君父與犬豕抗禮受無前之羞辱, 獨不畏萬世之公論乎. 虜差雖欲拜伏盡禮 不可以千乘之尊 親接犬豕, 況今虜差乃欲抗禮不拜而 殿下猶欲屈意從之 此何理也. 殿下必欲屈體於犬豕者無他, 有苟且偷生之心 無激厲奮發之意 故也, 人皆有一死 殿下何獨畏死至此乎."

황을 강경하게 헤쳐 나간 전형적인 지사형의 태도를 보여 주고 있다. 그는 정치적 책임감과 절의정신을 가지고 현실에 대처하여, 평생을 강의剛毅와 직언으로 일관하였다.

그의 철학사상의 바탕이 되는 리기설에 대하여는 그에 관한 논설이 남아 있는 것이 없기 때문에 확실하게 알 수는 없다. 다만 그가 성혼의 고제요 사위였다는 점을 감안할 때, 대체로 성혼의 철학과 도학정신을 계승하였을 것이라고 생각된다.

그는 국내외의 상황을 대체로 명확히 간파하여 절실한 대응책을 제시하고자 하였다. 무엇보다 백성의 고통을 제거하고 시폐를 물리치는 위민사상적 개혁주의에 입각하여 구체적인 경장론을 주장했다. 또한 왕과 지도층의 책임의식을 고취하고 부패와 무능을 혁파하고 근검 절용에 앞장서서 국가를 회생하는 길로 이끌기를 바라마지 않았으며, 국가의 위기에 당해서는 백성을 우선하고 죽음으로서 나라를 지키는 데에 앞장서기를 촉구했다.

이러한 윤황의 경장론과 척화론은 '선양민先養民 후양병後養兵', '선전수先戰守 후화의後和議'로 요약할 수 있으며, 당대의 대표적인 척화파 사림의 애국애민의 방도를 깊이 이해할 수 있는 전반적인 규모를 보여 주고 있다고 생각된다. 이를 통해 척화파의 대응 논리를 살펴보면, 관념적인 이념 제시에 그친 척화가 아니라, 지도층의 경장을 통한 양민 정책을 바탕으로 무도한 힘에 항거한다는 조선 도학파의 일관된 인도주의정신과 경세사상을 펼친 것이었다고 이해할 수 있다.

명재 윤증의 학문연원과 가학

미촌 윤선거의 생애와 사상

황 의 동

1. 생애와 인품

윤선거尹宣擧(1610~1669)는 17세기 조선조의 유학자로서, 이른바 '호서오현湖西五賢'의 한 사람이다. 그는 윤황의 아들이자 우계 성혼의 외손자며 명재 윤증의 부친이다. 1610년 5월 28일 전라도 영광에서 태어났는데, 당시 부친 윤황은 영광군수로 있었다.[1] 윤선거의 자는 길보吉甫고 호는 미촌美村·노서魯西·산천재山泉齋 등이었는데, 호의 유래는 다음과 같다. 그는 금산에 살 때 그 집의 이름을 '복례復禮'로 지으려고 했으나 미촌美村에 살 곳을 정한 후에는 '일묵一黙'으로 집의 이름을 삼고 또 '삼회三悔'로 집의 이름을 삼았으니, 이는 그에게 평생 후회할 것

---

1) 『魯西遺稿』附錄, 「年譜」.

이 많았다는 뜻이다. 뒤에 가서는 또 재齋의 현판을 '회와悔窩'라 하고 또 '후천後天'으로 이름하였으니, 바야흐로 삼색三索의 상을 사랑한 것이다. '노서魯西'라는 호는 중형 동토童土 윤순거尹舜擧가 지어 준 것이며, '후당後塘'·'미촌美村'은 그 살던 곳의 이름을 따서 학자들이 불러 준 것이다.[2]

윤선거는 1626년 16살 때 생원 이장백李長白의 딸 공주이씨와 결혼하였는데, 부인 공주이씨는 후일 병자호란 때 스스로 목숨을 끊어 절의를 지켰으며 이 절의가 인정되어 1681년 명정을 받아 정려旌閭가 세워졌다. 1633년 생원·진사시에 합격하여 약관의 나이에 이미 문행文行으로 이름이 높았다. 1634년 태학에 있으면서 원종의 태묘합사太廟合祀 문제를 가지고 상소를 올렸고,[3] 1636년 봄 후금이 황제라고 자칭하고 사신을 보내어 청나라를 섬길 것을 요구하자 유생들과 함께 상소를 올려서 사신들을 죽이고 문서를 불태워버릴 것을 요청하였다.[4] 그 해 12월 청의 대군이 침입하자 강화도로 피난하였다.

1637년 강화도마저 적에게 함락되자 친우들과 함께 의병을 일으키고자 하였는데, 성이 함락되던 날 친우들은 모두 죽고 중부인 윤전尹烇도 자결하고 말았다. 윤선거는 아내 이씨가 눈앞에서 죽는 고통을 참

---

2) 『魯西遺稿』附錄,「遺事」, "居錦峽時, 欲以復禮名其堂, 卜居美村之後, 以一黙名室 三悔名窩, 盖言平生可悔者多也. 後又扁其齋曰悔窩, 又欲以後天名齋, 以方玩三索之象也. 曰魯西者, 仲氏童土公之所命也, 曰後塘曰美村者, 因所居而學者之所稱也."
3) 『魯西遺稿』附錄,「年譜」, 甲戌條.
4) 『魯西遺稿』附錄,「年譜」, 甲戌條, "丙子春, 上太學疏, 請斬虜使(時虜使龍馬二酋 來致蒙古書, 諭以僭號之意, 要與我共尊虜爲帝. 先生率諸生抗疏請斬使焚書, 振旅問罪, 以伸大義. 疏見遺稿)."

고 자식을 길가에 버려두면서까지 병든 부친을 만나기 위해 홀로 사신을 따라 남한산성으로 떠났다. 그러나 성안으로 들어가지 못하고 돌아가려 해도 도랑을 건널 수 없어, 이리저리 전전하다가 간신히 탈출하여 목숨을 부지할 수 있었다.[5] 이에 대해 박태보朴泰輔는 다음과 같이 그 전말을 자세히 설명하고 있다.

> 윤선거는 강도피난 때 친구 권순장權順長, 김익겸金益謙 등과 의병을 조직하여 적병들과 싸우자고 맹세한 뒤에 성벽을 나누어 지켰다. 그러나 적병이 강을 건너 강화성을 위협하는 지경에 이르자 분사分司의 재상들이 속수무책으로 적진에 나아가 화친을 맺었고, 적의 군사들이 성에 입성하게 되었다. 이때 아무런 싸움이 없었기 때문에 화살을 쏘지도 못했다. 당시 성중에 남아 있던 봉림대군은 심원군深原君 이세완李世完에게 남한산성으로 떠나는 사행을 주관하도록 명령하였는데, 이세완은 이웃해 살고 있던 윤선거에게 함께 떠나자고 청하였다. 이에 윤선거는 중부 윤전에게 "강화도가 이미 함락되었고 남한산성 또한 위태로우니, 어디서 죽든지 죽는 것은 마찬가지다. 차라리 남한산성에 가서 병중인 아버지를 만나보고 죽겠다"라고 말한 뒤, 미복으로 갈아입고 사신 심원군의 종자가 되어 강을 건넜으나 남한산성에 들어가지도 못하게 되었다.[6]

이 강도사건은 윤선거의 일생을 통해 씻을 수 없는 부끄러움이었다. 그 자신이 말하듯이 기왕 죽을 바에야 남한산성에 가서 병환중의 부친을 만나보고자 했다지만, 유교적 관점에서 볼 때 윤선거의 탈출은 비난의 대상이 되기에 족했다. 그러므로 그는 자신의 입장을 이렇게

---

5) 『明齋年譜』, 「後錄」, 권1.
6) 박태보가 지어 나량좌가 올린 숙종 13년의 상소문(이은순, 「명재 윤증의 생애와 회니시비의 명분론」, 『무실과 실심의 유학자 명재 윤증』, 청계, 70쪽).

밝히고 있다.

> 신은 밖으로는 붕우들에게 부끄럽고 안으로는 처자에게 부끄럽습니다. 중
> 부를 좇지 못하고 노비가 되어 구차히 죽음을 면하였으니, 난에 임하여 성
> 性을 잃고 의義에 처하여 형상이 없습니다. 지금 돌이켜 생각하니 죽음을 얻
> 지 못한 것이 한스러울 뿐입니다. 몸과 이름을 무너뜨리고 더럽혔으니, 정
> 리情理가 슬프게 새겨져 하늘을 우러러보아도 땅을 굽어보아도 얼굴을 드
> 러낼 수 없어 한평생을 고향에 숨어살기로 기약하였습니다.[7]

이와 같이 강도사건은 윤선거의 평생에 걸친 멍에가 되어 그는 평
생 벼슬길에 나아가지 않았다. 그는 형조좌랑, 지평, 장령, 집의 등 많
은 벼슬을 받았지만 상소문 도처에서 '죽을죄를 지은 신 윤선거'(死罪臣尹
宣擧)라는 표현으로 자신의 처지를 밝히면서 한 번도 나아가지 않았다.

그의 부친 윤황은 청과의 화친을 반대하는 척화상소를 올린 죄로
영동으로 유배되었다가 1638년에 석방되었는데, 이때 윤선거는 부친
을 모시고 금산 남촌으로 거처를 옮긴 후 과거에 뜻을 버리고 평생
학문 연구의 길을 걸었다. 1639년 8월 부친 윤황의 상을 당해 예를 다
해 선영에 모셨다.

1642년 시남市南 유계兪棨와 함께 마하산 아래에 서실을 짓고 이름
을 '산천山泉'이라 하였다. 그는 유계와 함께 『가례원류家禮源流』를 편차
編次하였는데, 『가례』를 읽고는 고경古經이 아니면 그 근원을 다 고찰하
지 못하고 중설衆說이 아니면 그 갈래를 모두 알 수 없다고 생각하였다.

---

7) 『魯西遺稿』, 권3, 「辭啓議疏」, "臣外負朋友, 內愧處子. 不從於仲父, 而爲奴以苟免
焉, 臨亂失性, 處義無狀. 追思至今, 恨死不得. 身名敗壞, 情理痛刻, 俯仰天地, 無
面可顯, 廢伏田里, 沒齒爲期."

그리하여 반드시『가례』를 근본으로 삼아 위로는 경전에 소급하고 아래로는 후래의 제설과 우리나라 유학자들이 논한 바를 첨가한 후에, 고금의 같음과 다름을 찾고 예의 본말을 연구하여 행한 바에 의심이 없도록 하고자 하였다. 이에 그는 유계와 함께 예서를 두루 읽고 편차를 손수 정하였는데,[8] 후일 이『가례원류』가 누구의 저술이냐를 놓고 논쟁이 벌어져 노소분당이 더욱 격화되는 계기가 되기도 하였다.

1644년 여름 윤선거는 유계, 송시열, 이유태 등 호서 유림들과 더불어 서대산 신안사에 모여 고례古禮를 강행講行하였다. 1646년 6월에는 신독재愼獨齋 김집金集을 방문하였으며, 송시열, 이유태, 종형 윤원거 등과 함께 돈암서원에서 회동하였다. 이때 김집은 나이가 70세나 되었는데도 용공用功이 게으르지 않았는데, 윤선거는 금협錦峽에 있을 때부터 이미 자주 왕래하여 가르침을 받으며 김집을 스승의 예로써 섬겼다.『소학』으로써 자신을 규율하고『가례』로써 종사하며 규구規矩를 엄격히 지키면서 겸손하고 부지런하고 삼가서 터럭만큼도 부허浮虛의 뜻이 없는 김집의 실덕實德을 배웠던 것이다. 그래서 김집은 다른 사람들에게 말하기를 "윤모는 행실이 독실하고 생각이 정밀하여 다른 사람이 미치지 못하는 바가 있다"라고 하였다.[9]

---

8) 『魯西遺稿』附錄,「年譜」, "壬午, 與市南公棨, 築書室於麻霞山下, 名之曰山泉(兪公在丁丑, 以斥和, 與八松公同被謫, 至是以先生兄弟之卜築於山中也). 與市南編次家禮源流(先生讀家禮, 以爲非古經無以考其源, 非衆說無以盡其流, 必也以家禮爲本, 而上溯於經傳, 下附以後來諸說及東方儒先所論然後, 可以玫古今之同異, 究禮意之本末, 而不疑於所行也. 於是與市南遍讀禮書, 而手書編次焉)."

9) 『魯西遺稿』附錄,「年譜」, "丙戌六月, 候愼獨齋金先生, 會宋李諸公及從兄龍西公, 於遯巖書院(金先生年踰七十, 用功不懈. 先生在錦峽時, 往來參候, 事以師禮, 自此以後, 從游益親, 講貫益切. 先生嘗以爲愼齋以小學律身, 以家禮從事, 守定規矩, 謙恭勤謹, 無一毫浮虛務外之意, 此其實德也. 先生之所得於愼齋者盖如此, 而愼

1647년 11월 김집과 더불어 우계 성혼의 비문 가운데 고쳐야 할 곳에 대해 이야기하고, 그 이듬해에 석실石室로 청음淸陰 김상헌金尙憲을 방문하여 비문의 일부를 고쳐 지어줄 것을 청하였으며 아울러「우계선생연보」를 편차하였다.「우계선생연보」는 본래 창랑滄浪 성문준成文濬이 초본草本을 지은 것으로 소략하고 미비한 바가 있었는데, 이에 서적을 고찰하고 기존의 글을 첨삭하는 한편 지誌, 비碑, 행장行狀, 제문祭文, 축문祝文 등을 부록으로 삼아 연보를 편차했던 것이다.10) 또한『계갑록癸甲錄』을 편차하기도 하였는데, 이는 우산牛山 안방준安邦俊이 엮은 계미, 갑신 이래의 당화黨禍 사실을 다시 편차한 것이다. 1649년 3월 김집에게 성혼의 묘표를 지어 달라고 청하였다.

1652년 가을 김상헌의 죽음을 맞아 곡하였으며, 돈암서원에서 송시열, 이유태 등과 만나 사흘을 함께 지냈다. 또 구포로 포저浦渚 조익趙翼을 방문하기도 하였다. 1643년 종형 윤원거와 함께 유계를 방문하고, 보광사에서『주역』을 강의하고 열흘만에 돌아왔다. 5월 그믐 노서당에서 향약을 강하였고, 7월에는 윤원거와 함께 돈암서원에 모여「태극도太極圖」를 강하였다. 윤7월에는 유계 등 여러 호서유림이 황산서원黃山書院에 모였는데, 여기에서 송시열은 윤휴를 이단으로 몰았고 이에 대한 토론이 있었다. 1653년 형조좌랑에 제수되었으나 나아가지 않았고, 9월에는 계룡산 복림동을 유람하였는데, 공암서원을 지나며 고

齋亦語人曰, 尹某之篤行精思, 諸人所不及也云)."
10)『魯西遺稿』附錄,「年譜」, "丁亥十一月, 講牛溪先生碑文改處于愼獨齋. 戊子春, 謁淸陰金公于石室, 請改坡山碑文一節, 編次牛溪先生年譜(牛溪先生年譜, 舊有舅氏滄浪公所述草本, 而疎略未備. 先生考書籍, 添刪成書, 又取誌碑行狀祭祝等文, 爲附錄)."

청고靑孤 서기徐起의 묘소를 찾았다. 1655년 송시열, 이유태 등 제공과 돈암서원에 모여『의례문해疑禮問解』를 교정하였고, 조익의 상을 당해 곡하였다. 윤선거는 조익에 대해 그의 일생 용공用功은 근세의 유종儒宗이라 평하고, 만년에 한 번 물러나 옛 사람의 거취대절去就大節을 깊게 한 것은 효종 초 조익 한 사람뿐이라 하였다.11)

1662년 유계가 내방하여『근사록』을 강하였다. 이때는 석호石湖로부터 미촌美村으로 이사한 뒤였는데, 유계는 7일 동안 머물며『근사록』을 강하였고 윤선거는 시로써 그를 전송했다. 이해 10월 지평에 임명되었는데, 과천에 이르러서 상소를 올려 사퇴하고 돌아왔다. 1656년 5월 사헌부장령에 임명되었으나 다시 사퇴하였고, 윤5월에는 김집의 상을 당해 곡을 하여 애도하였다. 1658년 7월 칠산으로 유계를 방문하여 그와 더불어 10일 동안『가례원류』를 편차하고 돌아왔다. 1659년 8월 파산서원에 우거寓居해서, 우계 성혼의「서실의書室儀」를 벽에 게시하여 학생들로 하여금 준행遵行토록 했다. 또 일찍이 성혼은 주자서와『주자어류朱子語類』에서 수십 단의 글을 베끼고 그 제목을 '위학지방爲學之方'이라 하여 학생들에게 보여 주었는데, 윤선거는 항상 이 글이 학생들이 요결로 삼아 먼저 읽어야 할 것이라고 강조하면서, 비록 그 베낀 바가 많지 않지만, 옛사람의 학문하는 본말을 모두 다 갖추었고, 경敬을 지니는 방법의 표리가 친절하여, 성혼이 노력을 기울인 바를 거의 다 볼 수 있다고 말했다.12) 1665년 4월 중봉重峰 조헌趙憲의 유고를

---

11)『魯西遺稿』附錄,「年譜」, "乙未三月, 會宋李諸公于遯巖, 校疑禮問解, 哭浦渚趙公(先生以浦渚一生用功, 近世儒宗也. 又晚年一退, 深公古人去就大節, 孝宗初一人而已)."
12)『魯西遺稿』附錄,「年譜」, "己亥八月, 寓于坡山書院(先生書牛溪先生書室儀, 揭

교정하였다.

1669년 4월 18일 60세를 일기로 죽리竹里에서 생애를 마쳤다. 7월에 통정대부 이조참의에 추증되었고, 8월 24일에 장례를 치렀다. 1675년 노강서원魯岡書院의 사우祠字가 완성되었고, 1682년 4월에 '노강魯岡'의 사액賜額을 받고 예관이 이르러 제사하였다. 또 1686년에 신곡서원新谷書院이 완성되었고, 1695년에는 '신곡新谷'의 사액을 받고 예관이 이르러 제사하였다. 1710년 정월 영의정에 추증되었고, 이듬해에 '문경文敬'의 시호가 주어졌다. '문경'의 '문文'은 도덕이 박문博聞하다는 뜻이고 '경敬'은 이른 아침부터 밤늦게까지 경계한다는 뜻이다.13) 저서에 『노서유고魯西遺稿』와 『계갑록癸甲錄』이 있다.

윤선거의 사람됨은 「유사遺事」에 잘 나타나 있는데, 이제 이를 통해 그의 인품을 가늠해 보기로 하자.

그는 평소 일찍 일어나 세수를 하고 머리를 빗고 의관을 정제하였다. 방과 뜰을 깨끗이 청소하고 책상 앞에 단정히 앉아서 종일토록 조심하여 일찍이 게으른 빛이 없었다. 책이나 일상도구들은 반드시 정돈하여 난잡함이 없었고, 거조擧措가 정한 바가 있어 조금도 흐트러지지 않았다. 경敬을 일상화해서, 거처함에는 항상 '근엄謹嚴' 두 글자를 아껴 말하였다. 피곤하면 혹 눈을 감고 단정히 앉고, 혹 가지런한 걸음

之壁上, 使諸生遵行焉. 牛溪嘗抄朱子書及語類數十段, 以示學者, 題其首曰爲學之方, 先生常, 以爲此是學者受用要訣, 不可不先讀也, 又以爲此書所抄雖不多, 而古人爲學本末罔不備具, 持敬之方表裏親切, 牛溪之所自用功者, 亦庶乎卽此而可見矣. 至是使諸生皆受讀焉)."

13) 『魯西遺稿』附錄, 「年譜」, "辛卯六月, 贈諡曰文敬(道德博聞曰文, 夙夜儆戒曰敬, 八松公諡曰文正)."

으로 천천히 걸었다. 암연히 항상 생각함이 있는 것 같았고, 놀라서 항상 경계함이 있는 것 같았다. 비록 앉았다 서는 순식간에도 조존操存과 성찰省察의 노력을 조금도 게을리 하지 않았다. 홀로 있을 때에 그 수렴收斂하고 근칙謹飭하는 것이 항상 손님이 문 앞에 와 있는 것 같았고, 밤에는 반드시 잠자리에 이르러서야 의관을 모두 벗었다. 매서운 추위에도 방한防寒 도구나 화롯불 등을 가까이 하지 않은 채 몸이 충일한 듯하여 항상 관대한 것 같았고, 무더위에도 버선을 벗지 않고 검속을 느슨히 하지 않은 채 땀 흘리는 일 없이 항상 서늘한 듯이 하였다. 스스로 돕고 일을 살핀 이래 한때도 법도를 잃은 적이 없었다.[14] 이와 같이 그는 일상생활에서 유교의 전통적인 법도에 충실함으로써 소학적 실천에 모범이 되었다.

또한 그는 본래 기를 받음이 청명淸明하고 강대剛大하며 질을 받음이 중후重厚하여, 도량이 넓고 의지가 굳으며 의용儀容이 뛰어나게 커서 그 우뚝함이 산악과 같았다. 천성이 지극히 어질고 측은한 마음이 항상 많았다. 어버이를 섬김에 애경愛敬이 지극하였고 형을 섬김에 우애와 공경함이 극진하였으며, 자손을 어루만짐에 은자恩慈가 극진했고 내외 종족에게는 화목함이 지극하였으며, 스승이나 친우, 손님에 이르러서도 그 정성을 다하지 않음이 없었다. 상화祥和의 기운이 얼굴에 가

---

14) 『魯西遺稿』附錄, 「年譜」, "平居早起櫛盥, 衣冠必整肅, 枕席必? 室庭必淨掃, 對案危坐, 終日欽欽, 未嘗有惰慢之色. 書冊器用必整頓, 勿令胡亂, 化筋擧措有定所, 不少放散. 盖無所不用其敬, 居常愛說謹嚴二字, 倦則或瞑目端坐, 或整步徐行, 儼然常若有思也, 瞿然常若有警也. 雖坐立瞬息之頃, 其操存省察之功, 未嘗少怠也. 日間獨處之際, 其收斂謹飭, 常若賓友之在門, 至於暮夜必臨寢, 方解巾襪縛袴. 雖隆寒, 不喜櫬身狹少禦寒之具, 不喜擁爐火, 體若充然, 常若寬大. 雖溽暑, 不去縛襪, 不弛檢束, 未嘗流汗, 常若淸涼. 自拯省事以來, 未嘗見其一時自佚於繩墨之外也."

득한 가운데 스스로 근엄하게 다스리고 법도가 정숙하여 자연히 방자할 수 없었다. 그러므로 사람들이 가깝고 먼 관계를 떠나 두려워하면서도 친애하지 않음이 없었다. 평생 욕구욕망을 적게 해서 성색聲色이나 재화 같은 일체의 세속적 일에도 마음을 털끝만큼도 움직이지 않았으니, 천부적으로 받은 품성이 대개 이와 같았다.[15]

이처럼 그는 타고난 성품이 훌륭하였을 뿐 아니라, 후천적인 노력을 통해 자신의 인격을 높은 수준으로 끌어올렸던 것이다. 그래서 박세채는 윤선거의 「행장」에서 "선생은 나면서 뛰어난 자질을 받았고 중간에 독실한 노력을 보태었으니, 말을 세워 가르침이 족히 세교世教를 부식扶植하였고 가정에서의 은의恩義가 족히 인륜의 모범이 되었다. 리를 구하고 가까이 당김이 이미 동배同輩 중에 드물었으니, 그 연원이 참되고 절의가 정대正大한 것은 다른 유학자들이 미칠 수 있는 바가 아니다"라고 평가하였다.

그러나 그가 병자호란 때 강화도에서 부득이하게 목숨을 부지했던 사건은 두고두고 그를 괴롭혔다. 이것은 평생의 한이 되고 무거운 짐이 되어, 그는 참회의 뜻에서 벼슬을 단념한 채 평생 동안 오로지 학문 연구에만 몰두하였다. 그래서 집의 이름을 '삼회三悔'라 하고 재齋의 현판을 '회와悔窩'라 하는가 하면, 권시에게 보낸 글에서도 "금일 우리 무리가 함께 서로 힘써야 할 것은 오직 '회悔' 한 글자에 있다"[16]라

---

15) 『魯西遺稿』 附錄, 「年譜」, "先生受氣淸明而剛大, 稟質厚重而弘毅, 儀容俊偉, 宇量崇深, 望之巍然如山岳. 天性至仁, 惻隱之心常多, 事親極其愛敬, 事兄極其友悌, 撫子孫極其恩慈, 內外宗族極其睦婣, 至於師友賓朋無不盡誠, 隣里鄕黨無不泛愛. 祥和之氣, 達於面背, 而自治謹嚴, 規矩肅整, 自然有不可慢者, 是以人無親疎遠近, 無不畏而親之. 平生寡嗜欲, 於聲色貨利一切世味, 無有毫髮經心者. 其得之於天賦者, 盖如此."

고 하였다. 그의 삶에서 후회, 참회의 심정과 함께 내면적 공구수성恐
懼修省의 자기와의 싸움이 얼마나 철저했는가를 짐작할 수 있다.

2. 학문적 연원

윤선거의 학문적 뿌리는 어디에 있는가? 이제 그 학문적 연원에
대해 검토해 보기로 하자. 그의 학문적 연원은 크게 보아 두 가지로
생각해 볼 수 있다. 하나는 가학적 연원이고 또 하나는 사승관계이다.

윤선거는 부친이 팔송 윤황이고 우계 성혼은 그의 외조부가 된다.
따라서 윤선거의 학맥은 부친을 통해 성혼에 닿아 있다. 창녕성씨의 가
학과 파평윤씨의 가학이 함께 수용되는 위치에 있는 것이다. 성혼의
학문은 부친 청송 성수침을 통해 멀리 여말의 정몽주로부터 길재 – 김
숙자 – 김종직 – 김굉필 – 조광조로 이어지는 절의파 내지 도학파의 정
통에 연결되어 있다. 따라서 그의 학문은 성삼문의 죽음 이후 자연스
레 형성된 "은거자수隱居自守, 성인자기聖人自期"의 학풍을 계승하였는데,
이러한 학풍은 강도江都사건과 맞물려 윤선거에게서 더욱 심화되었던
것으로 짐작된다.

또 하나의 연원은, 윤선거는 신독재 김집의 문인으로서 자연히 이
이 – 김장생 – 김집의 율곡학파에 연결되어 있었다는 점이다. 그는 17
세기 조선조 예학의 대표적 인물이었던 김집의 총애를 받는 문인이었

---

16) 『魯西遺稿』, 권6, 「與權思誠」(辛丑正月), "大槪今日吾党之所共相勉者, 唯在於一
悔字."

고, 김장생・김집 문하의 송시열, 송준길, 이유태 등과 매우 친밀한 관계를 맺었다. 따라서 학문적으로 이이의 성리학과 김장생・김집의 예학에 많은 영향을 받았음은 물론이다.

결국 윤선거의 학풍에 우계학풍과 율곡학풍이 혼재해 있다고 볼수 있다. 그런데 성혼과 이이는 기호유학을 대표하는 학문적 동지요 정치적으로도 서인이라는 당파로 그 입장을 함께했다고 볼 수 있지만, 철학적으로 볼 때 두 사람의 학풍은 같은 듯하면서도 약간 다른 특성이 자리하고 있음을 간과할 수 없다. 그러면 윤선거는 성혼과 이이를 어떻게 보았으며, 그들로부터 어떠한 학문적 영향을 받았는지를 검토해 보자. 그는 성혼과 이이에 대해 다음과 같은 인물평을 하고 있다.

> 우・율 양선생은 기질이 다르기 때문에 이룬 덕 또한 달랐다. 생각건대 그 기상은 아마도 하남의 두 정선생과 같을 듯하다.…… 율곡은 먼저 상달처上達處로부터 들어갔기 때문에 학문이 의거할 것이 없었으나 우계는 하나하나 법도를 따라 학문에 자취가 있었으니, 바로 정자程子가 안자顔子와 맹자를 논한 것과 같았다.…… 율곡은 견해가 뛰어났으나 일을 하는 부분에 있어서는 반드시 우계를 추존追尊하여 말하기를, "우계가 아니면 나라를 다스릴 수 없다" 하였다. 그러므로 계미년에 특히 천거하여 경륜을 맡길 수 있다고 평했으니, 덕이 같아 서로 허락함이 이와 같았다.…… 율곡의 말은 고명高明하고 통투通透한 반면 우계의 말은 질박하고 정성스러우며 정밀하고 엄정하였으니, 그 글을 살펴보면 모두 나타난다.17)

---

17) 『牛溪先生年譜補遺』, "牛栗兩先生, 氣質不同, 故成德亦異. 想其氣象, 恐如河南兩程夫子. 又曰, 栗谷先從上達處入, 故學之無可依據, 牛溪一一循蹈規矩, 學之有迹, 正如程子之論顔孟也. 又曰, 栗谷見解超卓, 而至於做事處, 則必推牛溪, 以爲非牛溪 不可以爲國, 故癸未特薦以爲可任經綸. 其同之相許如此. 又曰, 栗谷之言, 高明通透, 牛溪之言, 質殼精嚴, 考其書, 皆可見也."

이와 같이 윤선거는 성혼과 이이의 인품과 기질의 다름을 비교하여 설명하였다. 이이는 정호와 같이 상달上達에 치중한 반면 성혼은 정이와 같이 하학이상달下學而上達의 방법을 취하였다는 것이다. 또한 이이는 이론에는 뛰어났지만 실무와 경륜에 있어서는 성혼을 추존하여 계미년에 그를 조정에 추천하였다고도 말하고 있다.

한편 윤선거는 배우는 사람들에게 이이의 『격몽요결』과 성혼이 베낀 「주문지결朱門旨訣」을 먼저 읽어야 할 필독서로 강조하였다. 『격몽요결』은 평이하고 근실近實하여 대강을 갖추지 않음이 없으며 「주문지결」은 지경궁리持敬窮理와 하학용공下學用功을 대요로 하는 학문의 지결旨訣이라고 보았기 때문이다.[18]

이렇게 볼 때, 윤선거는 성혼과 이이를 함께 존숭하였으며 그 학문적 연원도 두 사람에게 함께 닿아 있다고 할 수 있다. 다만 그에게는 이이보다는 외조부인 성혼에 대한 존숭과 그로부터의 영향이 더욱 컸다. 이는 그의 다음과 같은 말 속에 잘 나타나 있다.

우계선생은 학문과 문로門路의 바름과 평생 진퇴의 의리가 순수하게 한결같이 옛 성현으로 법을 삼았으니, 우리나라 선유 중에 우계와 같은 분이 계시지 않다. 이는 내가 좋아하여 아첨하는 말이 아니니, 후세에 주자와 같은 분이 있으면 반드시 단정하여 말씀하실 것이다.[19]

우계선생은 『위학지방爲學之方』을 베껴 기록하였으니, 기록한 내용은 비록

---

18) 『魯西遺稿』附錄, 「遺事」, "又以擊蒙要訣及牛溪所抄朱門旨訣, 敎來學者, 使之先讀此二册然後及他書. 曰, 擊蒙要訣, 則平易近實, 人人皆可知, 而大綱無不具, 朱門旨訣, 則大要是持敬窮理之方, 而下學用功之事, 卽日便可下愛, 直爲學之訣也."
19) 『魯西遺稿』附錄, 「遺事」, "牛溪先生, 學問門路之正, 平生進退之義, 粹然一以古聖賢自程. 吾東儒先中, 蓋未有如牛溪者也. 此非阿好之言, 後世有朱子, 必能定之矣."

많지 않으나 옛사람들이 학문한 본말이 모두 구비되지 있어 경敬을 지키는 방법이 표리가 친절하다. 이 책을 살펴봄으로써 또한 선생이 직접 공부하신 것을 거의 알 수 있다.[20]

윤선거 학문의 연원은 또한 김장생·김집 부자에게로도 연결되어 있다. 그는 김장생의 예학은 크게 갖추어져 있어서 후학에 크게 공이 있다고 평가하고 그 공이 후세에 전해질 수 있었던 것은 그 아들 김집의 공이라고 하면서, 이것을 계술繼述의 아름다움이라고 하였다.[21] 이처럼 그는 김장생·김집 부자의 예학적 공헌을 높이 평가하면서 김집을 통해 예학을 배웠다. 비록 성혼과 이이의 학맥을 잇고 있지만, 직접적으로 학문을 전해 받은 사람은 특히 김집이었다고 할 수 있는 것이다. 그래서 그는 김집이 중시했던『소학』,『가례』,『근사록』,『심경』으로 하나의 문호를 세울 수 있다고 하면서, 글을 널리 배울 수 없는 만학의 선비라면 다만 이 네 가지 책에 종사함이 옳다고 하였다.[22]

3. 예학과 무실학풍

윤선거의 문집에 나타난 학풍의 중요한 특성 중의 하나는 무엇보

---

20) 『魯西遺稿』附錄,「遺事」, "牛溪先生, 嘗抄爲學之方, 所抄雖不多, 而古人爲學本末, 罔不備具, 持敬之方, 表裏親切, 先生之所自用功者, 亦庶乎卽此而可見也."
21) 『魯西遺稿』附錄,「遺事」, "又曰, 沙溪禮學大備, 有功於後學大矣.……又曰, 沙溪之功, 可傳於後世者, 以愼獨齋之爲之子也. 所以繼述之爲美也."
22) 『魯西遺稿』附錄,「遺事」, "曰, 小學家禮近思錄心經, 只此四書可以立箇門庭, 晚學之士, 不能博學於文者, 只從事於此四書可也."

다도 탈성리학적 경향에 있다. 「연보」에 의하면 그는 유계 등과 함께 『가례』, 『근사록』, 「태극도」를 공부했다고 하지만, 그의 문집 전체를 통해서 볼 때 성리학에 관한 전문적인 글은 찾아볼 수 없다.

대체로 조선조 유학자들에게 있어 리기심성에 대한 관심과 저술은 그것이 많든 적든 하나의 상식처럼 되어 있다. 그 사람이 실학에 경도되어 있든, 양명학에 기울어 있든 성리학에 대한 단편적인 관심은 누구에게서나 볼 수 있다. 그런데 윤선거의 경우에는 문집 전반에 걸쳐 성리학적 흔적을 거의 찾아볼 수 없다. 이는 윤선거 이전의 시대 즉 16세기에 성리학의 이론적 작업이 활발히 이루어졌으므로 재론의 여지가 없다고 본 것일 수도 있고, 17세기의 시대적 변화 속에서 철학적 관심도 달라질 수밖에 없다는 인식을 한 것일 수도 있다. 특히 그의 문집을 통해서 볼 때 예학적 관심이 가장 많았다는 사실은 그가 김집의 문인임을 그대로 보여 주는 것으로, 그의 철학적 관심이 성리학에서 예학에로 전이되고 있음을 말해 주고 있다.

윤선거는 예학의 중요성에 대해 이렇게 강조하였다.

초학의 선비는 먼저 예를 배우지 아니할 수 없으니, 예를 배우지 않으면 진실로 이목에 보탤 바가 없고 수족을 둘 바 없다. 보고 듣고 말하고 움직이는 사이에서부터 사물에 응하고 접함에 이르기까지 예가 있지 않음이 없으니, 하나하나 예에 합하기를 구하면 인욕이 용납될 바가 없어서 천리가 유행하게 된다.[23]

---

23) 『魯西遺稿』附錄, 「遺事」, "又曰, 初學之士, 不可不先學禮, 不學禮, 則眞所謂耳目無所加, 手足無所措也. 又曰, 自視聽言動之間, 至於應事接物, 莫不有禮, 一一求合乎禮, 則人慾無所容, 而天理流行矣."

여기에서 그는 우리들의 행위가 하나하나 예에 합당하면 인욕을 막을 수 있고 천리를 보존할 수 있다고 하면서 예의 합리성을 강조하고 있다. 그리하여 그는 위에서 언급한 것처럼『가례』를 초학자의 필독서로 강조하였다.

『노서유고』에 있는 예학 관련 글들을 검토해 보면, 스승 김집과 주고받은 글이 15편으로 가장 많고 송시열이 6회, 송준길이 5회, 이유태가 3회, 기타 12회가 된다. 그 내용을 보면 상례에 관한 것이 34회로 가장 많고, 그 다음이 제례와 기타 의례이다. 이렇게 볼 때, 윤선거의 예학에서 가장 중시되었던 것은 변례變禮요 흉례凶禮인 상례였다고 할 수 있다. 김장생은『상례비요喪禮備要』,『가례집람家禮輯覽』,『의례문해疑禮問解』를 저술하였고 김집은 부친의 예학을 계승하여 이를 학문화하고 체계화하였는데,24) 이들의 예학에서도 가장 큰 비중을 차지했던 것은 역시 상례였다. 윤선거의 예학은 그러한 특징을 그대로 계승하고 있는 것이다.

윤선거 학문의 또 하나의 중요한 특성으로는 실학풍을 들 수 있다.「유사」에는 그의 학문에 대해 다음과 같이 적고 있다.

선생은 학문하는 방법에 대해 말하기를 "주자 이후로부터 거경궁리居敬窮理의 방법과 정존동찰靜存動察의 요령과 성학문호聖學門戶의 차례가 찬연한 해와 별과 같아서 밝지 않음이 없으니, 학자가 근심하는 바는 단지 실심實心이 서지 못함에 있고 궁행이 독실치 못함에 있을 뿐이다"라고 하였다. 안으로는 심술의 은미함과 밖으로는 언행의 드러남이, 은미하게는 보이지 않고

---

24) 배상현,「신독재선생의 예학사상」,『신독재사상연구』(사계신독재양선생기념사업회), 1993, 89쪽.

들리지 않는 가운데에서 또 드러나게는 사물에 접하는 즈음에, 가깝게는 인륜일용의 평상과 멀리는 출처진퇴의 변화가, 작게는 물 뿌리고 청소하며 응대하는 절차와 크게는 도덕성명이 온축되는 것이, 한결같이 성현의 유훈을 기준으로 삼지 않음이 없었으며, 강구체찰해서 실천하였다.…… 얻지 못하면 분발해서 잠자는 것도 잊었고, 이미 얻으면 복응服膺해서 잃지 않았다. 그러므로 행동거지의 법칙이 질서정연하여 저절로 이루어진 법도가 있고 성명박약性命搏約의 노력이 독실하여 조금도 빈틈이 없었으니, 말과 행동이 서로를 보완하여 어긋나지 않았고 겉과 속이 일치하여 서로를 길러 주었다. 대개 그 뜻을 학문에 둔 이래로 평생 동안 한때도 그침이 없었다.[25]

이와 같이 그는 학자가 근심해야 할 바는 실심을 세우고 궁행을 독실하게 하는 데 있다 하여, 실심궁행을 학문의 요체로 삼았다.

또한 그는 조정의 위에서 허명虛名을 너무 숭상하여 실심實心이 서지 못함을 근심하였다.[26] 「사진선소辭進善疏」에서 "허명으로 선비를 구함을 그치지 아니한다면 비록 두터운 예를 갖추어 어진 사람을 부르는 영을 날마다 초야에 내린다 한들 한갓 조가朝家의 글을 갖춘 하나의 정사에 족할 뿐이니, 국사에 무슨 보탬이 있겠습니까?"[27]라고 상주한 것 역시 형식과 허명에 치우치는 폐단을 비판하면서 실심에 의한 실공實

---

25) 『魯西遺稿』附錄,「遺事」, "其爲學, 嘗曰, 自朱子以後, 居敬窮理之方, 靜存動察之要, 聖學門戶工程次序, 粲如日星, 無有不明, 學者所患, 只在實心之不立, 躬行之不篤耳. 內而心術之微, 外而言行之著, 隱而不覩不聞之中, 顯而應事接物之際, 近而人倫日用之常, 遠而出處進退之變, 小而灑掃應對之節, 大而道德性命之蘊, 莫不一以聖賢遺訓爲準, 講究體察而服行之.……未得則憤悱而忘寢, 旣得則服膺而不失. 是故威儀動止之則, 秩秩然自有成法, 誠明搏約之功, 慥慥焉無少間斷, 言行相顧而不違, 表裏一致而交養. 盖其心自志學至終身, 未有一時之或息也."
26) 『魯西遺稿』附錄,「遺事」, "然先生則猶以朝廷之上, 虛名太崇而實心未立爲憂."
27) 『魯西遺稿』, 권3,「辭進善疏(三疏)」, "苟以虛名求士不已, 則雖使弓旌之招日降於草野, 適足爲朝家備文之一政而已, 其於國事, 有何少補哉."

功, 실사實事로 돌아가야 함을 강조한 것이다.

그는 천재지변에 대한 대응에 있어서도 마찬가지로 형식적인 노력이 아니라 진실한 대응이 필요함을 역설하였다.

가만히 생각하건대, 근래 천재시변天災時變이 전보다 열 배나 되지만 크고 작은 근심과 두려움의 화기禍機가 어느 곳에 잠복해 있는지 알지 못하고 있습니다. 그런즉 마땅히 군신상하가 진심으로 일을 하고 거조擧措에 마땅함을 얻은 후에야 비로소, 위로는 황천皇天의 노여움에 답할 수 있고 아래로는 백성의 바람을 위로할 수 있을 것입니다. 나무에 연해서 고기를 얻기를 구하고 허명虛名으로써 실화實禍를 구제한다는 것은 신이 전에 들은 바가 아닙니다.28)

이와 같이 그는 천재에 대한 대응에 있어서도 진심, 실심에 의한 실질적인 노력과 대응을 요청했던 것이다.

이러한 그의 실학적 태도는 도처에서 엿보인다. 그는 제자들을 가르칠 때에도 사도師道를 자처하지 않고 늘 자기를 겸손하게 하여 남에게 힘썼으며, 오직 하학공부下學工夫에 착수하는 것을 중시하여 '체인體認'과 '물방과勿放過'(허물을 함부로 짓지 않음)와 '면강勉强'(힘써 노력함)을 가르쳤다. 그리고 이러한 입장에서 "정이천의 문하 가운데 이미 벼슬한 자들은 작록을 잊었고 아직 벼슬하지 못한 자들은 기한飢寒을 잊었으니, 실심이 아니면 어찌 이와 같이 될 것이며, 실덕實德이 아니면 어찌 다른 사람으로 하여금 이와 같이 되도록 하겠는가? 옛사람은 먼저 행한

---

28) 『魯西遺稿』, 권3, 「辭進善疏(三疏)」, "竊念近來, 天災時變, 十倍於前, 大小憂懼, 莫知禍機伏於何處. 則正當君臣上下, 赤心做事, 擧措得宜, 然後方可以上答皇天之怒, 下慰百姓之望矣. 以緣木而求得魚, 以虛名而救實禍, 非臣之所前聞也."

후에 말하였으니, 언어는 진실로 말단의 일이다"[29]라고 말하였던 것이다.

이처럼 그는 형이상의 사변적 탐구로부터 벗어나 형이하의 일용적 실천에 힘쓸 것을 가르쳤고, 말보다는 행동, 허명이 아닌 실심·실덕을 강조하였다. 이러한 태도는 다음의 명실론名實論에서 구체적으로 드러난다.

신은 아래로 굴러 떨어지는 한이 있더라도 감히 명실名實의 변으로써 한두 마디 아뢰지 않을 수 없습니다. 신이 듣건대, 옛날의 선비 된 자는 땅의 구분에 높고 낮음의 다름이 있듯이 그 처지에 크고 작은 분별이 있습니다. 대저 공문제자孔門諸子의 현명함은 지혜가 두루 미치지 않음이 없고 행실이 갖추지 않음이 없으며 그 출처의 마땅함이 같지 않은 바가 없었으나, 계로季路의 치부治賦와 칠조桼雕의 미신未信과 유약有若의 응모應募와 원사原思의 수빈守賓 같은 것은 각기 그 헤아림에 따라 절도를 지켜서 마침내 서로 통하지 못하는 바가 있습니다. 어찌 일찍이 명실名實을 살피지 않고 능부能否를 가리지 않은 채 혼연히 하나로 뒤섞음이 있었을 것이며, 그것이 진실로 당세의 쓰임을 좇는 것이겠습니까? 그런즉 힘이 작은 자는 무거운 일을 맡기에 부족하고 재주가 보잘것없는 자는 정교한 데 쓰기에 부족하니, 한갓 아래로써 위에 응하는 것만 그런 것이 아니라 위에서 아래를 구하는 것 또한 그렇지 아니함이 없습니다. 그러므로 자신의 능력을 헤아려 벼슬을 받는 것은 명命을 다하는 신하요, 그 덕을 논해서 벼슬을 주는 자는 공을 이룬 임금입니다. 옛날의 훌륭한 임금을 보건대, 먼저 예로써 널리 인재를 초빙하는 데 있어서 그 임용하는 바는 또한 반드시 실행, 실공이 있는 자를 구하여 나아가게 하였습니다.[30]

---

29) 『魯西遺稿』 附錄, 「遺事」, "又曰, 伊川之門, 已仕者忘爵祿, 未仕者忘飢寒. 非實心, 惡能如此, 非實德, 惡能使人如此. 又曰, 古人先行而後言, 言語眞箇末事."
30) 『魯西遺稿』, 권3, 「辭進善疏(三疏)」, "臣誠隕越于下, 不敢不以名實之辯, 一二陳

여기에서 윤선거는 인사의 원칙을 능력과 덕으로 삼고, 옛날의 훌륭한 임금들이 인재를 발탁할 때에는 실행과 실공을 중시하였음을 말하고 있다. 그의 이러한 실학풍은 '천리돈확踐履敦確'[31]과 '조리독실操履篤實'[32] 및 실심實心·진심眞心을 몸소 실천하고 강조했던 외조부 성혼의 학풍[33]을 계승한 것이다. 그래서 박세채는 송시열에게 보낸 글에서 "지금 노장(윤선거)의 학문을 하나로 논하기는 어렵지만, 요컨대 그 대체는 우계의 가르침을 이었다"[34]라고 하였다. 아울러 윤선거의 아들 명재 윤증은 박세채에게 답한 글에서, 부친의 학풍을 안을 중시하는 학문이요 실을 중시하는 학문이라고 규정한 바 있는데, 이 '내內'와 '실實'이라는 특징 또한 윤선거 학문의 그러한 성격을 잘 드러내고 있다.[35]

그러나 이러한 윤선거의 실학풍이 과연 우계학풍의 고유한 것이냐 하는 문제와 전적으로 우계학풍에 연원하는 것이냐 하는 문제는 논란의 여지가 있다. 왜냐하면 율곡학풍에서도 역시 실학풍이 중요한 특

之. 臣聞古之爲士者, 地分有高下之殊, 故自處有大小之別. 夫以孔門諸子之賢, 智無不周, 行無不備, 其於出處宜無所不同, 而乃有如季路之治賦, 柒雕之未信, 有若之應募, 原思之守貧, 莫不各隨其量, 各守其節, 而終不能相通焉. 何嘗有不揆名實, 不擇能否, 混然同科, 苟循當世之用者哉. 然則力小者不足以任重, 才拙者不足以用巧, 非徒下之應乎上者爲然, 至於上之求乎下者, 亦莫不然. 故曰量能而受爵者, 畢命之臣也, 論德而授官者, 成功之君也. 歷觀前古有爲之主, 必以旁招之禮, 爲得人之先務, 而其所任用, 亦必求其有實行實功者而進之."

31) 유명종, 「절충파의 비조 우계의 이기철학과 그 전개」, 『성우계사상연구논총』(우계문화재단, 1988), 336쪽.

32) 『牛溪集』附錄, 「行狀」, "栗谷譽稱曰, 若論見解所到, 吾差有一日之長, 操履篤實, 吾所不及云."

33) 황의동, 「우계의 도학사상」, 『우계학보』 16호(우계문화재단, 1995), 22~25쪽.

34) 『南溪集』, 권26, 「答宋尤齋」(10月27日), "今魯丈之學, 雖難一論, 要其大體, 自是述牛溪之訓."

35) 『明齋遺稿』別集, 권3, 「答朴和叔」, "先人之學, 內也實也, 尤翁之學, 外也名也."

징이 되고 있으며, 윤선거의 학맥은 이이 – 김장생 – 김집의 학맥에 중
첩되어 있기도 하기 때문이다.

4. 경세사상

유학이 본래 인간과 사회에 대해 무한한 우환의식을 갖듯이, 윤선
거 또한 나라에 대한 근심걱정에 한시도 편할 때가 없었다. 「유사」에
따르면 그는 무도한 사람들이 높은 자리에 올라서 나라의 형세가 떨
치지 못하고, 세상의 도가 날로 떨어지는 현실을 개탄하며 자주 그 대
책을 논했다고 한다.

> 선생은 일찍이 "나라의 임금 된 자는 뜻(志)이 있은 후에야 정치를 바르게
> 할 수 있으니, 정치를 하는 데 있어서는 먼저 강령이 세워진 후에야 절목에
> 미칠 수 있다. 먼저 행한 후에 말하고 인욕을 막아 천리를 보존해야 하는
> 것은 학자들의 공부와 다름이 없다"라고 하였다. 또한 "근본이 있은 후에
> 말단이 있는 것이니, 백성을 보호한 후에 군사의 일을 해야 한다"라고 하면
> 서, 시골 백성들이 못살고 도망해 흩어지는 현실에 대해 "저 도망간 자들이
> 어느 곳에 의탁해 살겠느냐" 하고 한탄하였다. 또 말하기를 "사사로운 뜻을
> 버린 후에 기강이 설 수 있고 문식文飾을 버린 후에 실공實功을 지을 수 있
> 으며, 사치를 금한 후에 민생을 소생시킬 수 있고, 국전國典을 밝게 한 후에
> 폐습을 바꿀 수 있으니, 그 요체는 모두 한 사람에 있다"라고 하였다.[36]

---

36) 『魯西遺稿』 附錄, 「遺事」, "嘗以爲人君有志而後, 可以有爲, 爲政, 先其綱領而後,
可及其節目. 先行而後言, 遏慾而存理, 與學者工夫無異也. 又曰, 有本而後有末, 保
民而後, 可以治兵, 里中連有民戶之流亡者. 每語及咄咄曰, 彼去者竟何處寄生耶.
又曰, 去私意而後, 可以立紀綱, 除文具而後, 可以做實功, 禁奢侈而後, 可以蘇民

여기에서 윤선거는 정치에 있어서 무엇보다 중요한 것은 치자의 입지立志라고 보았다. 임금 자신의 의지가 있느냐 없느냐, 의지적 정향이 무엇이냐가 정치의 관건이라고 본 것이다. 그리고 먼저 정치의 강령이 세워진 후에 절목이 수립되어야 한다고 하였는데, 강령이 정치철학 내지 원칙의 확립이고 절목이 구체적인 정책대안이라고 한다면 이 강령과 절목이 잘 조화되어야 정치의 실효를 거둘 수 있기 때문이다. 그는 또 본말론에 입각해서 보민保民한 이후에 치병治兵할 수 있다고 말함으로써 민생의 안정시켜 경제적 기초를 마련하는 것이 국가안보의 기반임을 분명히 하는 한편으로, 임금의 사사로운 뜻을 버린 후에야 기강을 세울 수 있다 하여 치자의 공평정대한 심법이 기강 확립의 필수조건임을 강조하였다. 아울러 허례허식을 버린 후에 실공의 공효가 있게 되고 사치의 폐습을 고친 후에 민생이 회복될 수 있으며 국가의 법을 밝게 한 후에 잘못된 폐습을 고칠 수 있다고 진단하였다. 결국 정치의 면에 있어서도 무실이 적용되어야 함을 강조한 것이다.

또한 윤선거는 사정邪正을 변별함으로써 국가의 기강을 확립하고 수양의 공을 이루어야 한다는 점을 역설하기도 했다. 이에 대해 그는 다음과 같은 견해를 밝히고 있다.

대개 생각건대 음양陰陽・사정邪正・부억扶抑・소식消息의 도는 선후나 완급을 용납하지 않는다. 내가 보건대, 사정邪正을 변별하는 것은 절박하고 급한 일이지만 지극히 어렵다. 세도世道의 오르내림은 실로 인심의 사정邪正에 관계되는데, 그 사邪와 정正의 뒤섞임은 진실로 고치기 어려운 병통이기 때

生, 明國典而後, 可以革弊習, 大要皆在一人."

문이다. 사정邪正을 변별함이 없으면 조정이 바르지 못하니, 조정이 바르지 못한데 수양修攘의 공을 이루어 내었다는 말을 나는 아직 듣지 못하였다.[37]

이와 같이 그는 사악함과 정도의 변별은 세도의 승강을 좌우하는 것이라고 하면서, 사정이 제대로 변별되지 못하면 조정이 바르지 못하고 조정이 바르지 못하면 결국 국가의 기강은 물론 내수內修, 외양外攘의 양면이 모두 무너진다고 보았다. 사정의 변별이란 결국 가치관의 정립이며 정의의 확립이다. 정의가 바로 서지 못하면 명분도, 기강도, 법의 권위도 설 수 없다. 윤선거의 이 말 속에는 당시 정치적 파쟁이 심각하고 권간의 횡포가 극심한 상황에서 군자와 소인, 정의와 불의, 선과 악의 가치적 질서를 분명히 해야 한다는 신념이 깔려 있다.

한편 윤선거는 당시 경세의 한 대안으로 꾸준히 논의되어 왔던 대동법에 대해서도 나름대로의 견해를 밝히고 있는데, 끝으로 이에 대해 검토해 보기로 하자.

대동법이란 광해군 이후에 행해진, 지방특산물을 공물貢物로 바치던 것을 미곡으로 통일하여 바치게 한 납세제도를 말한다. 원래 지방특산물을 공물로 바치는 제도는 부담이 불공평하고 수송과 저장에 많은 문제를 안고 있는데다가 방납防納, 생산되지 않는 공물의 배정, 공안貢案의 증가 같은 관리들의 부패로 인해 농민들의 부담을 가중시키면서 오히려 국가의 재정수입은 줄어들게 했다. 이러한 문제를 해결하기 위

---

37) 『魯西遺稿』, 권5, 「與兪武仲」, "盖念陰陽邪正扶抑消息之道, 不容先後緩急, 而愚則以爲邪正之卞, 切近而甚難也. 何則, 世道升降, 實係人心之邪正, 而邪正之混淆, 誠爲腹心之疾也. 邪正無卞, 則朝廷不正, 朝廷不正而能成修攘之功者, 愚未之聞也."

해 조광조, 이이, 유성룡 등은 거듭 공물의 세목을 쌀로 통일하자는 주장을 제기하였고 특히 이이는 1569년『동호문답東湖問答』에서 대공수미법貢貢收米法을 건의하기도 했지만, 모두 실시되지 못했다. 그러다가 임진왜란과 병자호란으로 전국이 황폐화되고 국가재정이 위기를 맞게 되자, 1608년 영의정 이원익李元翼과 한백겸韓百謙의 건의에 따라 방납의 폐해가 가장 심한 경기도부터 대동법이 실시되었다. 1624년에는 조익趙翼의 건의로 강원도에도 실시되고, 이후 함경도와 평안도를 제외한 전국에서 시행되기에 이른 것이다.38)

이 대동법에 관한 윤선거의 견해를 보면, 이이의 봉사封事 가운데 있는 해주 일결일두一結一斗의 이론은 멀리 주희에게 그 연원이 있다고 하면서, 대동법이 당대에 이르러 갑자기 시행된 것은 아니라고 하였다. 그리고 대동법은 불편하다고 말할 수는 없으나, 10두의 세율은 지나치게 과중한 부담이라고 우려하였다. 따라서 만약 5두를 감해서 한결같이 '위를 덜어주는 것'을 위주로 하여 세금이 무거운 폐단을 시정해야 한다는 견해를 밝혔다.39) 그리고 그는 이유태의 '지출을 헤아려 수입을 삼아야 한다'는 이론은 대개 이이로부터 시작한 것인데, 그 본의에 근원 하면 실은 '수입을 헤아려 지출을 삼는다'는 뜻이라 하였다. 그리고 당시 대동법은 추포秋浦 황신黃愼의 이론이라 하고, 이이의 봉

---

38) 『동아원색세계대백과사전』 8(동아출판사), 479~480쪽.
39) 『魯西遺稿』, 권5, 「與宋明甫」(丁酉秋), "栗谷封事中海州一結一斗之論, 亦是朱子之餘義也, 則大同之法, 非始於今日也.……栗谷封事一結一斗之論, 此乃大同之法也.……妄意以爲大同之法, 則不可謂不便, 而十斗之捧, 未免爲太重. 若能減作五斗, 而一以損上爲主, 勿復有增重之弊, 則此實合於先生之本意, 而於左右封事初論, 不至於相悖也."

사에서는 일결에 일두인데, 황신의 계啓에서는 육두六斗요 지금은 십두
十斗에 이르러 부역이 날로 번거로우니 개탄할 일이라 하였다.[40] 이렇
게 볼 때, 윤선거는 기본적으로 대동법에 동의하지만, 세율이 지나치
게 높아 농민들의 과중한 부담에 대해 우려를 하였던 것이다.

이상에서 보았듯이 윤선거는 비록 재야에 묻혀 평생을 학문 연구
와 교육에 종사하였지만 민생을 걱정하고 국가경제를 근심하는 마음
을 한시도 잊지 않았다. 이는 유교 본연의, 인간과 사회에 대한 뜨거운
우환의식의 발로이자 외왕지도外王之道의 실천이라 하겠다.

---

40) 『魯西遺稿』, 권5, 「與兪武仲」, "草廬所謂量出爲入之論, 乃謂此啓也, 量出爲入之
說. 盖自石潭始, 而原其本意, 則實是量入爲出之意也. 今日大同之法, 乃秋浦之論
也, 而栗谷封事則一結一斗, 秋浦之啓則六斗, 今日則至於十斗, 賦役之日繁. 良可
慨也."

명재 윤증의 학문연원과 가학

석호 윤문거의 생애와 사상

- 폐복자수廢伏自守의 출처관을 중심으로 -

이 상 익

1. 머리말 : 윤문거의 생애

석호石湖 윤문거尹文擧는 1606년(선조 39, 丙午) 8월에 태어나, 1672년(현종 13, 壬子) 10월에 향년 67세로 일생을 마감한 인물이다. 그의 부친은 팔송八松 윤황尹煌이며, 그의 모친은 우계牛溪 성혼成渾의 딸이다. 동토童土 윤순거尹舜擧가 그의 형이고, 미촌美村 윤선거尹宣擧가 그의 아우다. 그의 집안은 대대로 국록國祿을 받은 세족이었으나, 당대에는 산림山林의 칭예稱譽를 얻기도 하였다.

윤문거는 18세에 평창이씨平昌李氏 전琠의 딸과 결혼하여, 23세에 맏아들 단慱을 얻었다. 그는 25세에 생원시生員試에 합격하고, 28세에 식년式年 문과文科에 급제하여 외교문서를 맡아보는 괴원槐院(承文院의 별칭)의 부정자副正字에 임명되었으며, 30세에는 승정원주서承政院注書에 임명되었다. 그러나 이와 같이 평탄하였던 그의 인생은 31세 되던 해(1636) 병자호란을 겪으면서 불행의 늪에 빠지게 된다. 그는 병자년 8월 사간원정언司諫院正言에 임명되었는데, 당시 조정은 청과의 주화主和·척화斥和 문제로 기로에 서 있었다. 그의 부친 윤황은 당시 척화의 수창자首倡者였으며, 윤문거 역시 척화를 주장하는 계啓를 올렸다가 체직遞職되었다. 당시 조정은 주화로 기울고 있었으나, 확고한 대책을 마련하지 못한 채 12월 청의 침략을 맞게 되었다. 결국 청에 굴복하고 호란을 수습하는 과정에서 청은 '척화의 주모자를 압송하라'고 요구하였는데, 이때 윤문거의 처신이 이후 그의 삶에서 벗어날 수 없는 굴레가 되었다. 윤문거는 당시 자신의 처신을 '불충불효不忠不孝'라고 자책하고, 이후 향리에서 그것을 반성하면서 자중하는 삶을 살고자 하였다. 이후에도 조정에서는 윤문거에게 계속 관직을 제수하였으나, 윤문거는 제천현감堤川縣監과 동래부사東萊府使에만 부임하였을 뿐, 내직 특히 청요직에는 결코 나아가지 않았다. 윤문거가 제천현감과 동래부사에 부임하였을 때의 치적, 그리고 그의 삶에 또 하나의 부담이 되었던 '황지潢池의 변變'에 대해서 간단히 살펴보기로 하자.

윤문거는 38세 때인 1643년 6월 제천현감에 부임하여 2년가량 그 직을 수행하였다. 제천현감은 윤문거가 내직을 사양하고 외직을 청해서 얻은 것으로서 이는 노모를 편히 봉양하기 위한 것이었다. 윤문거는 현감직을 수행하면서 요역을 덜어주고 유학을 진흥시켰으며 제방을 수축하고 농업을 권장하는 등의 치적을 남겼다. 그는 또한 자신을 청렴으로 규율하고 아랫사람들에게 엄격하게 임하여 제천 관내가 이에 힘입어 소완蘇完하게 되었다고 한다.[1]

'황지의 변'이란 윤문거가 41세였던 1646년 그가 살던 이산尼山(論山)에서 있었던 반란사건을 말한다. 마을 사람 김충립金忠立이 이 반란 음모를 알고 윤문거에게 달려와 알리자, 윤문거는 김충립에게 관청에 고하도록 하였다. 윤문거 자신도 윤형각尹衡覺을 만나 이웃 석성군수石城郡守 민진량閔晉亮, 이산쉬尼山倅 유동수柳東秀 등과 협력하여 반란자들을 체포하라고 말하고, 자신은 집으로 돌아왔다. 반란이 평정되고 논공행상論功行賞을 할 때, 윤형각·민진량·유동수 등은 윤문거에게 공을 돌렸고, 윤문거는 이로 인해 통정대부通政大夫의 반열에 오르게 되었다. 그런데 정작 김충립은 반란음모를 즉시 관에 알리지 않았다는 이유로 삭훈과 유배를 당하게 되었다. 그러자 윤문거는 자신은 반란의 평정에 아무런 공이 없음과 또한 즉시 관에 고하지 않은 것은 자신도 김충립과 마찬가지인데 한 사람에게는 상을 주고 한 사람에게는 벌을 주는 것은 부당하다는 소疏를 올렸다. 결국 김충립은 풀려났고 윤문거는 그대로 통정대부에 남게 되었다.[2] 윤문거는 이것 또한 수치스럽다 여기며 부담스러워했다.

윤문거는 46세 때인 1651년 7월 동래부사에 부임하여 다음 해 12월 파직될 때까지, 약 1년 반가량 그 직을 수행하였다. 당시 왜의 정세가 수상하여 경향이 모두 근심하고 있었는데, 윤문거가 동래부사에 부임한 것은 '변방의 험난한 곳을 꺼린다'는 혐의를 피하기 위함이었다. 윤문거는 동래부사로서, 먼저 유학을 진흥시키는 데 힘써 생도를 선발하여 몸소 가르치고 관내에 향약을 시행하였으며 임진왜란 때 순직한

---

1) 『石湖遺稿』 附錄上, 頁6, 年譜, 癸未6月條 참조.
2) 『石湖遺稿』 附錄上, 頁6~7, 年譜, 丙戌4月條 참조.

송상현宋象賢과 정발鄭潑을 모신 충렬사忠烈祠를 이건移建하였다. 또한 보역청補役廳을 설치하여 군병의 요역을 면제하고 오로지 포술砲術의 훈련에만 전념하도록 하였으며, 특히 조총鳥銃의 사정거리를 늘리고 명중율을 높이도록 개조하기도 하였다. 그러나 왜관의 왜인들이 돌발적인 사건을 일으킴으로써 1652년 12월 윤문거는 파직을 당하고 청죄소請罪疏를 올렸다.

왜관에는 본래 잡인들의 출입이 엄격히 금지되었으나, 통제가 느슨해짐에 따라 우리나라의 사상私商과 간사한 통역관 같은 모리배들이 임의로 출입하면서 왜인들에게 많은 빚을 지게 되었다. 왜인들은 마침내 동래부사를 찾아와 빚을 받아 줄 것을 청하였다. 윤문거가 비변사備邊司에 장계를 올려 이 일을 보고하자 조정에서는 접위관接慰官을 보내 조처하도록 하였다. 윤문거는 1652년 6월 장계를 올려 왜관대청개시법倭館大廳開市法을 수복修復하자고 청하였다. 본래 이 법은 교역하고자 하는 양국의 물화를 왜관의 뜰에 진열하고, 우리나라의 역관과 감관 등이 왜관의 대표 관리와 함께 대청에 앉아 교역을 감시하는 것으로서 사사로운 교역의 폐단을 막기 위한 것이었다. 윤문거는 이 법이 무너짐으로 인해 국가의 기밀이 새나가고 또한 많은 부채가 생기게 되었다고 판단하여 이를 수복하자고 청한 것이었다. 윤문거의 청에 의해 이 법이 다시 엄격하게 시행되자 우리나라의 상역배商譯輩들은 사사로운 이익의 통로가 막히게 되었다. 이에 원한을 품은 상역배들은 왜인들에게 난동을 일으키도록 사주하였고, 9월에 왜관의 대표 관리가 90여 명의 왜인을 이끌고 동래부 관아에 몰려와 난동을 부렸던 것이다. 이로써 윤문거는 12월에 파직을 당하였는데,3) 이것이 윤문거의 실질적인 관직생활의 마지막이었다.

윤문거는 다음 해(1653) 8월 곧 특사特赦되었다. 그리고 9월에는 동부승지同副承旨에, 10월에는 호조참의에, 11월에는 경주목사에 임명되었으나 모두 사직소를 올려 체직되었다. 그 다음 해(1654) 2월에는 형조참의에, 3월에는 공조참의에, 4월에는 이조참의에, 5월에는 대사간에 임명되었으나 역시 나아가지 않았다. 이 해 겨울 윤문거는 중풍을 맞아 반신불수의 상태가 되었다. 그럼에도 불구하고 조정의 부름은 계속되었다. 1656년 정월에는 대사간에, 6월에는 또 대사간에, 8월에도 또 대사간에, 11월에는 이조참의에, 1657년 4월에는 이조참의에, 7월에는 대사간에 임명되었으나 모두 나아가지 않았다. 이후에도 말년(1672, 67세)에 이르기까지 홍문관부제학, 사헌부대사헌 등의 직책이 계속 제수되었으나, 윤문거는 계속 사직소를 올리고 나아가지 않았다.

윤문거의 여러 사직소를 보면, 그가 청요직을 계속 사양한 이유는 두 가지로 집약된다. 첫째는 자신은 불충불효한 사람으로서 자격이 없다는 것이었고, 둘째는 신병身病 때문이었다. 윤문거는 자신의 불충불효를 자책하느라 홧병을 얻은데다가, 49세 겨울에는 중풍을 맞아 이후 계속 반신불수의 상태였던 것 같다. '신병'은 사실적인 이유였으니, 그에 대해서는 논평이 불필요할 것이다. 그러나 '불충불효'란 명분상의 문제로서, 이는 병자호란 때의 자신의 처신을 자책하는 말이다. 이제 병자호란 때 윤문거의 처신을 자세히 살펴보고, 이어서 윤문거의 사직소에 나타난 폐복자수廢伏自守의 출처관出處觀을 살펴보기로 하겠다.

---

3) 『石湖遺稿』 附錄上, 頁8~10, 年譜, 壬辰正月~12月條 참조.

2. 병자호란과 윤문거의 처신

윤문거는 1636년(丙子) 8월 사간원정언에 임명되어 척화를 주장하다가 체직되었다. 연보에 의거해서 그 전말을 살펴보면 다음과 같다. 1636년 2월, 청(後金)[4]의 사신 용골대龍骨大와 마부태馬夫太는 조선에 대해 청을 황제의 나라로 모시라고 요구하는 문서를 가지고 왔다. 이에 대해 태학太學과 삼사三司는 물론 묘당廟堂에서도 역시 그 문서를 거절할 것을 청하자, 인조는 이러한 청을 받아들였다. 이에 위협을 느낀 청나라 사신 용골대와 마부태가 도망가 버렸고, 인조는 크게 놀라 묘당을 책려策勵하였지만 막연하기만 하여 구체적인 조치가 없었다. 이때에 윤문거의 부친 윤황이 국위를 진작시키고 국가를 개혁하기 위한 방책을 담은 소를 올렸으나 조정에서는 이를 받아들이지 않고 오히려 다시 청과의 기미책羈縻策을 논하였다. 조정에서는 결국 "맹약[5]을 배신하지 않겠다"는 다짐을 청에 알렸는데 청은 오히려 조선을 힐책할 뿐이었다. 이에 당황한 조정에서는 청에 다시 통신사를 청하게 되었다. 이에 윤문거는 "우리나라는 일심으로 대국(明)을 섬겨, 지극한 정성으로 두 마음을 품지 않았습니다. 이제 짐승 같은 도적떼가 참람하게 대호大號(황제라는 칭호)를 훔쳤으니, 이는 천조天朝(明)의 반역자며 우리에게는 불공대천不共戴天의 원수입니다. 예전에 우리 전하께서는 이미 그 어

---

4) 1636년 4월, 後金은 國號를 '淸'으로 고쳤다.
5) 조선이 청(後金)을 '兄의 나라'로 섬기겠다는 내용을 담은 丁卯胡亂(1627) 때의 약속을 말한다.

굿난 말을 준엄하게 물리치시고 이를 천조에 아룀과 동시에 사방에 포고하셨으니, 의로운 명성이 밝게 드러났습니다. 그런데 어찌 오늘에 이르러 다시 통신사를 청하시어 전일前日의 의리가 다시 어두워지게 하시는 것입니까?"[6]라는 내용의 계차啓箚를 올렸다. 이때 조정에서는 주화를 논하고 있었으므로 윤문거의 이 같은 주장에 크게 당황하였을 것이다.

이 해 10월, 윤문거는 예조좌랑에 임명되었다가 곧 병조좌랑兵曹佐郎으로 자리를 옮겼다. 이 해 12월 12일 조정은 청의 군대가 국경을 넘어왔다는 소식을 접했는데, 14일에 이미 적병은 홍제원弘濟院에 도달하였다. 인조는 처음에는 강도江都(江華島)로 피난하려 하였으나 사세가 이미 험악하여 남한산성으로 향하게 되었다. 당시 윤황은 인열왕후仁烈王后의 연제練祭(12월 7일)에 참석했다가 대궐에서 넘어져 허리를 크게 다치고 와병중이었는데 윤문거는 부친을 모시고 어가를 호종扈從하여 남한산성으로 들어갔다. 남한산성에 입성한 후 상황이 급박하자, 당황한 조정에서는 강화 또는 도주를 의논할 뿐 수비책을 강구할 생각은 하지도 않았다. 이에 윤문거는 부친의 명을 받들어 체부體府[7]에 "지금의 급무는 군자와 양식을 수습하고 무기를 실어오는 것이니, 이는 일각도 늦출 수 없는 것이다. 성밖의 양창兩倉에 쌓아둔 양식은 매우 많다. 지금 어가를 따라온 문무 관리와 기병은 1천여 명이나 된다. 양창의 곡식

---

6) 『石湖遺稿』 附錄上, 頁3, 年譜, 丙子8月條, "我國一心事大, 至誠無貳, 而犬羊之賊, 僭竊大號, 則是天朝之叛賊, 在我國不可共戴一天者也. 向我殿下, 旣已峻斥其悖辭, 而奏聞天朝, 布告八方, 義聲昭著, 到今何可復通信使, 使前日之義理, 反爲晻昧乎?"

7) 都體察府로서 戰時에 軍國의 機務를 총괄하는 임시기구다.

으로 과료科料를 나누어주고, 수백의 기병을 급히 출발시켜 서울의 무기고에 있는 무기를 실어오게 한다면 쓰기에 충분할 것이다"8)라고 제안하였다. 그러나 체상體相은 강화나 도주에만 심취하여 이러한 제안은 받아들여지지 않았다.

다음 해(1637) 1월, 형세가 이미 기울고 예상 밖으로 강화도가 일찍 함락되자, 조정에서는 청에 항복할 뜻을 전하였다. 청은 여러 가지의 요구조건을 제시하면서, "맹약을 배신하고 전쟁을 주창한 주모자들을 체포하여 압송하라"고 요구하였다. 이에 완성군完城君 최명길崔鳴吉이 "이제까지 강화를 막은 사람들은 마땅히 자수해야 할 것"이라고 주장하자, 1월 22일에 청음淸陰 김상헌金尙憲과 동계桐溪 정온鄭蘊 등이 자수하여 압송될 것을 청하였다. 이때 역시 척화의 주모자였던 윤황은 병세가 위독하여 거동할 수 없는 형편이었는데, 윤문거는 부친이 용감하여 무슨 일이든 회피하지 않는 성격이므로, 부친에게 이 일을 숨기고 아뢰지 않았다. 22일 밤 묘당은 "전후의 척화인들은 자수하라"는 명령(斥和自首之令)을 내렸다. 23일에야 외객外客으로부터 이 일을 전해들은 윤황은 크게 놀라서 "이와 같이 중대한 절목節目을 어찌하여 내게 알리지 않았느냐"고 윤문거를 꾸짖고는, 자신의 상소문을 받아쓰게 하였다. 이에 윤문거는 울면서 부친에게 "이 일은 주상전하의 뜻으로부터 나온 것이 아닙니다. 하필 저들의 간계에 빠져 헛되게 무익한 곳에서 죽으시려 하십니까?"9)라고 간하였다. 그러자 윤황은 "내가 어찌 차마 구차

---

8) 『石湖遺稿』 附錄上, 頁3, 年譜, 丙子12月條, "目今急務, 收拾資糧, 輪聚器械, 不可一刻緩也. 城外兩倉, 所峙甚多. 今隨駕文武士及武騎以千數, 分給科料, 以此兩倉, 京中武庫器械, 急發數百騎輸來, 則自足爲用矣."
9) 『石湖遺稿』 附錄上, 頁4, 年譜, 丁丑正月條, "此事非出於上意. 何必墮其奸計, 徒

하게 면할 수 있겠느냐?"라고 말하고, 노비의 등에 업혀 대궐로 가 소를 올리고 명命을 기다렸다. 이 날 윤집尹集과 오달제吳達濟도 역시 소를 올리고 자수하였다.

윤집과 오달제의 소 가운데 "묘당에서 전후의 척화인들은 자수하라는 명령이 내려졌다"는 말이 포함되어 있었다. 이를 본 인조는 "누가 이러한 조치를 취했는가? 매우 부당하도다"라고 하교하였고, 이에 비국備局에서는 "다만 작년 봄 용골대와 마부태가 도망갔을 때에 삼사에 있었던 사람들을 자수하라고 명령한 것일 뿐, 전후인들을 모두 다 지칭한 것은 아닙니다"라고 회계回啓하였다. 묘당에서는 자수하는 사람이 적을 것을 근심하여, 윤문거를 불러다 묻기를 "그대가 부친의 죽음을 면하게 하고자 한다면 마땅히 작년 봄의 당사자들을 분명하게 말하는 것이 옳을 것이다"라고 하였다. 이에 윤문거는 "당시 대각臺閣[10]의 관리들은 모두 『승정원일기』에 기록되어 있을 것인데, 하필 내게 묻는가? 나도 역시 말할 수 있는 지위에 있었기에[11] 화의和議의 그릇됨을 헌의獻議했었다. 병든 부친이 조석으로 죽음에 임박해 있어서 부친을 대신해 홀로 오랑캐 진영에 압송되기를 청한다"[12]라고 대답하였다. 이에 체상이 분노하여 "그대가 감히 이처럼 항거하고 숨기려 하는가? 그대의 부친이 척화를 수창하였으니 마땅히 부친을 압송해야 할

死於無益之地乎."
10) 司憲府와 司諫院을 함께 일컫는 말이다.
11) 1636년 봄 용골대와 마부태가 도망갔을 당시, 윤문거는 承政院注書로 있었던 것 같다. 윤문거가 司諫院正言에 임명된 것은 같은 해 8월의 일이다.
12) 『石湖遺稿』附錄上, 頁4, 年譜, 丁丑正月條, "其時臺閣官, 則自有政院日記, 何必問乎? 某亦忝言地, 獻和議之非. 病父朝夕將死, 淸代父行, 獨往虜陣."

것이다"라고 하였다. 이에 윤문거는 부득이하여 당시 대각 관리들의 이름을 알려 주었다. 체부에서는 윤문거와 윤황 그리고 그밖에 마땅히 압송해야 할 사람들의 이름을 기록하였다.

　윤황은 이 소식을 듣고는 크게 놀라며 "네가 비록 아비의 죽음을 면케 하고자 했다고 하나 어찌 차마 이런 일을 할 수 있느냐? 설혹 이 일로 인해 죽음을 벗어날 수 있다고 하더라도 무슨 면목으로 세상에 설 수 있겠느냐?"라고 윤문거를 꾸짖고는, 노비의 등에 업혀 체부로 달려갔다. 윤황은 체상에게 "오랑캐가 요구하는 것은 척화를 주모하여 맹약을 배신한 사람들이다. 그러니 다만 자수한 사람들만 압송하는 것이 마땅할 것이다. 어찌하여 미혹된 아이를 협박하여 여러 사람을 마구 끌고가려 하는가? 아비를 볼모로 자식에게 물으면, 당황하여 어지럽게 말하는 것이 어디엔들 이르지 않겠는가? 시종 척화를 주장한 사람은 오직 나 한 사람뿐이다. 오늘의 압송은 내가 홀로 감당하겠다. 결코 다른 사람들까지 끌어들이지 말라"고 말하였다.

　이때 신경진申景禛·구굉具宏 등이 군사를 지휘하였는데, 궁문 앞에서 척화인들을 내보내라고 요구하여 장차의 변고를 예측할 수 없었다. 묘당에서는 "지금 압송할 사람들을 논의하고 있다"고 답하였다. 이에 윤문거는 마침내 소를 올려 "부친을 대신하여 나를 오랑캐 진영에 압송하라"고 청하였다. 이때 김류金瑬가 들어가 고하기를 "신이 윤문거를 불러 물으니, 작년 봄 대각에 있었던 사람들은 5명이었고, 윤문거도 또한 스스로 압송할 것을 청하였습니다. 또한 자수한 사람이 5명이니 모두 11명입니다. 이들을 모두 압송하는 것이 옳을 것입니다"라고 하자, 인조는 침묵을 지켰다. 묘당에서는 이 일을 극비에 부쳤지만, 대각에서 마침 이 소식을 듣고 즉시 계를 올려 묘당에 따지기를

"오랑캐는 다만 한 두 사람을 요구한 것인데, 지금 10여 사람을 함께 압송하려는 것은 무슨 뜻인가?"라고 하였다. 이에 체상은 "내가 마땅히 압송해야 할 사람을 취사取捨할 수는 없다. 그대들이 스스로 고르는 것이 옳을 것이다"라고 답하였다. 체부에서는 다시 회의를 하여 윤집·오달제 두 사람을 압송하기로 결정하였다.

1637년 2월 남한산성의 포위가 풀리자, 윤문거는 부친 윤황을 모시고 어가를 따라 서울로 돌아왔다. 3월 조정에서는 '척화인들이 국사國事를 그르친 죄'를 논하면서 윤황을 그 우두머리로 지목하여, 윤황은 영동永同으로 유배되었다. 그러나 윤문거는 감히 사직하지 못하고 병조좌랑직을 계속 수행하였다. 6월 다시 사간원정언에 임명되었으나, 사직소를 올리고 물러나 유배중인 부친을 보살폈다. 10월 윤황은 은유恩宥를 입어 유배에서 풀려났으나, 곧바로 향리로 돌아가지 못하고 금산錦山으로 갔다. 윤문거는 아우 윤선거와 함께 금산으로 가 부친을 모셨다. 윤황은 다음 해(1638) 가을 향리로 돌아와서, 그 다음 해인 1639년 6월에 세상을 떠났다.

3. 윤문거의 폐복자수와 그 논거

이제 윤문거의 사직소를 통하여 그의 출처관을 살펴보기로 하자. 『석호유고』에는 모두 16편의 사직소가 실려 있다. 그런데 이 사직소들은 49세 겨울 중풍을 맞은 것을 기점으로 하여, 전후의 논조가 서로 다르다. 즉 중풍을 맞기 이전에는 자신의 '불충불효不忠不孝'를 이유로 초야草野에 폐복廢伏하겠다는 의지를 밝히는 것이 주된 논조였으나, 중풍

을 맞은 다음에는 '신병身病'으로 인해 조정에 나가고 싶어도 나갈 수
없다는 것이 주된 논조였다.

먼저, 중풍을 맞기 이전의 상소를 살펴보자. 윤문거는 48세 때 「사
승지소辭承旨疏」에서 다음과 같이 말한다.

병자년의 호란을 당했을 때, 신은 아비와 함께 어가를 호종하여 남한산성
에 들어갔습니다. 이때 척화자수지령斥和自首之令이 내려졌는데, 신의 처의
處義가 무상無狀하여 아비의 뜻을 크게 그르쳤습니다. 신은 이것이 마음에 통
한이 되어 비록 곧바로 자결自決하지는 못했으나 오직 전간田間에 폐복함으
로써 국언國言(나라 사람들이 비방하는 말)에 사죄하고 선친의 뜻을 밝히려 하
였습니다. 이것이 실로 일찍이 신이 스스로 다짐한 바입니다.13)

이 사직소에는 스스로를 '처의무상處義無狀'으로 자책하고 초야에
폐복하겠다는 윤문거의 의지가 잘 나타나 있다. 위에 보이듯이, 윤문
거가 초야에 묻혀 있기를 다짐한 이유는 두 가지였다. 하나는 국언에
사죄한다는 것이요, 하나는 선친의 뜻을 밝힌다는 것이다.

앞에서 말하는 '국언'이란 '당시 사람들이 윤문거의 불충불효 또는
처의무상을 비방하는 말들'을 뜻한다. 윤문거는 '국언에 사죄한다'고
하였는데, 이는 '자신에 대한 비방을 변명하지 않고 감수甘受하겠다'는
뜻이요, 또 그에 대해 자신이 책임을 질 수 있는 한 책임을 지겠다는
뜻이다. 한편 척화는 윤문거의 부친 윤황의 뜻이기도 했고 윤문거 자

---

13) 『石湖遺稿』卷1 頁16,「辭承旨疏」, "逮夫丙子之亂, 與父故臣某, 扈駕南漢城中.
時有斥和自首之令, 臣處義無狀, 大傷父志. 臣竊痛恨於心, 雖不能卽自死滅, 唯當
廢伏田間, 以謝國言, 以明先志, 實臣所嘗自矢者也."

신의 뜻이기도 했다. 따라서 '선친의 뜻'을 밝히겠다는 것은 곧 '자신의 뜻'을 밝히겠다는 말이기도 한 것이다. 윤문거는 '국언'에 사죄는 하되, '선친과 자신의 뜻'이 옳았다는 신념은 바꾸지 않겠다고 하였다. 다시 말해, 윤문거에게 있어서 '폐복'은 '몸으로는 관직을 맡지 않음으로써 국언에 사죄하는 것'인 동시에 '마음으로는 척화가 옳았다는 자신의 신념을 재확인하는 것'이었다. '폐복'은 '자결을 할 수 없었던' 윤문거가 택할 수 있었던 가장 '현실적인' 방책이었을 것이다.

윤문거는 49세 때인 1654년(효종 5) 4월에 「사이조참의소辭吏曹參議疏」를 올렸는데, 이 소에서 그는 자신이 초야에 폐복할 수밖에 없는 이유와 심경을 자세히 밝히고 있다. 윤문거는 이 소의 첫머리에서 "신이 전소前疏에서 스스로 열거했던 말들은, 이미 이지러진 행실을 다시 새롭게 할 수 없다는 것과 어울리지 않는 관직을 무턱대고 받을 수 없다는 것뿐만이 아니었습니다. 신은 실로 마음에 통한이 있어서 죽음으로도 그 책임을 다할 수 없는 것입니다. 신이 만약 이것을 말하지 않는다면 누가 이것을 알겠습니까? 또한 사람들이 이것을 모른다면 전하께서도 어떻게 아실 수 있겠습니까? 청컨대, 신은 거듭 부월斧鉞의 엄한 형벌을 무릅쓰고 저의 죄상을 모두 열거하려고 합니다. 엎드려 원하옵건대, 전하께서는 다시 연민을 베푸시어 거듭 살펴주십시오"[14]라고 하였다. 윤문거는 자신의 '통한의 심경'을 모두 술회하려고 결심하였던 것이다. 그 '통한의 심경'이란 바로 '병자년의 처신'을 자책하는 것이었

---

14) 『石湖遺稿』, 권1, 頁17~18, 「辭吏曹參議疏」, "蓋臣前疏自列之辭, 非獨爲已虧之行, 不可復新, 不稱之服, 不可冒授而已也. 臣實有痛心, 而死不足以塞責者, 臣若不言, 則人誰知? 人旣不知, 則何由而達於天聽乎? 臣請重冒鈇鉞之嚴, 悉數罪累之狀, 伏願聖慈更加哀憐而重察焉."

다. 윤문거의 술회는 다음과 같이 시작된다.

신의 아비 고신故臣 윤황尹煌은 선조先朝(인조)에서 때를 만나 총우寵遇를 입
었습니다. 신의 아비는 한갓 '할 말을 다하는 충성'(盡言之忠)만을 생각하고
그것이 마땅하지 않다는 비난을 회피하지 않아, 정묘년(1627)부터 정축년
(1637)에 이르기까지 시종 한 가지 의리만 견지하였던 것입니다. 신의 아비
는 평소 성품이 돌리기가 어려워 잘못된 견해를 자신自信하고 온 세상이 잘
못이라고 여겨도 바꿀 줄 몰랐습니다. 신도 진실로 어리석어, 망령되게 아
비의 견해를 되풀이하였습니다. 병자년(1636)에 통신사를 다시 회복하자는
논의를 당해서는, 신도 마침 말을 할 수 있는 자리에 있었기에 감히 그에
반대하는 말을 올렸던 것입니다. 이처럼 아비와 자식이 함께 같은 죄를 지
어, 스스로 모면하기 힘들게 된 것입니다. 남한산성에서 위급함을 당했을
때, 신의 아비는 낙상落傷으로 인해 누워 있으면서 조석으로 목숨이 다하길
기다리고 있었습니다. 체부에서는 척화자수지령斥和自首之令을 내렸는데, 신
은 아비의 병이 심했던 것을 근심하여 그 명령을 숨기고 알리지 않았습니
다. 김상헌·정온 두 신하가 자수한 이후에, 신의 아비는 밖에서 찾아온 손
님으로부터 이 일을 듣고 알게 되었습니다. 윤집·오달제 두 사람도 이어
서 자수하였습니다. 이에 신의 아비에 대해 논하는 사람들은 "남보다 앞서
그 죄를 자수하지 못했다"고 말합니다. 신은 한갓 '아비의 죽음을 늦추는
것'만 알았고 '아비의 뜻을 해치는 것'은 깨닫지 못했던 것이니, 이것이 신
이 마음에 통한으로 여기는 것입니다. 얼마 후 체부에서는 신을 불러다 '병
자년 봄 청과 절화絶和할 때 삼사三司에 있었던 사람들'을 힐문했습니다. 묘
당의 논의는 "대각臺閣의 여러 신하로 하여금 (자수한 사람들과) 함께 오랑
캐 진영으로 가서 사죄하게 하자"는 것이었는데, 자수한 사람이 몇 사람에
불과하자 신을 문책하여 그들의 이름을 대게 한 것입니다. 신은 이때에 황
란慌亂하여 실성失性하고 마침내 몇 사람을 거명한 것입니다. 신의 아비는 이
일을 듣고 크게 놀라 스스로 일어나 (노비의 등에 업혀) 체부로 가, 바른 말
로 스스로 책임을 지려고 하였습니다. 신의 아비는 마침내 김상헌·정온 등
여러 사람과 오랑캐 진영으로 가고자 하였지만, 결국 호구虎口에서 벗어날

수 있었던 것은 실로 선성왕先聖王(인조)의 지극한 사랑이 하늘을 덮었기 때문입니다. 이에 신의 아비에 대해 논하는 사람들은 "미혹된 자식을 풀어 남에게 위험을 떠넘겼다"고 말합니다. 신은 한갓 '아비의 죽음을 면하게'만 하고자 하고, '아비의 이름이 더러워지는 것'을 면하지는 못했습니다. 이 또한 신이 마음에 통한으로 여기는 것입니다. 전후의 두 일은 신의 망령된 행동으로 인해 신의 아비에게 크게 누를 끼치고 거듭 세상 사람들의 비난을 당하게 한 것입니다. 이것은 신이 어질지 못하고 의롭지 못하며(不仁無義), 도道에 어둡고 이치를 거역(昧道悖理), 자식으로서는 불초不肖하게 되었고, 남들에게는 상서롭지 못하게 된 것입니다. 비록 스스로 자결自決하여 국언國言에 사죄하지는 못하였으나, 오직 금수처럼 (초야에) 폐복하여 감히 다시는 남들과 나란히 서지 않았던 것입니다. 그러나 아비가 죽은 다음에는 자수自守하지도 못하였습니다. 어미를 봉양하는 데 급급하여 무릅쓰고 제천현감에 부임하고, 험한 곳을 꺼린다는 혐의 때문에 동래부사에 부임했다가 대죄待罪하게 된 것입니다. 신은 본성이 어리석고 일을 처리함이 서툴러, 먼저는 선사先祠에 화禍를 미치게 하였고 나중에는 국가에 욕辱을 끼쳤습니다. 불충불효不忠不孝의 죄가 매우 심하니 끝내 천양지간天壤之間에 자립할 수 없는 것입니다.[15]

---

15) 『石湖遺稿』, 권1, 頁18~19,「辭吏曹參議疏」, "臣父故臣某, 獲際先朝, 蒙被寵遇, 徒思盡言之忠, 不避無當之譏, 自丁卯迄丁丑, 始終執乎一義, 蓋其素性難回, 謬見自信, 擧世非之, 而不知變焉. 臣誠愚駿, 妄襲父論. 當丙子信使之復通也. 適忝言地, 敢獻其否, 父子同瞽, 有難自逭矣. 逮至南漢之危急, 臣父方墜傷廢伏, 待盡朝夕, 體府有斥和自首之令, 而臣悶父病甚, 諱不以聞. 及金尙憲鄭薀兩臣出而後, 臣父始因外客, 聞而知之, 而尹集吳達濟二人, 又繼之矣. 於是, 人之議臣父者, 謂不能先人以首其罪也. 臣徒知緩父之死, 而不覺敗父之志, 此臣之所痛恨於心者也. 旣而體府速臣而詰問, 春初絶和時, 在三司者. 蓋廟議欲令臺閣諸臣, 竝往陣前以謝, 而自首者不過數人, 故責臣以發之也. 臣於此際, 慌亂失性, 乃擧若干人名姓, 臣父聞臣此擧, 大驚自起, 曳至體府, 正言自當, 遂與金鄭諸人, 駢首將赴, 而畢竟得脫虎口者, 實出於先聖王之至仁天覆也. 於是, 人之議臣父者, 謂縱迷子而棄疾於人也. 臣徒欲貰父之死, 而未免辱父之名, 此又臣之所痛恨於心者也. 前後兩擧, 緣臣妄作, 大爲臣父之累, 重被當世之僇, 是臣不仁無義, 昧道悖理, 於子爲不肖, 於人爲不祥, 雖不能引決自裁, 以謝國言, 唯當禽息獸伏, 不敢更齒於人. 而父死之後, 不得自守, 迫於養母, 而冒赴堤川, 嫌於憚險, 而待罪東萊. 性且愚蔽, 觸事生梗. 前

윤문거가 마음에 통한으로 여기는 것은 무엇보다도 부친에게 두 번 누를 끼친 것이었다. 첫째는 '아비의 죽음을 늦추고자' 척화자수지령斥和自首之令을 알리지 않아 결국 '아비의 뜻을 해친 것'이며, 둘째는 '아비의 죽음을 면하게 하고자' 대각 관리들의 이름을 댐으로써 결국 '아비의 이름을 더럽힌 것'이다. 윤문거 자신의 생각이 짧았음으로 인해 부친에게 불효한 것이요, 나랏사람들에게는 처의무상한 모습을 보여 준 것이었다. 윤문거는 자신의 이러한 잘못을 사죄하기 위하여, 자결하지는 못하였지만 초야에 폐복하여 자수自守하기로 다짐했다. 그러나 자수自守도 못하고 이런저런 이유로 제천현감과 동래부사에 부임했다가 마침내는 국가에 욕을 끼쳤으니, 자신은 불충불효의 죄를 졌다는 것이다. 윤문거는 병술년(1646, 인조 24)에 일어난 '황지의 변'에 대해서도 다음과 같이 술회하고 있다.

하물며 저 병술년의 일도 사실 종신토록 부끄러운 것입니다. 신은 청컨대 죽음을 무릅쓰고 다시 말씀드리겠습니다. 신은 참으로 불행하게 반란의 변고를 만났고, 신은 또 불행하게도 김충립金忠立이 유배를 당하는 일을 만났습니다. 김충립은 신에게 고변하였고 신은 윤형각에게 말을 전하였으니 관부官府에 고변하지 않은 죄는 신과 김충립이 같은 것입니다. 그런데 김충립은 형벌을 받고 신은 상을 받았으니 신이 어찌 편안할 수 있겠습니까? 거듭 소를 올려 실정을 밝히고 엎드려 중죄를 청하였으나 오히려 소란만 일으키고, 마침내는 이익을 다투어 남을 모함한 지경에 이르고 말았습니다. 몸과 명예가 한 번 무너지면, 더러움을 씻기 어렵습니다. 신이 비록 스스로 용서한다고 하더라도 공론公論을 어찌할 것입니까?16)

則禍延先祠, 後則貽辱國家. 不忠不孝, 罪又甚焉, 終無以自立於天壤之間矣."
16) 『石湖遺稿』, 권1, 頁19, 「辭吏曹參議疏」, "況彼丙戌之事, 實作終身之慙, 臣請冒

병자년에 윤문거가 취한 처신이 과연 '불충불효'였는지에 대해서는 재론의 여지가 있을 것이다. 그러나 병술년 '황지의 변'에 대한 조정의 조처가 불공평했던 것은 틀림없어 보인다. 조정에서 이와 같이 공평성을 해치면서까지 윤문거에게 상을 내렸던 데는 분명 무슨 저의가 있었을 것이다. 예컨대, 윤문거의 불충불효가 불가피한 사연에 의한 것임을 인정하고 위로한다는 의미일 수도 있고, 그동안 윤문거가 '폐복자수廢伏自守'한 데 대해 높이 평가하고 보답한다는 의미일 수도 있다. 그러나 윤문거는 뚜렷한 공이 없이 상을 받은 것을 부끄럽게 여기고 오히려 마음의 부담으로 간직했다. 윤문거는 위의 두 가지 이유에다 다음과 같은 이유들을 덧붙여 자신의 '폐복자수' 의지를 밝힌다.

신의 정세는 낭패가 여기에 이르렀습니다. 또한 신의 평소 행실을 돌아보건대 이 세상에 스스로 설 수도 없고 남들에게 신의를 얻지도 못했습니다. 따라서 남들은 신을 보고서 사대부의 도로 책망하지도 않습니다. 과거의 허물은 덮어서 숨길 수 있고 공론은 능멸하여 외면할 수 있다고 하더라도, 천거 목록에 잘못 올라 참람하게 청요직에 견주어지니 신은 이에 더욱 통한스럽고 부끄러워 곧장 죽으려 했으나 그렇게 하지 못했습니다. 문득 신은 사사로운 마음에 맺힌 바를 한 번 모두 폭로하고 부월斧鉞 앞에 엎드리려고 하오니, 어찌 감히 스스로 숨어서 전하게 모두 늘어놓지 못하겠습니까? 신의 아비는 평생 (척화의) 신념을 땅에 묻힐 때까지 바꾸지 않았습니다. 자식된 도리로서 어찌 그것을 잘못이라 여기고 바꾸어 따르지 않을 수 있겠습니까? 이제 만약 신이 영화와 총애를 탐하여 모든 것을 무릅쓰고 벼슬길

死更陳. 臣誠不幸, 而逢逆竪稱亂之變. 臣又不幸, 而遭金忠立刑配之擧. 蓋忠立告變於臣, 臣傳言於尹衡覺, 不入官府之罪, 臣與忠立一也. 而忠立則受刑, 臣則受賞, 臣安得晏然而已乎? 再疏陳情, 乞伏重罪, 而轉致紛擾, 終歸於爭利陷人之域, 身名一敗, 汚穢難滌. 臣雖自恕, 其柰公論何?"

에 나갔다가 혹시 (청에) 사신으로 보낼 사람이 없어서 (신으로 하여금) 그 사신의 대열에 서게 한다면, 일에 임하여 구차하게 회피하는 것은 본분과 의리상 그럴 수 없는 것이고 뜻을 받들어 감당하고자 한다면 아비의 도에 어긋나게 되는 것입니다. (아비가) 살아 있을 때에는 그 뜻을 해치고 죽었을 때에는 그 행실을 배반한다면, 장차 무슨 면목으로 죽어서 아비를 뵐 수 있겠습니까? 이것이 신이 달가운 마음으로 스스로 폐복하여 세상의 버려진 물건이 되어도 돌아가지 않으려는 까닭입니다.17)

윤문거는 척화의 신념을 바꿀 수 없다는 것, 그리고 만일 척화의 신념을 간직한 채 벼슬길에 나갔다가 청을 상대해야 하는 임무라도 맡게 되면 진퇴양난에 빠진다는 것18) 등의 이유를 들어, 자신은 '폐복자수'할 수밖에 없는 처지라고 호소하였다. 사실 이런 진퇴양난의 상황이 예상되는 한, 윤문거로서는 척화의 신념을 바꾸지 않고는 조정에 나갈 수 없었다. 그러나 은밀히 북벌北伐을 추진하던 효종孝宗의 입장에서는 이런 척화신斥和臣이 더욱 믿음직스럽고 요긴했기 때문에, 계속 청요직을 제수하면서 불렀던 것이다.

---

17) 『石湖遺稿』, 권1, 頁19~20, 「辭吏曹參議疏」, "臣之情勢, 狼狽此極, 而顧臣素行, 不自樹立, 無以取信於人. 由是, 人之視臣, 不責之以士夫之道. 謂前愆可閉而藏也. 謂公論可蔑而棄也, 至於謬登薦目人, 僭擬淸班, 臣於是爲益多痛恨, 直將愧死而不得也. 抑臣私心, 有所蘊結, 欲一暴露, 而退伏斧鑕者, 其何敢自隱, 而不爲畢陳於天日之下乎? 蓋臣父平生所執, 至于入地而不化. 在人子之道, 豈以爲非是, 而變改不遵也? 今使臣貪戀榮寵, 冒昧從事, 而或値朝家乏使, 擬議於下价侯人之列, 則臨事苟避, 分義不敢, 欲逐承當, 有違父道. 生旣傷其志, 死又背其行, 則將何面目, 復見亡父於地下乎? 此臣所以甘心自廢, 爲世棄物, 而不知反也."

18) 실제로 당시에 그런 일이 벌어졌다. 현종 4년(1663) 11월 淸의 사신이 왔는데, 당시 修撰 金萬均은 자기의 祖母가 胡亂으로 인해 죽었으니 임금을 陪從하여 淸使를 맞이할 수 없다고 하면서 辭職疏를 올렸던 것이다. 이로 인해 일대 논쟁이 일어났다. 이원택, 「현종대의 服制論爭과 公私義理에 관한 연구」, 서울대 대학원 박사학위논문, 2000, 195~212쪽 참조.

윤문거는 「사이조참의소辭吏曹參議疏」의 뒷부분에서 자신의 건강이 좋지 않은 상황임을 자세히 언급하고 있다. 윤문거는 당시 자신의 질병을 '홧병'이라고 진단했다. 병자호란 이래의 울분이 마침내 홧병을 키웠다는 것이다. 그리하여 머리를 들 수도 없고 눈을 뜰 수도 없으며 따뜻한 날 방안에서도 갖옷을 입어야만 하고 죽도 제대로 넘기지 못한다면서, 이미 살아 있는 사람으로 보기 어렵다는 것이다.[19] 결론적으로 윤문거는 자신은 이미 과오가 많고 질병도 심하니 향리에서 죽을 때까지 반성하면서 사는 것이 마땅하다고 진언하였다.[20]

윤문거는 1654년 5월에 올린 「사대사간소辭大司諫疏」에서 자신을 대사간과 같은 청요직에 임명하는 것은 '국가용인지도國家用人之道'에 어긋나는 것이며 사리에도 맞지 않고 공론에도 어긋나는 것이라고 규정하였다. 따라서 자신은 "백성의 대열에 퇴처退處하여 허물을 반성함으로써, 훗날 죽어서 결초보은結草報恩할 것을 도모함이 마땅할 것"[21]이라고 진언하였다. 이때까지 윤문거는 폐복자수를 사직의 가장 중요한 명분으로 내세웠던 것이다. 이해 겨울 윤문거는 중풍을 맞아 반신불수의 상태가 되었다.

윤문거가 50세 때는 조정의 부름을 받지 않았다. 아마 그의 병세

---

19) 『石湖遺稿』, 권1, 頁20, 「辭吏曹參議疏」, "且狗馬之疾, 非偶然外感之比. 十年喪禍, 五情摧落, 實火根心, 滯痰聚腦. 涔涔之痛, 淡淡之動, 無停息之期, 非但頭不能擧, 目亦不能開, 少有動作, 輒生危惡之候. 攻治旣久, 眞元稼喪, 燠日密室之中, 非冬裘煖帽, 不能禁寒, 粥飮所喫, 停礙於咽下, 無餘氣可以轉化. 自量斯疾, 已匪生人之事矣."

20) 『石湖遺稿』, 권1, 頁20, 「辭吏曹參議疏」, "臣釁孼旣積, 疾病又甚. 杜門鄕里, 分死追愆, 而內外忝叨, 前後稠疊, 況此銓衡極選之地, 決非小人所乘."

21) 『石湖遺稿』, 권1, 頁22, 「辭大司諫疏」, "只合退處民伍, 省愆追尤, 以圖後日死而結草之報而已."

가 심상치 않음이 조정에까지 알려졌던 모양이다. 그러나 51세가 되자마자 다시 조정의 부름이 계속되었다. 이때도 역시 윤문거는 계속 사직소를 올렸는데, 그 논조는 전과 많이 달랐다. 다음은 52세 때 올린 「사이조참의재소辭吏曹參議再疏」의 일부다.

> 신은 세신世臣으로서 과거를 통해 벼슬에 오르기를 결심했었습니다. 본래 영화로운 이름을 기약했을 뿐 다른 소망은 없었습니다. 불행하게도 중간에 온갖 재앙을 만나 통한과 부끄러움을 품게 되어 얼굴을 들 수가 없게 되었습니다. 또한 사람됨은 미약하고 직책은 분수에 넘쳐 자유로울 수 없었으나, 동서로 달려 다니며 관직을 공손하게 수행하였습니다. 이것이 신의 평생 정적情跡으로서 사람들의 이목에 밝게 드러나 있으니 실로 일찍이 추호라도 '거짓을 꾸미고 괴상하게 행동한'(作僞行怪) 사실이 없습니다.…… 신의 본심은 감히 '조정을 영원히 떠나 초야에서 뜻을 지키다 죽으려는 것'이 아닙니다. 어찌 마침 이때에 위태로운 병이 생기리라고 생각이나 했겠습니까?[22]

다음은 54세였던 1659년 3월에 올린 「사부제학재소辭副提學再疏」의 일부다.

> 신은 실로 매우 비루하여 본래 고상한 사람이 아닙니다. 요행히 과제科第를 훔쳐 영화로운 직책들을 두루 거쳤습니다. 견마지로犬馬之勞를 다 바쳐 조금이나마 그에 보답하려고 했던 것이 신의 평소 쌓아 온 바입니다.…… 바야흐로 지금 밝고 어진 사람들이 서로 만난 것은 천재일우千載一遇의 기회인

---

22) 『石湖遺稿』, 권1, 頁24~25, 「辭吏曹參議再疏」, "臣是世臣, 決科登仕, 本期榮名, 非有他望. 不幸中間, 遭値百罹, 抱恨懷慙, 無面可顯, 而人微職藝, 不得自由, 東西馳走, 恪恭官次. 是臣平生情跡, 昭布耳目, 實未嘗有一毫作僞行怪之狀矣.…… 顧臣本心, 非敢有永辭朝班, 守死邱壑之計也. 豈意危疾之作, 適會此際?"

바, 벙어리·귀머거리·절름발이·앉은뱅이까지도 모두 고무되어 있습니다. 신이 홀로 무슨 마음으로 스스로 성세聖世를 버리겠습니까?23)

위의 두 사직소에서 윤문거는 자신은 세신世臣으로서 본래 부귀영화를 탐하는 비루한 인물이라는 것, 이제까지 벼슬을 맡으면 마다하지 않고 동분서주하면서 견마지로를 다 했다는 것, 따라서 '폐복자수'라든지 '성세聖世를 버린다'든지 하는 것들은 자신에게 해당되지 않는다는 것, 다만 지금 뜻하지 않게 큰 병에 걸려 나가고 싶어도 나갈 수 없는 상황이라는 것을 강조하였다. 이는 중풍을 맞기 이전의 사직소가 "초야에 폐복하여 자신의 과오를 반성하면서 살겠다" 또는 "세상에 버려진 물건이 되는 것을 달갑게 견디겠다"는 논조였던 것과는 크게 구별된다.

1659년 5월 효종이 죽고 현종顯宗이 즉위하였다. 현종은 윤문거에게 식물食物을 하사하기도 하고, 관직을 제수하기도 하였다. 그러나 윤문거는 병든 사람에게 관직을 내리는 것은 본분에 맞지 않는다는 이유로, 또한 병든 사람을 쉬게 하는 것은 '생성生成의 대도大道'라는 이유로 사직을 청하였다. 윤문거는 1659년 10월의 「사유유식물재소辭諭留食物再疏」에서 다음과 같이 말한다.

모든 사람에게는 본분이 있습니다. 본분에 감당할 수 없는 것이라면, 터럭만큼도 억지로 하기 힘든 것입니다. 그릇이 가득 차면 넘치고 수레가 너무

23) 『石湖遺稿』, 권1, 頁26~28, 「辭副提學再疏」, "臣實極陋, 本非高蹈. 幸竊科第, 揚歷華顯. 冀效犬馬之勞, 少展涓埃之報, 是臣之素所積也.……方今明良際會, 千載一時, 瘖聾跛躄, 莫不鼓舞. 臣獨何心自棄聖世?"

무거우면 꺾이는 것은 이치가 반드시 그런 것으로서, 마침내는 뒤집히고 떨어지는 것입니다. 그러므로 아랫사람이 윗사람을 섬길 때에는 본분을 지켜 잃음이 없고, 윗사람이 아랫사람을 부릴 때에도 본분을 지켜 넘치지 않아야 합니다. 그런 다음에야 윗사람은 잘못 베푼 것이 없고 아랫사람은 큰 허물이 없는 것입니다. 옛날에는 상·하가 서로 이 의義를 존중했기 때문에 마땅히 사직해야 하면 사직을 허락하고, 마땅히 물러나야 하면 물러남을 허락했던 것입니다. 이것이 구구하게 본분을 지키고자 하는 신이 전하께 드리고자 하는 말씀입니다. 신은 본래 평범한 사류士類로서 밝은 조정을 더럽혔습니다. 돌이켜 보건대 일찍이 인원을 채우고 법을 따라 백성과 사직을 부탁받고 명에 따라 동분서주하여 감히 어기지 못했습니다. 비록 조금도 보탬이 없었겠지만 또한 작으나마 직분을 다했습니다. 불행하게도 큰 병에 걸려 중풍과 홧병 때문에 반신불수가 되었습니다. 마침내 이것이 고칠 수 없는 병이 되어 병석에 목숨을 맡기고 하루하루 보내며 삶을 훔치고 있는 것입니다. 그리하여 서리 맞은 풀과 바람 앞의 등불처럼 아침저녁으로 조심히 초야에 엎드려 있으면서 스스로 밝은 세상을 끊고 있는 것입니다. 신은 처음부터 숨어 지낸 것이 아니고 또한 염퇴恬退한 것도 아닙니다. 다만 일찍 벼슬길에 나서 평탄하게 진급하다가 중간에 병으로 자폐自廢했을 따름입니다. 신은 본래 감히 진퇴로 스스로를 깨끗이 하려고 옛사람을 흉내 내는 것이 아닙니다. 신은 이미 벼슬길에 나아가 왕사王事에 이바지할 수 없으니 오직 초야에 물러나서 죽기를 기약하는 것이 신의 본분일 것입니다. 이 이상은 모두 본분 안의 일이 아닙니다.[24]

---

24) 『石湖遺稿』, 권1, 頁31, 「辭諭留食物再疏」, "凡人莫不有本分, 本分所不堪, 毫髮難彊. 器滿則溢, 車重則折, 理所必至, 終歸顚隮. 是以, 下之事上也. 守此而無失, 上之使下也. 持此而不濫, 然後上無誤施, 下免大戾. 古昔上下, 胥重此義. 故當辭許辭, 當退許退. 此區區守分之臣, 所以自畢於天威之下也. 如臣本以凡流, 猥厠明廷, 顧嘗備員法從, 受寄民社, 東西惟命, 不敢有違, 雖其無補於涓埃, 亦得少效於職分. 不幸大疾纏縛, 風火爲祟, 半體不遂. 遂成瘤疾, 床席委命, 視日偸生, 而草露風燭, 怔愼朝暮, 以是跧伏下土, 自絶明時, 初非隱淪, 又非恬退, 只是早仕平進, 中病自廢而已. 本不敢以進退自潔, 效嚬昔人. 臣之本分, 旣不能陳力就列, 以供王事, 則惟當退死田廬, 畢命爲期. 過此以往, 皆非本分內事."

윤문거는 자신이 '퇴처폐복退處廢伏하여 스스로 깨끗이 하려는 것'
이 결코 아니라고 강조하였다. 자기는 평범한 사류로서 이제까지 힘
닿는 대로 열심히 관직에 임하였지만, 다만 이제는 중풍으로 인해 더
이상 관직을 수행할 수 없는바 이런 사람에게 관직을 내리는 것이나
또는 그 관직을 받는 것은 모두 본분에 어긋난다는 것이다. 윤문거는
1659년 12월의 「사대사헌삼소辭大司憲三疏」에서 다음과 같이 말한다.

신은 일찍이 호란을 만났을 때 처의處義가 무상하여 선친의 뜻을 해치고
사대부의 수치를 범했습니다. 죄와 사특함으로 인해 신은 감히 세상에 스
스로를 드러낼 수 없었습니다. 신의 사정이 이와 같았기 때문에, 아는 사람
들은 모두 신을 불쌍히 여기고 신이 '퇴양退讓'하는 것이라고 여겼습니다.
그러나 신이 어찌 감히 세상을 끊고 무리와 떨어져 스스로 밝은 시대를 버리
고 달게 퇴양하겠습니까? 신은 일찍이 주군州郡을 두루 거치며 동분서주하
였습니다. 비록 십전구도十顚九倒하여 추패醜敗가 백출百出하였으나 끝내 이
로써 스스로 폐복할 수밖에 없었던 것은 온 조정사람이 다 함께 아는 바입
니다. ······ 자고로 남의 신하가 되어 폐질廢疾로 집에서 사는 자가 하나 둘
이 아니었습니다. 군주는 그 신하를 애석하게 여기고, 신하도 또한 그 군주
를 잊지 못합니다. 그러나 큰 질병에 걸려 더 이상 사람노릇을 할 수 없을
때에는 편안히 휴양하도록 허락하여 그 나머지 목숨을 온전하게 하는 것
또한 '생성生成의 대도大道'인 것입니다.[25]

---

25) 『石湖遺稿』, 권2, 頁2~3, 「辭大司憲三疏」, "臣曾於喪亂之日, 處義無狀, 傷先父
之志, 爲士夫之羞, 負罪引慝, 不敢自顯於世. 臣之情事如此, 故知者, 莫不悶憐之,
以爲退讓也. 然臣何敢絶世離群, 自棄於明時, 甘爲退讓計哉? 亦嘗歷典州郡, 東西
惟命. 雖十顚九倒, 醜敗百出, 而從不得以此自廢, 此亦同朝之所共知也. ······ 自古
人臣, 廢疾家居者, 非止一二. 君非不惜其臣, 臣又豈忘其君. 及其大疾纏身, 人事
都盡, 則許其安養, 以全其餘命者, 亦莫非生成大造."

여기에서도 윤문거는 자신이 결코 퇴양하거나 폐복하려는 것이 아니라고 강조하였다. 이제까지 동분서주하면서 있는 힘을 다하여 관직을 수행하였다는 것이요, 지금은 중풍으로 인해 나가고 싶어도 나갈 수 없다는 것이다. 이런 병든 신하에게는 휴양을 허락하는 것이 '천지부모天地父母'의 '생성지덕生成之德'이요, '생성지의生成之意'요, '생성지은生成之恩'이라는 것이다.

이와 같이 윤문거는 중풍을 맞은 다음에는, 불충불효라는 명분을 내세우지 않고 신병이라는 현실적인 이유를 들어 사직을 청하였다. 그런데 1661년(현종 2)의 「사대사헌삼소」에서는 다음과 같이 '묵은 명분'을 다시 언급하기도 한다.

열흘 사이 거듭 부름을 받는다는 것은 진실로 조정에 있으면서 항상 벼슬하는 자에게는 드문 일일 것입니다. 신은 두렵고 당황스러워 어찌해야 할지 모르겠습니다. 만약 신이 조정에 나가서 밝은 명령에 응할 수 있다면, 지금처럼 국가가 상祥 · 담禫으로 인해 근심하고 바쁜 즈음에 비록 길바닥에 쓰러져 죽을지언정 어찌 감히 질병으로 사양하고 누워서 움직이지 않겠습니까? 신의 심적心跡을 살펴보면, 본래 스스로 낭패하여 이미 조정을 욕보일 수도 없고 또한 가려진 본성을 바로잡을 수도 없습니다. 그리하여 어두운 가운데 고민하면서 한결같이 폐복하기로 하였던 것입니다. 신은 감히 거짓을 꾸며서 사사로운 편안함을 도모하려는 계책이 아닙니다. 이는 실로 온 세상 사람이 다 함께 아는 바이니, 전하께서는 어찌 굽어 살피시어 불쌍히 여겨 용서해 주시지 않으십니까?[26]

---

26) 『石湖遺稿』, 권2, 頁7, 「辭大司憲三疏」, "旬日之間, 洊蒙申錫, 此固在朝常仕者之所罕有也. 臣震慄惶惑, 不知所由. 如使臣尙可以進應明命也. 則當此國家祥禫憂遑之日, 雖僵死於道路, 安敢以疾爲辭, 偃然不動乎? 原其心跡, 本自狼狽, 旣不可以辱朝班, 又不可以矯蔽性. 是以昧然悶然, 一向廢伏. 非臣敢爲誣飾, 以圖私便之

윤문거가 이처럼 묵은 명분을 다시 언급하는 이유는 다음과 같이 짐작해 볼 수 있겠다. 그것은 당시 열흘을 멀다하고 계속 제수되는 청요직에 신병만을 사직의 이유로 계속 거론하는 것은 설득력이 없다고 판단했기 때문일 것이다. 즉 윤문거는 자신의 '아킬레스 건腱'에 해당되는 '불충불효의 명분'을 다시 상기시킴으로써 청요직에 결코 나아갈 수 없는 입장임을 다시 확인시켜주고자 하였던 것이다.

앞의 소에서 윤문거는 "조정을 욕보일 수도 없고 또한 가려진 본성을 바로잡을 수도 없기 때문에 한결같이 폐복하기로 하였던 것"이라고 하였다. 짐작컨대, 이것이야말로 병자호란 이후 윤문거의 한결같은 마음가짐이었을 것이다. "조정을 욕보일 수 없다"는 것은, 자신처럼 처의무상한 사람이 조정에 서는 것 자체가 조정을 욕보이는 것이므로, 자신은 조정에 나갈 수 없다는 말이다. 또한 '가려진 본성'이란 '척화를 옳았다고 생각한 부친과 자신의 신념'을 의미하는바, 따라서 "가려진 본성을 바로잡을 수도 없다"는 것은 '척화가 옳았다는 자신의 신념을 끝내 바꿀 수 없다'는 의미다. 이처럼 윤문거는 자신의 신념을 끝내 바꾸지 않았으며 조정을 욕보이지 않기 위해 초야에 폐복하고자 하였다. 즉 윤문거의 퇴처는 초야에 폐복함으로써 자신의 허물(不忠不孝)을 반성하기 위한 것이기도 하지만, 자신의 척화 신념을 평생 간직하기 위한 수단이기도 하였던 것이다.

計. 實擧世之人所共察識, 聖明豈不俯燭而矜恕也哉?"

4. 맺음말

윤문거는 49세 때 「사이조참의소」와 「사대사간소」에서 각각 다음과 같이 말한 바 있다.

질병이 없으면서 그를 핑계로 사직하여 제 몸을 편안히 하려고 도모한다면, 신은 하늘을 속인 죄를 면할 수 없을 것입니다. 연고가 없으면서도 그를 핑계로 물러나서 교만한 풍습을 이룬다면, 신은 왕명을 어긴 형벌을 면할 수 없을 것입니다.[27]

국가가 인재를 등용하는 도道는, 반드시 널리 물어보고 반드시 정밀하게 살펴본 다음에야, 좌우에 가려지지 않고 측근에 현혹되지 않아, 굽은 사람을 들어 쓰고 정직한 사람을 놓아두는 근심이 없을 것이며, 명기名器를 가볍게 베푸는 폐단이 없을 것입니다. 이제 신은 그 자품으로 말하자면 어리석고 비루함이 여러 사람의 눈에 밝게 드러났고, 그 재식才識으로 말하자면 엎어지고 넘어지는 낭패가 이미 전사前事에 드러났습니다. 지조志操와 행실이 모두 잘못되었고, 몸과 명예가 모두 욕되었습니다. 그런데도 한갓 부조父祖의 여업餘業으로 인해, 그리고 친당親黨의 사사로운 칭찬으로 인해, 지난날 여러 하급의 직책도 제대로 수행하지 못하였음에도 불구하고, 오늘 갑자기 청요직에 오르게 되었습니다. 사리에 비추어 볼 때, 천하에 어찌 이런 일이 있을 수 있겠습니까?[28]

---

27) 『石湖遺稿』, 권1, 頁17, 「辭吏曹參議疏」, "無病而託稱, 以圖身計之便, 則欺天之罪, 臣無所逃矣. 無故而引退, 以成驕蹇之習, 則違命之誅, 臣不可逃矣."

28) 『石湖遺稿』, 권1, 頁22, 「辭大司諫疏」, "國家用人之道, 詢咨必博, 鑑察必精, 然後不蔽於左右, 不眩於偏僻, 而無擧枉錯直之患, 無名器輕施之弊矣. 今臣, 以言其資品, 則昏愚陋劣, 昭布於衆目. 以言其才識, 則顚頓狼狽, 已見於前事. 志行敗儌, 身名汚辱. 而徒以因緣父祖之餘業, 假借親黨之私响, 遂以前日不足於庶僚之下流,

앞의 두 인용문을 토대로, 윤문거의 여러 사직소를 관통하는 기본적인 생각을 정리하자면 다음과 같다. 윤문거는 관직을 '명기名器'로 생각했고, 그것은 반드시 적임자에게 주어져야 한다고 생각했다. 또한 선비는 '관직을 통해 봉사할 의무'가 있다고 보았다. 그런데 질병이 있거나 연고가 있다면 그러한 의무는 면제될 수 있다는 것이다. 윤문거 자신의 경우, 초년에 관직을 통해 봉사할 의무를 웬만큼은 수행했으며 말년에는 질병과 연고로 인해 그 의무를 수행하기 어렵게 되었다는 것이다. 더군다나 청요직은 여러 가지 사유로 자신의 본분에 맞지 않다고 여겼다.

윤문거는 병자호란 때 자신의 처신을 '처의무상' 또는 '불충불효'로 자책하며, 초야에 폐복하여 그것을 반성하는 삶을 살고자 하였다. 호란 이후 윤문거의 삶은 충과 효의 갈림길에서 갈등하고 희생당한 일생이라 할 수 있다. 당시의 상황이 워낙 긴박하고 위급했었기 때문에, 호란 당시 윤문거의 처신에 대해 우리가 지금 한가하게 왈가왈부하는 것은 적절하지 못할 수 있다. 다만, 본고에서는 다음과 같은 세 가지를 지적하면서 이 글을 끝맺음하려 한다.

첫째, 윤문거의 '불충불효'는 사실 유교사회에서는 일반적으로 용인되던 종류의 불충불효였다는 점이다. 윤문거의 불충은 '부친의 죽음을 면하게 하려고 척화자수지령斥和自首之令을 알리지 않은 것'이었고, 윤문거의 불효는 '부친의 죽음을 면하게 하려다 부친의 뜻을 해친 것'이었다. 우선 이러한 종류의 불충은 '부모·자식 간에는 서로 죄를 숨

而今日驟登於淸要之極選. 揆之事理, 天下寧有是哉?"

겨주는 것이 정직한 것'이라는 공자의 이야기,[29] 또는 '순舜은 죄를 지은 자신의 아버지를 업고 도망갈 것'이라는 맹자의 가정적인 이야기[30] 등을 통해 얼마든지 정당화될 수 있는 것이다.[31] 다만, 유교에서는 효란 '부모의 몸을 봉양하는 것'(養口體)보다는 '부모의 뜻을 기르는 것'(養志)이 더 중요하다고 생각하는 전통이 있기에,[32] 윤문거의 불효를 정말 불효라고 볼 수도 있지만, 생사의 갈림길에서도 과연 그렇게 말할 수 있는지는 재고의 여지가 생긴다.

윤문거에게 계속 청요직이 제수되었던 것은 이러한 맥락에서 이해할 수 있다. 즉 윤문거는 자신을 불충불효로 자책하지만, 사회적으로는 충분히 납득될 수 있는 것이기 때문에 조정에서는 그것을 더 이상 문제 삼지 않았을 것이다.

둘째, 윤문거는 척화가 옳았다는 자신의 신념을 끝내 바꾸지 않았다는 것이다. 이런 신념으로 인해 그는 굴복한 조정에 설 수 없었던 것이요, 은밀히 북벌을 도모하던 조정에서는 거꾸로 윤문거와 같은 인물이 요긴하였던 것이다. 윤문거가 폐복자수를 자신의 원칙으로 삼지만 않았다면 윤문거와 조정 간에는 얼마든지 상호 이해와 절충이 가

---

29) 『論語』, 「子路」, "葉公語孔子曰, 吾黨有直躬者, 其父攘羊, 而子證之. 孔子曰, 吾黨之直者, 異於是. 父爲子隱, 子爲父隱, 直在其中矣."

30) 『孟子』, 「盡心上」, "桃應問曰, 舜爲天子, 皐陶爲士, 瞽瞍殺人, 則如之何? 孟子曰, 執之而已矣. 然則舜不禁與? 曰夫舜, 惡得而禁之? 夫有所受之也. 然則舜如之何? 曰舜, 視棄天下, 猶棄敝蹝也, 竊負而逃, 遵海濱而處, 終身訢然樂而忘天下."

31) 이에 자세한 논의는 이상익의 「儒敎에 있어서 家族과 國家」『정치사상연구』 제9집(한국정치사상학회, 2003) 참조.

32) 『孟子』, 「離婁上」, "曾子養曾晳, 必有酒肉, 將徹, 必請所與, 問有餘, 必曰有. 曾晳死, 曾元養曾子, 必有酒肉, 將徹, 不請所與, 問有餘, 曰亡矣, 將以復進也. 此所謂養口體者也. 若曾子則可謂養志也. 事親若曾子者, 可也."

능했을 것이다. 그러나 윤문거는 척화와 폐복자수를 필생의 원칙으로 견지하였다.

그럼에도 불구하고 국왕의 입장에서는 거듭 벼슬을 내리지 않을 수 없었다. 국왕이 척화신을 외면한다면 그것은 척화신에 대한 예우가 아니었을 것이다. 한쪽에서는 계속 청요직을 내려주고 한쪽에서는 계속 사양하는 것은, 서로 각자의 도리를 다하는 것이라고 생각된다.

셋째, 윤문거는 자신의 불행에 대해 어느 누구에게도 그 탓을 돌리지 않았으며, 오히려 묵묵히 책임지는 모습을 보여 주었다는 점이다. 윤문거의 불충불효는 사실 유교사회에서 얼마든지 용인될 수 있는 성격임에도 불구하고, 윤문거는 그에 대해 일절 변명하지 않았다. 그는 오히려 폐복자수를 통해 자신의 불충불효를 반성하고 사죄하겠다는 태도로 일관하였다.

마지막으로, 윤문거의 '출처出處는 공의公義와 사분私分에 맞아야 한다'는 주장은 오늘날 청량한 귀감이 된다.

명재 윤증의 학문연원과 가학

동토 윤순거의 생애와 사상

✤

이 향 배

1. 머리말

16·17세기는 임진왜란과 병자호란을 겪고 당쟁이 심했음에도 불구하고 많은 인걸이 배출되어 문화적으로 매우 성숙된 시기였다. 성리학의 경우 이황과 이이를 정점으로 영남학과 기호학으로 나뉘어 리기성정理氣性情에 대한 논의가 더욱 심오하게 진행되었다. 문학 분야도 삼당시인三唐詩人과 권필·허균 등이 배출되어 활동하면서 시풍이 송풍宋風에서 당풍唐風으로 변모하였고 최립·윤근수와 문장사가文章四家를 중심으로 문장은 고문古文이 성행하였다. 또한 많은 시화서가 저술되는 등비평도 다양하게 이루어졌다. 이렇게 조선 중엽은 두 번에 걸친 전란과 치열한 당쟁黨爭 속에서도 목릉성세라 일컬어질 만큼 문화적으로

매우 흥성했다.

다양한 분야에서 인재들이 배출되어 문단文壇을 비롯하여 정계政界 또는 학계學界에서 적극 활동하는 가운데 점차 벌열가문이 형성되기 시작하였다. 그러한 벌열 가운데 대표적인 집안 중 하나가 논산 노성을 중심으로 활동하였던 파평윤씨가坡平尹氏家다. 우계牛溪 성혼成渾의 사위인 팔송八松 윤황尹煌(1572~1639), 후촌後村 윤전尹烇(1575~1636)의 형제들 그리고 동토童土 윤순거尹舜擧(1596~1668), 용서龍西 윤원거尹元擧(1601~1672), 석호石湖 윤문거尹文擧(1606~1672), 미촌美村 윤선거尹宣擧(1610~1669)를 비롯한 윤씨팔거尹氏八擧와 명재明齋 윤증尹拯(1629~1714), 농은農隱 윤추尹推(1632~1707) 등 당대를 풍미하였던 걸출한 인물이 한 집안에서 배출되었던 것이다. 그들은 절의와 학문으로 세상에 이름이 높았다. 윤황의 둘째 아들이며 윤증의 중부仲父가 동토 윤순거다.

윤순거는 학문뿐만 아니라 서예로도 유명했는데 특히 초서草書에 뛰어났다.[1] 문학에도 조예가 깊어 4책 9권의 많은 시문을 남기고 있다. 특히 시는 연대별로 편차되어 있어 윤순거의 심정心情을 이해하는 데 좋은 자료가 된다. 리학理學에 관한 저술은 그리 많지 않다. 몇 편 되지 않은 저술 중에는 「견현사재잠見賢思齋箴」과 같이 그의 리학사상이 잘 드러난 것도 있다. 이를 보면 성리학에 대한 그의 조예를 짐작할 수 있다. 또한 그는 『간양록看羊錄』을 간행하였으며 단종에 대한 기록을 모아 『노릉지魯陵志』를 편찬하기도 했다. 이러한 면모는 그가 비록 정치적으로 현달하지 못했더라도 당대에 학문적으로 활발하게 활동하

---

1) 『明齋遺稿』, 권43, 「仲父童土府君行狀 癸丑」, 韓國文集叢刊, 136冊, 민족문화추진회, 416쪽, 下.

였음을 보여 준다.

현재까지 미촌 윤선거나 명재 윤증[2]에 비해 윤순거의 생애나 학문사상은 학계에서 언급이 거의 안 되는 실정이다. 그러나 노성윤씨가의 학문적 토대를 본격적으로 마련한 인물이라 점에서[3] 윤순거에 대한 관심은 필요하다고 본다. 따라서 본고는 동토 윤순거의 생애와 사상에 대해 살펴보고자 한다. 사상은 다시 세 부분으로 나누어 구명할 텐데, 첫째는 시에 구현된 안빈낙도 사상이고, 둘째는 설說 · 잠箴에서 보이는 문체를 중심으로 리학사상을 밝히고자 한다. 마지막으로 편지나 행적에 나타나는 정치사상에 대해 살펴보기로 한다.

2. 생애와 저술

1) 생애

윤순거의 자는 노직魯直이고 호는 동토로 파평인이다. 그의 고조는 선지先智며 증조는 돈暾이고 조부는 창세昌世다. 창세의 장자가 죽산부사竹山府使 수燧며, 둘째 아들이 황煌이다. 윤순거는 황煌의 둘째아들로 태어나 백부인 죽산부사의 뒤를 이었다.

---

2) 김길락 · 남명진 외 10명, 『明齋 尹拯의 생애와 사상』, 충남대학교 유학연구소, 2001; 황의동 외 7명, 『韓國儒學과 明齋學의 淵源』, 충남대학교 유교연구소 설립 10주년 기념 국제학술대회, 2003.
3) 『童土集』 附錄, 「神道碑銘」, 坡平尹氏魯宗派大宗中刊, 1996, 833쪽, "先君常言, 吾諸弟之粗有樹立, 本自先生倡之也."

그는 선조 29년에 노성 득윤촌에서 태어났다. 어려서부터 원대한 뜻을 품고 13세까지 서울에서 외숙인 창랑滄郞 성문준成文濬(1559~1626) 에게 수학하였다. 그 뒤 전남 영광으로 내려가 18세까지 수은睡隱 강항 姜沆(1567~1618)에게 시문을 공부하였다. 19세 이후 사계沙溪 김장생金長 生에게 나아갔는데 동유同遊하였던 선비 가운데 따를 자가 없었다고 한 다. 그 뒤 다시 외숙인 창랑 성문준에게 수학하였다. 그의 학문적 연원 은 기호학맥에 있다고 하겠다. 그러나 광해군 말년에 윤황이 관직을 버 리고 향리로 물러나와 은거하자, 윤순거도 종제從弟인 용서 윤원거와 함께 과거를 포기하고 독서에 전념하고 고인古人으로 서로 기약하였다.

1623년 인조반정 후 북인이 물러나고 서인이 정권을 잡자 비로소 과거를 공부하였다. 그러나 윤순거는 고문사古文詞를 좋아하여 과거정 식에는 별로 힘을 기울이지 않았다. 이 때문에 번번히 낙방하다가 인 조 11년에 이르러서야 비로소 사마시에 합격하였다. 내시교관에 임명 되었으나 환관들과 서로 친압親狎하는 것을 싫어하여 벼슬을 버리고 향리로 물러나왔다. 병자호란을 당해 아버지 윤황이 청淸과의 화의를 반대하여 주화파를 공척하다가 귀양가고, 숙부 윤전도 강화도에서 순 절하게 되자, 이에 윤순거는 아우 윤원거와 함께 나라의 비상한 변고 를 통분하고 고향 노성으로 내려가 학문에 전념하였다. 그 뒤 한동안 서울에는 발걸음을 끊고 때로 바다와 산으로 유람하면 세월을 보냈다.

1645년에 윤순거는 대군사부大君師傅를 제수받았다. 모친 성부인成夫 人의 나이가 많고 집이 가난하므로 그는 이를 계기로 환로宦路에 접어 들었다. 벼슬길에 나서면서 그는 "임금의 명에 공손히 나가지 않을 수 없으나 업신여김을 고상한 것으로 삼아서는 안 된다. 자기 분수를 헤 아려 처하지 않을 수 없으니 억지로 명분을 삼아서도 안 된다. 나는 의를 행할 수 있다면 낮은 벼슬도 부끄럽지 않다"[4]라고 했다. 그래서 그는 실정하는 데 처사가 지나치면 부끄럽게 여겼으며 존부尊富를 사양하고 낮게 처신하였다. 3년 뒤 상의원주부商衣院主簿가 되었고 형조좌랑을 거쳐 안음현감·의령현감 등을 지냈다. 이때 의령에는 산전山田에서 거둬들인 세포細布가 매우 많았으므로 전후의 수령들이 모두 사사롭게 취하였다. 이에 반해 윤순거는 개인적으로 하나도 취하지 않고 향중鄕中 유사有司들에게 나누어주어 민역民役을 도왔다. 또한 평소에 추강 남효온의 절의가 동봉 김시습과 백중伯仲이 된다고 여기던 터에 남효온이 바로 이 고을 출신이고 퇴계 이황의 유적이 있다는 사실을 안 뒤에 윤순거는 이들을 존숭하는 의미에서 두 사당을 세우고 몸소 향음주례를 행하여 사속士俗을 흥기시키기도 했다.

1655년 공조정랑을 거쳐 1660년 영월군수로 내려간 윤순거는 단종의 사묘인 지덕암旨德庵을 중건하였다. 또한 단종과 사육신에 관한 야사나 여러 가지 기록을 수집하여 『노릉지』를 편찬하였다. 1665년 사헌부장령에 제수되었으나 사퇴하였고, 그 뒤 사직서령社稷署令·군자감정·상의원정 등을 지내다가 1668년 73세의 일기로 성남 우사寓舍에서 생을 마쳤다.

윤순거의 학문에 대해 최석정(1646~1715)은 "자품이 아름답고 질박하며 학문은 진원까지 거슬러 올라갔네. 남긴 교화가 사람에게 있으니 백세토록 잊지 못하겠네"[5]라고 추숭하였다. 또한 정수靜修 최후량

---

4) 『明齋遺稿』, 권43, 「仲父童土府君行狀 癸丑」, 韓國文集叢刊, 136册, 민족문화추진회, 416쪽, 下, "君命不可不恭赴, 不可傲以爲高也. 己分不可不量處, 不可强以爲名也. 吾義可行 小官有所不羞也."

5) 『童土集』附錄, 「春秋享祝文」, 坡平尹氏魯宗派大宗中刊, 1996, 855쪽, "生稟懿

崔後亮(1616~1693)은 윤순거의 학덕과 처세에 대해 다음과 같이 말했다.

> 맑으면서 좁지 않았고 곧으면서 속인을 끊지 않았으며, 유아儒雅는 세상에
> 서 추대하였고 효우는 천성이었네. 인으로 사물을 접했고 세상을 경영할
> 만한 학식이 있었네. 문은 선진에서 나왔고 도는 태역太易에 참여하였네.
> 고상한 마음에 거지擧止가 모범이었고 일취逸趣는 맑았네. 안연이 누항에서
> 가난을 즐거워하고 원헌이 청빈함을 달게 여겼네. 사람들은 그 근심을 병들
> 게 여기지만 공은 편안히 즐거워하였네.6)

이러한 평가로 보면 윤순거는 청아한 자품으로 학식과 경륜을 겸
비하였던 인물이었다. 그러나 만년에 낮은 관직을 전전하다가 세상에
경륜을 제대로 한번 펴지 못하고 평생 동안 안빈낙도의 삶을 지향하였
던 그의 내면세계도 아울러 유추해 볼 수 있다. 후술하겠지만 그의 시
를 보면 안빈낙도를 지향하였던 그의 내면세계가 잘 구현되어 있는데
이러한 평가와 일맥상통하는 면이 있다.

2) 저술

동토 윤순거는 평생 동안 많은 저술활동을 하였다. 그가 남긴 문
집의 원본은 필사본으로 4책 9권으로 되어 있다. 1721년 손자 윤지교

質, 學溯眞源. 遺化在人, 百世不諼."
6) 『童土集』附錄,「司憲府掌令 贈吏曹參判童土先生尹公墓誌銘」, 坡平尹氏魯宗派
大宗中刊, 1996. 804쪽, "淸而不隘, 貞不絶俗. 儒雅世推, 孝友天得. 接物之仁, 經
世之識, 文出先秦, 道參太易. 高情標擧, 逸趣耿潔. 顔巷簞瓢, 原思藜藿. 人病其憂,
公安其樂."

尹智敎와 윤인교尹仁敎가 명재 윤증과 함께 수집하여 순서를 매기고 해서체로 정서한 것으로 보인다. 이를 저본으로 하여 1741년에 노성에서 후손이 철자鐵字로 간행했는데 초고본에서 산삭된 작품이 많았다. 이 산삭된 저술을 모아 1901년에 후손이 속집續集 5권으로 간행하였다.

『동토집』을 보면 1권부터 4권까지는 시 674수가 수록되어 있는데, 대략 창작된 시기별로 실려 있다. 「병사록丙舍錄」은 윤순거가 28세부터 선영 아래에 기거하면서 지은 시를 모은 것이다. 57세에 그는 의령 현감으로 부임하는데 이때 지은 시가 「의춘록宜春錄」에 수록되었다. 65세에 영월에 나갔을 때 지은 시를 모은 것이 「우월음于越吟」이며 대략 70세 이후 말년의 시를 기록한 것이 「성남록城南錄」 상·하다. 그의 시를 보면 지어진 시기별로 창작 대상과 내용이 달라짐을 볼 수 있다.

권5에는 잡저雜著·행장行狀을 비롯하여 묘지명·잠箴·송서送序·상량문上樑文·제문祭文 등 35편의 문이 수록되어 있다. 권6에는 14편의 서序·발跋·기記·설說 등이 있다. 이 중 「공최근인설公最近仁說」은 인仁에 대한 그의 견해를 잘 나타내 주며, 「장주화호접설莊周化蝴蝶說」은 유학적인 입장에서 장자를 비판한 내용이다. 권7에서 권9까지는 사우들과 왕래한 편지 209편이 수록되어 있다.

윤순거의 저술은 문보다는 시가 많은 편이다. 당시 일반적인 관인 문인과 비교한다면 그의 문집은 문체가 다양하지 않다. 그가 주로 낮은 관직을 역임하였기 때문에 실생활에서 필요한 문체 외에는 창작할 기회가 주어지지 않았을 것이다. 또한 윤순거 자신도 문장가로서 자부하지 않았으며 전념하지도 않았다. 사우들과 왕래한 편지나 비지류·제문 등이 많은 사실로 비추어 볼 때 윤순거는 실용문 위주로 창작하였을 뿐 문학을 향유하기 위해 저술하지는 않았다고 볼 수 있다.

한편 그는 스승이었던 수은 강항의 문집인『건차록巾車錄』을 정리하여『간양록看羊錄』으로 개명하고 간행하는 데 주도적인 역할을 하였다. 또한 영월군수로 부임하여 단종과 사육신에 관한 기록을 수집하여 편찬한『노릉지』는 그의 대표 업적 중 하나다.『노릉지』는 영월 관아에 소장되었던『노릉록魯陵錄』을 보고 윤순거가 누락된 부분이 많음을 안타깝게 여긴 나머지 선인들의 문집이나 기록 중에서 단종에 관계된 자료를 수집하고 체계적으로 정리하여 2권의 책으로 간행한 것이다. 권1는 사실事實 · 분묘墳墓 · 사묘祠廟 · 제축祭祝으로 나뉘어져 있고, 권2에는 제기題記 · 부록附錄 등이 있다. 모두 6편으로 분류 · 편집되어 있는데 참고한 자료를 보면 성현成俔의『용재총화慵齋叢話』를 비롯하여『추강집秋江集』·『무오록戊午錄』등에 이르기까지 45종이었다.

윤순거는『노릉지』를 편찬한 이유를 다음과 같이 설명하였다.

아! 폐함도 있고 흥함도 있는 것은 하늘과 운명 아님이 없다. 열성列聖들이 계속 생각하여 근심하고 슬퍼하여 추숭한 것이 다하였다. 홀로 육신六臣에게는 아직도 신원伸寃한 전례가 없으니 지금 만약 그 절의를 허락하고 그 원한을 씻어 주어 사당에서 철식腏食하게 하여 군신이 한몸이라는 의리를 밝히게 한다면 이것은 성조聖朝의 아름다운 일이며 천고의 풍성風聲인데 누가 능히 한마디 말로 우리 임금의 곁을 두드리겠는가.7)

『노릉지』의 편찬의도는 사육신의 원한을 씻어 주고 군신간의 의

---

7)『童土集』附錄,「魯陵志跋」, 坡平尹氏魯宗派大宗中刊, 1996, 1035쪽, "嗚呼有廢有興, 莫非天非命也. 列聖繼思恐惻而崇報者盡矣, 而獨於六臣也, 尙無曠蕩之典. 今若許其節, 雪其寃, 使之腏食於廡下, 以明君臣一體之義, 則寃聖朝之美事, 千古之風聲, 而誰能以此一謦欬於吾君之側哉."

리를 밝히는 데 있었다. 이를 보면 윤순거의 절의정신을 엿볼 수 있을 뿐만 아니라 군신간의 도리가 어떠해야 하는지 사우들에게 보여 주려는 의도도 확인할 수 있다. 이 책이 근간이 되어 뒤에 사육신의 신원을 회복하는 데 중요한 근거가 되었다고 한다.

3. 시문학에 나타난 안빈낙도

윤순거는 평생 많은 시를 창작하였다. 그의 시는 편편마다 창작된 시기를 정확하게 알 수 없어도 문집에는 지어진 시기별로 순서를 매겨 수록하였기 때문에 대략은 파악할 수 있다. 그의 시를 보면 관직생활을 본격적으로 시작하기 전 다시 말하면 주로 50대 이전에 지어진 시에는 산수를 유람하면서 느낀 감회나 우국憂國적인 내용과 안빈낙도의 사상이 많이 나타나고 있다. 이러한 내용 중 본 장에서는 윤순거의 시작품에서 특징적으로 나타난 안빈낙도의 사상에 대해 살펴보기로 한다.

윤순거가 젊은 시기에는 임진왜란·병자호란과 광해군의 혼정이 있었다. 정치적 변화가 급격하게 일어나 세상이 흉흉하므로 그는 학문에 전념할 뿐 출세에는 뜻을 두지 않았다. 더군다나 생부인 팔송 윤황이 광해군의 폭정을 피해 전남 영광군수로 나갔기 때문에 광해군이 통치하던 기간 동안에 윤순거는 과거에 대한 미련이 아예 없었다. 출세에 대한 미련을 버린 그는 향촌에 은거하면서 산수와 함께 도를 즐기려는 자세를 취하였다. 이러한 면모는 그의 시에서 쉽게 발견할 수 있다. 1620년 그의 나이 25세에 지은 「용타운이자견用他韻以自遣」 가운데 첫수를 보자.

속태의 인정은 비구름 같이 뒤바뀌는데,	俗態人情雲雨飜
동서남북 어디가 낫다고 논할까.	東西南北詎堪論
꽃을 머금고 빛남을 감추며 구원丘園에서 지내니,	含華隱曜賁丘園
도를 즐기고 가난에 편안하여 원망도 은혜도 없네.	樂道安貧無怨恩
태양이 뜰에 비춰도 새는 울지 않고,	白日臨階鳥不喧
창 밖에 청산이라 잡목으로 문을 하였네.	靑山當戶柴爲門
금서琴書는 산만하고 동이에 술도 가득하니,	琴書散漫酒盈尊
머무른 구름에 머리 곧추고 부질없이 말하려 하네.	矯首停雲空願言[8]

　이 작품이 창작되기 2년 전 인목대비는 서궁에 유폐되고 명망이 높았던 백사 이항복은 철령으로 유배간 후 죽었다. 뿐만 아니라 정치가 문란하여 관리들의 횡포에 민정民情은 황폐되어 있었다. 기련起聯에서 윤순거가 읊었듯이 세태에 따라 인심도 급변하여 항심恒心을 지키는 선비가 드물게 된 것이다. 당시에 부친 팔송 윤황도 관직을 사퇴하고 향리로 물러나 있었다. 이러한 상황에서 윤순거는 자신의 능력을 감추고 안빈낙도하려는 삶을 지향했다. 청산이 창문에 임할 정도로 궁벽한 산골에 살면서 책과 술을 벗삼아 지내고 있음은 안빈낙도의 모습이다. 자신은 스스로 시골에 살면서 도를 즐기고 있지만 무력한 존재는 아니라고 여긴다. 잠룡潛龍과 같이 큰 포부를 품고 있으므로 당당하게 머무른 구름에 머리를 곧추세운 것이다. 호연한 그의 기상을 볼 수 있다.

　도를 즐기므로 당연히 윤순거는 부귀에 관심을 두지 않았다. 그는 "경화에서 거니는 것은 내 뜻이 아니니, 봄 물결에 계응의 배 오르기를 기약하네"[9]라고 읊어 자연과 함께 하기를 바랐다. 또한 그는 "아름

---

8)『童土集』, 권1, 「用他韻以自遣」, 坡平尹氏魯宗派大宗中刊, 1996, 31쪽.

다운 패물과 옷이 무슨 상관인가. 마음 한가로움 좋아하니 몸이 퍼지네. 묵묵히 알고 인의에 침잠하니, 진실로 이 즐거움 아는 자 누구이던가?"10)라고 읊었다. 부귀에 관심조차 없는 이유는 마음이 한가하기를 좋아하기 때문이다. 마음을 한가롭게 하는 방법이 바로 인의에 있다. 인의仁義의 도에 침잠하는 즐거움은 자신만이 알고 있다는 것이다.

인의의 도에 침잠한 윤순거는 자신의 담박한 내면세계를 지향한다. 하늘로부터 타고난 기질이 사람마다 다르기 때문에 인생을 살아가는 처세술도 다양하다. 대부분의 인간관계가 권세와 이욕利慾에 따라 변하고 희노애락喜怒哀樂이 사정私情에 따라 좌우되는 것은 고금古今이 다를 바 없다. 당시의 세태에서 이러한 면모를 절감한 윤순거는 담박한 삶을 추구하였다. 다음은 「구호오절시이세경口號五絶示李歲卿」 가운데 첫 수다.

세상에는 시고 짜고 쓴 맛이 갖추어져 있지만,　世味酸醎苦備嘗
담박淡泊함이 가장 좋은 줄 비로소 알았네.　　始知淡泊最爲長
이익과 명예를 따짐은 모두 사라지고,　　　　利名計較都消盡
다만 빙호氷壺에 가을 달 같은 마음만 있네.11)　只有氷壺秋月明

세속에는 다양한 양태의 삶이 존재한다. 이익과 헛된 명예만 좇는 세태 속에서 부화附和하지 않는 군자로서의 바람직한 삶을 윤순거는 담박함에서 찾았다. 담박함을 지향한 결과 이명利名을 계산하는 마음

---

9) 『童土集』, 권1, 「次李用卿」, 坡平尹氏魯宗派大宗中刊, 1996, 35쪽, "覽盡京塵非我志, 春波期上季膺船."
10) 『童土集』, 권1, 「用他韻以自遣」, 坡平尹氏魯宗派大宗中刊, 1996, 31쪽, "前略, 何關瓊珮及霞裾, 好取心閑仍體舒. 黙識沈潛仁義廬, 誠知此樂者誰歟."
11) 『童土集』, 권1, 「口號五絶示李歲卿」, 坡平尹氏魯宗派大宗中刊, 1996, 39쪽.

이 사라지고 빙호에 비친 가을 달 같은 깨끗한 마음상태에 이르는 효과를 얻었다. 담박이야말로 마음을 맑게 하는 방법이었던 것이다. 이는 인의에 침잠했을 때 얻을 수 있다.

그는 공명에 대한 뜻을 저버리고 안빈낙도를 일생 동안 추구했다. 그가 안빈낙도하는 구체적인 모습은 「안락와기安樂窩記」를 통해 유추해 볼 수 있다.

> 무릇 도는 큰길과 같으니 오직 현자 이후에 이를 즐긴다. 가난함은 선비에게는 당연한 것이지만 홀로 군자라야 능히 편안히 할 수 있다. 진실로 이 도가 없다면 무엇이 편안하고 무엇을 즐기겠는가. 이 사람은 세상에서 숭상하는 것이 없다. ① 풍월을 품고 강호江湖에서 기를 기르며, ② 부귀를 취하지 않고 맞이하고 보내는 일이 없으며, ③ 몸은 있되 자취가 없으며 용用은 있되 마음이 없는 자다. ④ 내성외왕內聖外王의 도를 전하고 무극 음양 오행의 이치를 궁구하며 하나의 중中에서 체용體用을 나누고 심상에서 경륜經綸을 일으켰다. ⑤ 천지의 마음을 내가 다했고 만물의 변화를 내가 궁구했으며 황왕제백皇王帝伯에 내가 그 술을 알고 원회운세元會運世에 내가 그 수를 알아 깊음을 지극히 하여 기미를 연구하였고 시작에 근원하여 종終으로 돌아갔다.12)

이 글은 무명공無名公의 건물에 대한 기문 내용 중 일부다. 윤순거가 무명공의 안빈낙도하는 모습을 구체적으로 서술한 부분이다. ①은 자연과 함께 유유자적하면서 호연한 기상을 길렀음을 의미한다. ②는

---

12) 『童土集』, 권6, 「安樂窩記」, 坡平尹氏魯宗派大宗中刊, 1996, 527쪽, "斯人也, 世莫之尙, 懷風月氣江湖, 不富貴無將迎, 有體而無迹, 有用而無心者也. 傳內聖外王之道, 究無極二五之理, 分體用於一中, 起經綸於心上. 天地之情吾其盡, 萬物之變吾其窮, 皇王帝伯吾知其術, 元會運世吾知其數, 極深而研幾, 原始而反終焉."

부귀공명에 대한 뜻이 없고 속유들과 어울리지 않았음을 서술한 것이다. ③은 은거하고 세상에 초탈하였음을 설명한 것이며, ④와 ⑤는 그의 도달한 학문 경지를 말한 것이다. 굳이 분리하여 본다면 ①, ②, ③은 안빈安貧의 모습이며 ④와 ⑤는 낙도樂道의 구체적인 내용이라 할 수 있다. 이것은 비록 건물의 주인인 무명공에 대한 기록이지만 작자인 윤순거가 평소에 지향하였던 안빈낙도의 구체적인 모습이라고도 할 수 있다.

외적으로는 자연을 벗하면서 기氣를 기르고 내적으로는 도道의 근원과 물物의 변화 원리 및 인사人事에 대해 탐구하는 것이 그가 추구하였던 안빈낙도하는 실상이라 하겠다. 부귀공명을 구하지 않고 자연과 함께 도를 즐기면서 살고자 하는 이러한 면모는 그가 평생 동안 추구하였던 바다. 이는 「숭악연구崇岳聯句」에서도 확인할 수 있다.

선비는 우주 안에 태어나서,	士生宇宙內
호걸로 사는 것이 중요하다네.	貴是作人豪
일기逸氣는 가을 소리개보다 높고,	逸氣騰秋鶚
웅심은 바다거북이 낚을 만하네.	雄心犁海鰲
출세에 뜻을 둔 것은 아니지만,	雖非志軒冕
어찌 사람이 봉호蓬蒿에만 있을까.	豈是人蓬蒿
부귀는 달팽이 두 뿔과 같고,	富貴兩蝸角
공명은 하나의 기러기 털이네.	功名一鴻毛
강산은 돌아가기 좋으니,	江山好歸去
천지에 바람과 파도일세.	天地卽風濤
오늘 저녁은 어느 저녁인고,	今夕是何夕
우리들은 속된 무리 아닐세.	我曹非俗曹
……	

어찌 안자 누항을 걱정했으리오,　　　　　　　　　　寧憂顔子巷
중유의 온포도 부끄럽지 않았지.　　　　　　　　　　不恥仲由袍
……
형체 밖에서 방랑하여,　　　　　　　　　　　　　　放浪形骸外
해가 다하도록 함께 즐기세.　　　　　　　　　　　窮年與共遨[13]

이 시를 보면 천지天地 중간에 태어나 호걸스런 삶을 지향하였던 그
의 풍모風貌가 잘 나타나 있다. 그것은 다름 아닌 부귀공명을 버리고 자
연과 함께하는 삶이다. 그런 삶을 추구하기에 안연이 도를 즐기면서
궁벽진 시골에서 가난하게 살았던 것처럼 윤순거도 누항에서 빈곤하
게 사는 것을 걱정하지 않았다. 또한 『논어』를 보면 공자는 자로에게
떨어진 도포를 입고 여우나 담비 가죽으로 만든 외투를 입은 부유한
사람들과 함께 있어도 걱정하지 않을 자[14]라고 칭찬하였다. 자로가 가
난함을 부끄러워하지 않은 것처럼 윤순거도 부귀에 마음이 동요되지
않았다. 윤순거는 부귀공명보다 한차원 높은 다른 세계가 있음을 알
았기 때문에 그들 앞에서 당당해질 수 있었던 것이다. 이것은 바로 낙
도樂道의 경지다.

　이상으로 논의한 바와 같이 윤순거의 시문학에는 안빈낙도의 사
상이 잘 나타나 있다. 이는 당시 광해군의 혼정과 병자호란 등으로 인
한 시대적인 불우함과 평생 동안 말단 관직을 전전하면서 쌓인 내적
갈등 속에서 도출된 결과라 하겠다. 부귀공명에 대한 뜻을 저버리고 자
연과 함께 도를 즐기면서 분수에 맞는 삶을 추구하였던 윤순거의 내

---

13) 『童土集』, 권1, 「崇岳聯句」, 坡平尹氏魯宗派大宗中刊, 1996, 49쪽.
14) 『論語』, 「子罕」, “子曰 衣敝縕袍, 與衣狐貉者, 立而不恥者, 其由也與.”

면세계가 자연스럽게 시로 승화된 것이다. 불우한 삶 속에서도 갈등하지 않고 군자적 삶을 추구하였던 윤순거의 성정性情이 자연스럽게 시문학에서 안빈낙도의 사상으로 발로되었다. 그러므로 윤순거의 시에 구현된 안빈낙도의 사상은 가식이 아닌 진정이 묻어 있다. 이러한 진정眞情은 담박한 수사기교를 통해 더욱 배가되었다고 볼 수 있다.

4. 리학사상

16세부터 17세기에 이르는 조선 중엽은 리학이 최고조에 다다른 시기다. 퇴계 이황의 학풍이 주로 영남지역에서 성행했던 반면에 기호지방에서는 율곡 이이와 우계 성혼의 학맥을 중심으로 학풍이 형성되었다. 윤순거는 바로 우계 성혼의 외손이면서 외숙인 창랑 성문준과 사계 김장생의 학통을 계승하였다. 그의 리학은 기호학맥에 연원을 둔다. 그의 문집에는 태극음양太極陰陽이나 리기성정理氣性情에 대해 본격적으로 논의한 자료가 거의 없다. 그렇다고 성리학에 대한 이해가 없었다고 단언하기는 이르다. 잠箴·설說 등을 보면 리학적인 내용이 포함되어 있는데, 본 장에서는 이러한 문체를 중심으로 그의 리학사상을 살펴보기로 한다.

윤순거는 성리학에 대해 이론적 탐구는 물론 실질적인 교육과 수양에도 많은 비중을 두었다. 그가 의령현감에 있으면서 퇴계 이황과 추강 남효온의 사당을 건립한 것도 바로 이러한 측면에서 이루어진 것이라 하겠다. 그는 사람의 재주는 하늘로부터 동등하게 부여받는데 실제로 질적 차이가 나는 것은 강습講習하는 도를 모르기 때문으로 여겼다.

이는 「정언문呈偃文」에서 다음과 같이 말한 사실에서 확인할 수 있다.

하늘이 인재人才를 내는 데는 진실로 박하고 후함이 없는데 이 나라의 누추함이 다른 데 비해 특히 심한 것은 강습하는 도를 알지 못한 까닭이다.[15]

일반적으로 성리학에서 볼 때 하늘로부터 부여받은 동등한 것은 본연本然의 성性이다. 즉 인의예지仁義禮智의 성품은 누구나 동등하게 부여받았다고 본다. 재才는 본래 재질才質과 재능才能으로 나눌 수 있다. 재질은 재료才料, 질간質幹을 의미하므로 체體다. 재능은 일을 할 수 있는 능력으로 용用의 측면에서 말한 것이다.[16] 이는 기질氣質적인 문제에 해당하므로 개인적인 차이가 있다. 그런데 윤순거는 하늘이 부여할 때 후박厚薄의 차이가 없다고 본다는 점에서 일반적인 견해와는 다르다. 이는 맹자의 견해와 상통한다고 볼 수 있다.[17] 결국 개인적인 차이가 나는 것은 후천적인 것으로 강습하는 도를 알지 못한 데서 비롯한 것이라 설파하고 있다.

그렇다면 강습하는 도란 무엇을 의미하는가. 그것은 학문을 통한 인격수양을 의미한다. 윤순거는 「견현사재잠見賢思齋箴」에서 덕을 닦아

---

15) 『童土集』, 권5, 「呈偃文」, 坡平尹氏魯宗派大宗中刊, 1996, 481쪽. "天之生才, 固無薄厚而此邦之陋, 視他特甚者, 以未知講習之道故也."

16) 陳淳, 『北溪先生字義詳講』, 권상, 「才」, "才是才質才能. 才質猶言才料質幹, 是以體言. 才能是會做事的, 同這件事, 有人會發揮得, 有人全發不去, 便是才不同, 是以用言."

17) 『孟子』의 "若夫爲不善, 非才其罪也"나 "求則得之, 舍則失之, 或相倍蓰而無算者, 不能盡其才者也", "孟子曰, 富歲子弟多賴, 凶歲子弟多暴, 非天之降才爾殊也. 其所以陷溺其心者然也" 등에서 말한 才는 才能과 才質을 포함한 것으로 맹자는 性사뿐만 아니라 才도 하늘로부터 동등하게 부여받는다고 보았다.

야 함을 자상하게 진술하고 있다. 그는 "오직 하늘이 중中을 세우니, 혁혁히 밝은 명命이 있네. 현자든 어리석은 자든 함께 얻으니, 누가 이 성性이 없겠는가?"[18]라고 하였다. 사람마다 부여받은 본성本性의 존재 근거는 하늘이다. 하늘이 부여해 준 본성을 온전하게 발휘할 수 있도록 기질을 변화시키는 과정을 수양이라 할 수 있다. 그 본성을 거느리고 있는 것이 심心이라 할 때 심心에는 생각하고 판단할 수 있는 기능이 있다. 그래서 본성으로 회복하는 방법으로 윤순거는 '사思'를 제시하고 있다.

심관은 생각을 하니,	心官則思
사람들은 아름다운 덕을 좋아하네.	人好是德
생각하면 이에 가지런하니,	思則乃齊
가지런치 못한 자는 한계짓네.	不齊者畫
보고 가지런할 것을 생각해야,	見而思齊
이에 얻지 못함이 없다네.	乃罔不獲
오직 생각하지 못하는 지라,	惟其不思
이 때문에 얻지 못한다네.	是以無得
그 생각을 어찌해야 하나,	其思奈何
자기를 이기고 예로 돌아가는 것.	克己復禮
그 가지런함 어떻게 하나,	其齊伊何
요순을 스스로 기약하네.	堯舜自待
생각하며 날마다 부지런히 하고,	思日孜孜
경계하여 자포자기 말게나.	戒勿暴棄[19]

---

18) 『童土集』, 권5, 「見賢思齊箴」, 坡平尹氏魯宗派大宗中刊, 1996, 475쪽, "惟天建中, 赫有明命. 賢愚同得, 孰無是性."
19) 『童土集』, 권5, 「見賢思齊箴」, 坡平尹氏魯宗派大宗中刊, 1996, 475쪽.

이를 보면 윤순거는 '사思'를 매우 중시하고 있다. 생각을 어떻게 하는가에 따라 덕이 현자賢者와 같아질 수 있기 때문이다. 사思의 구체적인 내용물이 무엇인가라고 할 때 그는 극기복례克己復禮를 제시하였다. 이를 통해 도달해야 할 목표점이 요堯·순舜의 경지다. 윤순거는 자포자기하지 않고 날마다 '사思'를 통해 극기복례에 매진하도록 강조했다. 그래서 "언행이 요堯면 이 사람이 요堯다"20)라고 할 정도로 그는 실천을 강조했다.

극기복례는 공자가 안연에게 인을 하는 방법으로 제시해 준 것이다. 안연은 공자에게 도를 배우고 실천하다가 "우러러볼수록 더욱 높고 뚫을수록 더욱 견고하며 바라봄에 앞에 있더니 갑자기 뒤에 있도다"21)라고 절로 탄식했다. 안연이 공자에게 도를 배워 성심誠心을 다해 실천한 결과 공자의 경지가 얼마나 깊은가를 깨닫고 발한 감탄이다. 실천을 통해 성인의 경지를 진정으로 깨달아 거의 도달하지 못했다면 이러한 감탄이 나올 수 없을 것이다. 그런 안연이 공자가 말하는 인仁의 경지에 접근하고자 사용했던 방법론이 극기복례다. 극기복례克己復禮는 인을 실천하는 방도다.

그렇다면 유자儒者에게 있어 도를 실천하고 궁극적으로 도달해야 할 목표는 인仁으로 설정될 수밖에 없다. 윤순거 역시 인仁을 매우 중시하였다. 다음 글은 명재 윤증에게 자字를 도인蹈仁이라 지어주면서 인仁을 설명한 말이다.

---

20) 『童土集』, 권5,「見賢思齊箴」, 坡平尹氏魯宗派大宗中刊, 1996, 475쪽, "言堯行堯, 是堯而已."
21) 『論語』,「子罕」, "顔淵 喟然歎曰, 仰之彌高, 鑽之彌堅, 瞻之在前, 忽焉在後."

인仁의 도道는 지극히 커서 그것을 감당하기가 진실로 어렵다. 건乾이 시작하고 곤坤이 낳으니 사람이 그것 때문에 사람이 된다. 인을 하는 것은 자기로 말미암으니 측은함이 그 단서다. 진실로 넓혀 채운다면 샘이 흐르고 불이 타는 것과 같다. 진실로 널리 사랑하면 천하가 인으로 돌아간다.[22]

인의 도는 한마디로 설명할 수 없을 정도로 크다. 말로 그것을 모두 설명할 수 없지만 사람은 인仁의 원리 속에서 살아간다. 우리의 삶 자체가 인仁이 구현되는 것이므로 인仁은 곧 생生의 원리라고 할 수 있다. 그러므로 인을 상실하면 사람으로서의 존재 근거가 상실되는 결과를 초래한다. 그래서 윤순거는 사람으로서 인을 실천해야 하는데 그것은 자기 자신에게 달려 있다는 것이다. 진실로 널리 사랑하면 천하가 인으로 돌아간다고 한 것은 인仁을 실천한 공효功效가 큼을 의미한다.

경서經書를 보면 인仁의 개념에 대해 공자가 설명한 적이 없다. 주로 인을 실천하는 방법에 대해 말했을 뿐이다. 당唐에 이르러 한유韓愈는 『원도原道』에서 "박애博愛"라 명명하였지만 송대의 유학자들부터 비난을 받았다. 이에 비해 주희는 "애지리愛之理"로 설명하였다. 윤순거의 인仁에 대한 그의 해석은 기존의 설과 약간 달리한다. 그는 인仁을 '각覺'·'인人'·'애愛'로 풀이하였던 선현들의 설에 대해 모두 인仁에 대한 설명이 부족하다고 보았다. 그래서 인을 '공公'으로 해석한 그는 다음과 같이 말하였다.

---

22) 『童土集』, 권6, 「阿拯字說」, 坡平尹氏魯宗派大宗中刊, 1996, 555쪽. "仁道至大, 當之實難. 乾始坤生, 人以之人. 爲之由己, 惻隱其端. 苟擴而充, 泉達火然. 誠博其愛, 天下歸仁."

아! 인의 체가 지극히 크니 자못 한 글자로 풀이하기가 어렵다. 그러나 인
의 도는 요컨대 다만 하나의 공公이란 글자로 말할 수 있다. 정숙자程叔子도
또한 일찍이 말한 적이 있으니 굳이 말한다면 반드시 공公일 것이다. 공公
의 뜻을 취함에 각覺·인人·애愛에 비하여 비교적 가장 좋으니 학자들이
다만 능히 공公에만 종사한다면 인仁을 구하는 것이 더 이상 근접할 것이
없다.[23]

　　사실 인仁은 인仁일 뿐으로 다른 어떠한 문자가 이를 대변해 모든
것을 설명해 줄 수는 없다. 그러나 그것을 이해하기 위한 단초가 필요
한 것은 분명하다. 윤순거는 기존 선유들의 인에 대한 설을 충분히 검
토하고 고민했다. 그 결과 윤순거는 인仁에 대한 접근이 공公으로부터
시작해야 한다고 판단한 것이다.

　　윤순거는 인에 대한 접근을 공公에서부터 시작하는 근거를『주역』
「건괘乾卦」의 사덕四德 가운데 하나인 원元에서 찾고 있다. "원은 만물
의 시작이 되며 각각 성명을 바르게 하므로 곧 건도乾道의 큼은 이에
건乾이 하는 것이다. 원元이 원元이 되는 까닭은 곧 그 사私가 없기 때
문이다"[24]라고 하였다. 그래서 그는 사私가 없는 것이 하늘을 거느리는
도라고 설명했다. 하늘에 있어서 원元은 사람에겐 곧 오성五性 가운데
인仁에 해당한다. 그는 인이란 천지 만물을 일체一體로 삼아 오상五常을
포함하고 만선萬善을 관통하니 인심의 온전한 덕이면서 천하의 올바른

23)『童土集』, 권6,「公最近仁說」, 坡平尹氏魯宗派大宗中刊, 1996, 547쪽, "仁體至
大, 殆難以一字爲訓. 然仁之道, 要之只消道一公字. 程叔子亦嘗言之矣, 無已則必
也其公乎. 公之取義, 比覺與人與愛也較愜, 學者但能從事於公, 則求仁莫近焉."
24)『童土集』, 권6,「公最近仁說」, 坡平尹氏魯宗派大宗中刊, 1996, 547쪽, "大哉乾
元, 萬物資始, 洪纖高下, 各正性命, 則乾道之大, 乃乾之爲, 而元之所以元, 卽以其
無私也."

이치라고 설명하였다. 자기의 사私를 극복하여 다하면 허명虛明하고 밝고 맑아, 몸과 마음이 매우 온당하여 물아일체物我一體의 경지에 도달한다는 것이다. 그러므로 공公을 소유한 뒤에 자연의 생의生意가 채워지고 자라나 보존하고 발한 것이 천리天理로, 인을 모두 쓰지 못할 것이라고 하였다.25) 이를 통하여 윤순거가 공公을 인에 접근하는 요로로 삼은 이유를 확인할 수 있다.

이상의 논의로 볼 때 윤순거의 리학사상은 공자의 인仁사상에 기초한다고 할 수 있다. 사람의 재주가 하늘로부터 동등하게 부여받았다고 본 것은 기존 성리학자의 논의와는 다르지만 맹자의 설과는 상통하는 점이 있다. 그는 인격수양에 있어서 '사思'를 매우 강조하였다. 윤순거는 '사思'를 통해 극기복례하여 끊임없이 정진함으로써 요순의 경지에 이르기를 바랬다. 이는 인의 실천을 강조한 것이다. 윤순거는 인에 접근하는 요로로 공公을 제시했다. 공公은 사私가 없는 것으로 이를 통해 인으로 나아가면 물아일체의 경지까지 이를 수 있다고 보았다. 따라서 인을 공公으로 해석한 것은 기존의 성리학자의 설과는 다른 면모라고 할 수 있다.

5. 정치사상

유학은 수기치인修己治人의 도다. 『대학』의 팔조목 가운데 수신修身

---

25) 『童土集』, 권6,「公最近仁說」, 坡平尹氏魯宗派大宗中刊, 1996, 547쪽, "亦由是公而已. 有斯而後, 自然之生意, 日以充長, 所存所發, 無非天理而仁不可勝用矣."

을 포함하여 격치성정格致誠正까지는 수기修己에 해당하며 제가치국평천
하齊家治國平天下는 치인治人에 해당한다. 맹자가 "어려서 배우는 것은 장
차 행하려고 하는 것이다"라고 말했듯이 선비가 수신에 힘쓰는 것은
궁극적으로 세상에 나아가 천하에 도를 펴기 위함이다. 도를 펴기 위
해 정치는 유자들에게 있어서 필수불가결한 것이었다. 그런데 그 지위
를 얻었을 때 무엇을 어떻게 실행하는가는 매우 중요한 문제다. 윤순
거는 평생 낮은 관직을 전전하였지만, 그가 정치적 포부가 없었던 것
은 아니다. 비록 율곡 이이의 「만언봉사萬言封事」, 중봉 조헌의 「의상십
육조소擬上十六條疏」, 초려 이유태의 「기해봉사己亥封事」와 같이 현실의
병폐에 대한 구체적인 개혁안을 제시하지는 못했더라도 윤순거 나름
대로 세상에 대한 정치적 견해는 있었다. 문집을 보면 그는 분명히 나
름대로의 정치사상을 표명하고 있다.

그는 시를 통해 세상이 도를 상실하고, 음陰이 의혹하고 양陽은 사
라진지 오래며, 군자는 숨어 버리고 소인만 가득하다고 비판하였다.[26]
그는 고도古道를 통해 항상 이러한 현실을 개혁하고자 했다. 이는 다음
시에서 유추해 볼 수 있다.

삼대의 정치를 기약하니 뜻이 얼마나 깊던가,	期治三代意何深
당년에 일을 찾지 않음 탄식하네.	太息當年事莫尋
대궐에 글을 올려도 도와 말하는 이 없으니,	北闕上書無助吶
남산에 돌이 문드러져 외롭게 읊조리네.	南山爛石有孤音
간을 가르면서 부질없이 충지를 보내고자 하지만,	刳肝漫欲輸忠志

---

26) 『童土集』, 권3, 「答德一」, 坡平尹氏魯宗派大宗中刊, 1996, 279쪽.

혀를 감추고 끝내 굳센 마음 굽힘을 슬퍼하네.   韜舌終悲屈壯心
필경 어진 신하 성스런 임금 만난다면,   畢竟賢臣逢聖王
고도가 지금에 합당하지 않다고 누가 말하리.   誰言古道不宜今[27]

이 시를 보면 윤순거가 삼대三代의 정치를 해야 한다는 확신이 서
있음을 알 수 있다.

윤순거는 정치에서 가장 우선시 해야 할 일은 인도人道의 구현이라
고 생각했다. 세상에 고도古道를 시행할 만한 지위를 얻지 못했던 윤순
거는 가정이나 향리에서 이를 구현하려 하였다. 그래서 그는 가세가
번창하자 친족간의 화목을 다지기 위해 범씨·의장여씨의 종법을 취
해 종약宗約을 저술했다. 그 내용은 선묘세사先墓歲事·영선사永先祀·제
의祭儀·묘전墓田·구목丘木 같은 선조先祖에 대한 봉사奉事 건, 종족간의
협화協和에 관한 건, 자손 교육에 관한 건, 재산 및 서적 관리에 관한
건 등 다양한 항목을 설정하고 규약을 마련했다. 또한 남전향약藍田鄕
約과 율곡 이이의 사창법社倉法에 의해 「동약洞約」을 만들었다. 이는 고
도古道를 가정과 향리에서 실천하려는 의도에서 나온 것이다. 윤순거가
「종약서宗約序」에서 다음과 같이 말한 데서 확인할 수 있다.

사람의 도는 친한 이를 친하게 하는 것이니 부모를 친히 하고 할아버지를
높이며, 종중을 공경하여 족속을 거두어야 한다. 만약 그 부모를 친하게 하
지 못한다면 이것은 그 근본을 잊은 것이요, 그 종중을 공경하지 않는다면
그 지손들과 화합할 수 없다. 주역에서는 췌萃에서 취하였고 시경에는 각궁
角弓을 말했으며 예기에는 구경九經을 서술했는데 친친親親을 머리로 하였고

---

27) 『童土集』, 권4, 「次六隱諸公憶市南韻」, 坡平尹氏魯宗派大宗中刊, 1996, 309쪽.

서경은 삼사三事를 공경했는데 종족을 화목하게 하는 것을 앞세웠다. 성인의 정치는 진실로 인도로부터 시작하였다.[28]

이를 보면 그는 정치가 인도人道부터 시작해야 한다고 인식하여 그 일환으로 종약을 지었음을 알 수 있다. 제가齊家를 통해 종족간에 화목을 이끌어내는 것도 정치에 해당한다. 이를 통해 조정에 나가 정치하는 사람은 강상綱常의 확립에 먼저 힘을 기울여야 함을 짐작할 수 있다.

한편 윤순거는 조정에 나간 신하에게 제일 급한 일이 임금을 바로잡는 일이라고 하였다. 이는 맹자에서 영향을 받은 것이다. 맹자는 "오직 대인이라야 임금의 그릇됨을 바로잡을 수 있다. 임금이 어질면 어질지 않은 사람이 없고 임금이 의로우면 의롭지 않은 사람이 없으니 한번 임금을 바로잡으면 나라가 바르게 된다"[29]고 하였다. 임금의 마음이 어떠한가에 따라 국가정치의 치란治亂이 달려 있기 때문이다. 윤순거는 임금을 바로잡는 방법으로 전학典學을 제시한다. 다음 내용은 윤순거가 1651년에 백강白江 이경여李敬輿(1585~1657)에게 보낸 편지다.

대개 들건대 대인의 일은 임금을 바로잡는 것보다 앞서는 일이 없습니다. 임금을 바로잡는 방법은 전학典學보다 급한 것이 없습니다. 학문의 도는 박학하지 못할까 근심하지 않고 정밀하지 못함을 걱정해야 합니다. 알기가

---

28) 『童土集』, 권6, 「宗約序」, 坡平尹氏魯宗派大宗中刊, 1996, 513쪽, "人道親親也. 親親而尊祖, 而敬宗而收族, 不親其親, 則是忘其本, 不敬其宗, 無以合其支. 易取諸萃, 詩稱角弓, 禮叙九經, 而首親親. 書欽三事, 而先睦族, 聖人之治, 實自人道始. 是以絜有一矩, 推放四準, 極其親尊, 盡其敬愛, 同堂合食, 上下旁治, 而人道竭矣."

29) 『孟子』, 「離婁章句上」, "惟大人爲能格君心之非 君仁莫不仁 君義莫不義 君正莫不正 一正君而國正矣."

어려운 것이 아니라 실행하기가 어려우니 진실로 능히 정밀하고 진실로 능히 행하는 것은 한 권의 『대학』과 반 부의 『논어』면 족합니다. 다만 그 임금과 그 신하가 서로 만나는 것은 옛부터 어려운 것입니다. 이미 은종殷宗 매훈邁訓의 뜻이 없다면 어찌 부열의 가르침을 받아들이는 실實이 있겠습니까. 그런데 삼대 이후 보상輔相하는 신하를 낱낱이 보건대 한 사람도 정심正心・성의誠意의 설로써 그 임금에게 책난責難한 것을 듣지 못했으니 아마도 그 잘못은 반드시 오로지 상上에게만 있지 않을 것입니다. 다행히 지금 밝은 임금과 어진 신하가 서로 만났으니 진실로 천년의 한때로 쉽게 얻지 못할 기회입니다.[30]

전학은 임금이 학문에 입문하는 것을 말한다. 윤순거는 임금을 바로잡기 위해 제시한 대책으로 전학을 제시했다. 임금이 학문하는 방법도 박학보다는 정밀성을, 지知보다는 행行에 역점을 두어야 한다. 그래서 정밀성을 구하고 실행하는 데는 『대학』과 『논어』면 충분하다고 역설했다. 신하로서 보상輔相하는 도는 바로 성의誠意・정심正心하는 설說을 가지고 임금에게 권하는 데 있다. 윤순거는 백강 이경여가 효종을 만난 것이 천재일우의 기회라 보고 이와 같이 편지로써 정치하는 데 가장 시급한 과제가 임금을 바로잡는 데 있음을 밝힌 것이다.

그래서 윤순거는 임금이 학문에 입문하는가의 여부는 그 책임이 오직 이경여에게 달려 있다고 독려하여 임금으로 하여금 천하의 제일급

---

30) 『童土集』, 권7,「上李相國敬輿 辛卯」, 坡平尹氏魯宗派大宗中刊, 1996, 566쪽, "盖聞大人之事, 莫先於格君. 格君之術, 莫急於典學. 學之爲道, 不患不博, 患不精, 非知之難, 行之艱. 苟能精之, 苟能行之, 一卷大學半部論語足矣. 特以君臣相遇, 終古所難, 旣無殷宗邁訓之志, 則安有傅說納誨之實. 然而歷觀三代以後輔相之臣, 未聞有一人以正心誠意之說, 責難於其君, 則亦恐厥咎未必專在於上也. 幸而今日, 明良相遇, 誠千載一時, 不易得之會也."

무가 다만 '학學' 한글자에 있음을 분명하게 알게 하라고 하였다. 또한 이경여에게 다음과 같이 말한다.

> 합하께서는 다만 고인古人을 본받고 고도古道를 행하며 스스로 바르게 하여 임금을 바로잡으며 스스로 구제하여 이 세상을 구제해야 하니 이 두가지 의리에 따라 거취去就를 결정하면 배운 바를 저버리지 않고 천지에 부끄럽지 않아 영원히 만대에 말이 있을 것입니다.[31]

이경여에게 성인을 본받고 삼대의 도를 행하라는 것이다. 이는 윤순거가 정치적 목표를 삼대의 정치로 설정하고 영의정에 오른 이경여를 독려한 것이다.

이상의 논의로 볼 때 윤순거의 정치사상은 인도人道에 기초한 고도古道의 구현에 있다고 하겠다. 이를 구현하기 위해 구체적인 실천방안을 제시하지 못한 한계는 있다. 또한 이러한 정치사상은 여타의 학자들의 견해와 크게 다를 바가 없다. 그러나 윤순거 나름대로의 현실을 걱정하고 제시한 정치적 견해임은 분명하다. 이를 실현할 만한 지위에 오른 적은 없지만 그 나름대로 「동약」과 「종약」을 통해 향리에서 실천하고자 노력하였던 사실은 간과할 수 없다. 재상인 백강 이경여에게 편지를 올려 급선무로 임금을 바로잡아야 함을 건의한 것도 이러한 측면에서 이해할 수 있다. 그래서 윤순거는 전학에 힘쓸 것을 제시하고 고인을 본받아 고도를 행할 것을 촉구했던 것이다. 이러한 면모를 통

---

31) 『童土集』, 권7,「上李相國敬興 辛卯」, 坡平尹氏魯宗派大宗中刊, 1996, 566쪽, "閣下但當法古人, 行古道, 自正以正吾君, 自濟以濟斯世, 服此二義, 以決去就, 則不負所學, 不愧俯仰, 而永有辭於萬世矣."

해 윤순거의 정치적 이상이 삼대를 전범으로 한 고도古道의 구현에 있음을 알 수 있다.

6. 맺음말

이상으로 동토 윤선거의 생애와 사상에 대해 알아보았다. 그의 생애는 관직으로 볼 때는 그리 현달하지 못한 인물이다. 그는 우계 성혼의 외손자로 어려서부터 원대한 뜻을 품고 창랑 성문준, 수은 강항, 사계 김장생에게 나아가 수학하여 기호학맥을 이어받았다. 광해군의 혼정기간에 그는 과거를 포기하고 학문에 전념하였다. 인조시대에 이르러 윤순거는 사마시에 합격하였고 만년에 관직에도 나갔으나 평생 낮은 직책을 전전하였다. 그러나 영월군수로 재직할 때 그는 단종의 사묘인 지덕암旨德庵을 중건하였고 단종과 사육신에 관한 기록을 수집하여 『노릉지』를 편찬하기도 했다. 그는 서법이 뛰어났고 시문에도 능숙하여 평생 많은 저술을 남긴 인물이었다.

그의 시문학에는 안빈낙도의 사상이 잘 나타나 있었다. 불우한 시기를 당해 그는 부귀공명에 대한 뜻을 저버리고 자연과 함께 도를 즐기면서 분수에 맞는 삶을 추구하였다. 이러한 윤순거의 군자적 삶이 시로 승화되어 표출되었다. 즉 전란과 정변으로 인한 시대적 불우함으로 인해 은둔하는 삶을 지향하였던 내면세계가 시에서 안빈낙도의 사상으로 체현된 것이다. 또한 윤순거의 리학사상은 공자의 인仁사상에 기초하고 있다. 인격수양에 있어서 그는 '사思'를 매우 중시하였고 이를 통해 극기복례를 강조했다. 수양을 통해 궁극적으로 도달해야 할 목표를 인仁으로 설정한 윤순거는 인을 공公으로 풀이하였다. 사私가 없는 공公으로부터 인에 접근해야 물아일체의 경지까지 이를 수 있다고 본 것이다. 인을 공公으로 해석한 것은 기존의 성리학자의 설과는 다른 면 모다. 정치사상은 궁적적 목표가 삼대정치의 구현에 있었다. 그는 삼대 의 정치가 인도人道로부터 시작함을 보고 「동약」과 「종약」을 통해 향 리에서 이를 실천하고자 노력하였다. 또한 당시 재상인 백강 이경여에 게 편지를 보내 삼대의 정치를 구현하기 위해서는 임금을 바로잡는 것 이 무엇보다 시급함을 건의하였다. 그는 임금을 바로잡는 방법으로 전 학을 강조하였다. 윤순거의 정치사상은 삼대를 전범으로 한 고도古道 의 구현에 있었다고 하겠다.

결국 이상에서 밝혀진 문학·학문·정치 등의 사상으로 볼 때 윤 순거가 일생 동안 추구하였던 것이 도道라고 할 수 있다. 도를 추구하 였기에 불우한 시기 그는 갈등하지 않고 안빈낙도할 수 있었다. 또한 재상에게 임금을 바로잡는 것이 급선무라고 건의한 일도 이러한 차원 에서 나왔다고 할 수 있다.

■■■ 찾아보기 ■■■

• 인 명 •

【ㄱ】

강항姜沆 205, 286, 290, 309
공자孔子 117, 296, 300
구굉具宏 262
권근權近 24, 76, 129
권득기權得己 55, 87, 141, 143~145, 152~153, 156
권상하權尙夏 44, 81, 117, 120
권시權諰 16, 55, 73~74, 78, 82, 85~89, 122, 132~134, 136, 139~158, 184
권이진權以鎭 16
권필權韠 283
기대승奇大升 124, 130
길재吉再 77, 129, 237
김경여金慶餘 116
김굉필金宏弼 77, 237
김덕령金德齡 205
김류金瑬 206, 217, 262
김만중金萬重 117
김상헌金尙憲 209, 219, 232, 260
김숙자金叔滋 77, 237
김시습金時習 287
김원행金元行 121
김인후金麟厚 130
김장생金長生 47, 54, 80, 82, 87, 102, 104, 106~110, 112, 116~117, 119~121, 237~238, 240, 242, 247, 286, 297, 309
김종직金宗直 77, 237
김진강金振綱 116

김집金集 16, 47, 54~55, 73~74, 83, 87, 89, 102, 104, 106, 108, 110~112, 116~117, 120~121, 184, 231~233, 237~238, 240~242, 247
김창협金昌協 117, 121
김충립金忠立 255

【ㄴ~ㅁ】

나량좌羅良佐 15~16, 57, 124, 184
남효온南孝溫 287, 297
마부태馬夫太 258
맹자孟子 32, 148, 150~151, 162~163, 298, 303~304, 306
민이승閔以升 16
민진량閔晉亮 255

【ㅂ】

박광일朴光一 117
박동선朴東善 222
박세당朴世堂 16~17, 142~143
박세채朴世采 15~16, 57, 82, 86, 138, 141, 185, 236, 246
박세후朴世垕 16
박여룡朴汝龍 116
박지계朴知誡 87, 143, 145
박태보朴泰輔 16, 153, 229
백광서白光瑞 16
백인걸白仁傑 77

【ㅅ】

서경덕徐敬德　130
서기徐起　233
선우협鮮于浹　116
성문준成文濬　232, 286, 297, 309
성삼문成三問　237
성수종成守琮　77
성수침成守琛　77, 204, 237
성현成俔　290
성혼成渾　13~14, 16, 23~26, 36~37, 43~
　　44, 50~51, 54~55, 62, 67, 74, 76~77,
　　80, 82, 85~86, 88~89, 108~109, 121~
　　123, 130~131, 132, 136~139, 186~187,
　　204~206, 227, 232~233, 237~240, 246,
　　253, 284, 297, 309
송상현宋象賢　256
송시열宋時烈　14~16, 44~45, 47, 51~53,
　　55~58, 68~69, 74~75, 80~81, 87, 108~
　　109, 113~123, 125~126, 131, 184, 202,
　　209, 231~233, 238, 242, 246
송익필宋翼弼　119, 121
송준길宋浚吉　16, 55, 73, 87, 96, 114~
　　116, 131, 184, 238, 242
신경진申景禛　262
신익상申翼相　16
신흠申欽　116

【ㅇ】

안민학安敏學　116
안방준安邦俊　116, 205, 232
안연顔淵　300
양득중梁得中　124
오달제吳達濟　208, 261, 263
왕수인王守仁　124, 162~163, 171
요로饒魯　141

용골대龍骨大　258
유계兪棨　16, 45, 55, 73~74, 82~83, 87,
　　104, 106~108, 116, 122, 131~132,
　　184, 209, 230~233, 241
유동수柳東秀　255
유명윤兪明胤　55
유상기兪相基　83
유성룡柳成龍　250
육구연陸九淵　175~177
윤근수尹根壽　283
윤동원尹東源　83, 195
윤동수尹東洙　180
윤문거尹文擧　209, 253~281, 284
윤선거尹宣擧　14~16, 43, 47, 54~55, 57,
　　72~74, 77, 80~83, 85~89, 96, 104,
　　106~108, 111~112, 116~117, 121~123,
　　131~132, 141, 183~185, 202, 205, 209,
　　227~251, 263, 284~285
윤선도尹善道　142
윤순거尹舜擧　205, 209, 228, 283~310
윤원거尹元擧　231~232, 284, 286
윤인교尹仁教　289
윤전尹烇　77, 202, 228, 284, 286
윤지교尹智教　288
윤지선尹趾善　16
윤집尹集　208, 261, 263
윤창세尹昌世　183, 204~205
윤추尹推　284
윤행교尹行教　151
윤형각尹衡覺　255
윤황尹煌　16, 43, 54, 73, 77, 80~81, 88,
　　108, 121, 131, 183~184, 201~227, 230,
　　237, 253~254, 258~264, 284, 291~292
윤휴尹鑴　16~17, 119, 142, 232
이건창李建昌　85, 89
이경여李敬輿　306~308, 310
이경직李景稷　116

312

이광우李光佑　16

이귀李貴　116, 205~207, 217, 222

이단하李端夏　117

이세구李世龜　160

이세덕李世德　16, 137

이세필李世弼　16, 147

이시백李時白　116, 205

이안눌李安訥　206

이언적李彦迪　76, 149

이원익李元翼　250

이유태李惟泰　16, 82, 87, 116, 231~233, 238, 242, 250, 304

이이李珥　18, 23~26, 29, 32~37, 43~44, 50~52, 54, 62~64, 66~68, 74, 76, 78, 80, 85~86, 88~89, 94, 100, 103~104, 108~109, 111~112, 115~116, 120~125, 130~139, 146, 157, 159, 185~189, 204, 237~240, 247, 250, 283, 297, 304~305

이정걸李廷傑　16

이항로李恒老　115

이항복李恒福　292

이현일李玄逸　117

이황李滉　24~26, 29, 36~37, 44, 52, 55, 76, 94, 100, 104, 111, 116, 120~121, 123, 129~130, 132~136, 146, 157, 185~186, 197, 283, 287, 297

이희조李喜朝　117

임상덕任象德　16

임성주任聖周　120

임영林泳　16, 117

【ㅈ】

자로子路　296

장유張維　110, 116

장재張載　143

전우田愚　121

정만양鄭萬陽　124

정몽주鄭夢周　77, 129, 237

정발鄭潑　256

정엽鄭曄　116, 205

정온鄭薀　219, 260

정이程頤　162, 172, 177, 239

정제두鄭齊斗　16~17, 52~53, 124

정지운鄭芝雲　24

정호鄭澔　117

정호程顥　239

조광조趙光祖　77, 116, 118, 129, 204, 237, 250

조복양趙復陽　141

조식曺植　130, 197

조익趙翼　73, 116, 138, 141~143, 184, 232~233, 250

조지겸趙持謙　16

조헌趙憲　116, 121, 205, 233, 304

주돈이周敦頤　190

주희朱熹　27~28, 30, 34~35, 52, 59, 62, 66, 78, 85, 115, 117~118, 129, 138, 141, 159, 162, 164, 166, 168, 170, 172~179, 190, 250, 301

【ㅊ～ㅎ】

최기崔沂　206

최명길崔鳴吉　260

최석정崔錫鼎　287

최후량崔後亮　287

한백겸韓百謙　250

한원진韓元震　44, 81, 117, 120

한유韓愈　301

허균許筠　283

홍익한洪翼漢　208

홍직필洪直弼　121

황신黃愼　205, 250~251

• 저서명 •

「견현사재잠見賢思齋箴」 284, 298
「계제자서戒諸子書」 203, 217
「공최근인설公最近仁說」 289
「구호오절시이세경口號五絶示李歲卿」 293
「국휼중사례사의國恤中四禮私議」 83
「기해봉사己亥封事」 304
「남유기문南遊記聞」 140
「답임백화答林伯和」 62
「동약洞約」 305, 308, 310
「만언봉사萬言封事」 304
「백록동규白鹿洞規」 61
「병사록丙舍錄」 289
「보율곡선생위학지방도補栗谷先生爲學之方圖」 139
「사대사헌삼소辭大司憲三疏」 275~276
「사대사간소辭大司諫疏」 271, 278
「사부제학재소辭副提學再疏」 272
「사승지소辭承旨疏」 264
「사유유식물재소辭諭留食物再疏」 273
「사이조참의소辭吏曹參議疏」 265, 271, 278
「사이조참의재소辭吏曹參議再疏」 272
「사진선소辭進善疏」 243
「서실의書室儀」 233
「성남록城南錄」 289
「숭악연구崇岳聯句」 295
「시제자示諸子」 203
「신유의서辛酉擬書」 57, 122
「안락와기安樂窩記」 294
「여위응중서與魏應仲書」 61
「영현잡록穎玄雜錄」 140
「용타운이자견用他韻以自遣」 291
「우계선생연보牛溪先生年譜」 205, 232
「우월음于越吟」 289
「우훈계又訓誡」 218

「위학지방도爲學之方圖」 58, 61~62, 68, 101, 139
「유사遺事」(『魯西遺稿』) 234, 242, 247
「의례문해속疑禮問解續」 83
「의상십육조소擬上十六條疏」 304
「의춘록宜春錄」 289
「장주화호접설莊周化蝴蝶說」 289
「정언문呈偃文」 298
「제우계선생문祭牛溪先生文」 203
「제위학지방도題爲學之方圖」 19, 23, 44, 94, 98, 100
「제의초祭儀抄」 103~104
「종약서宗約序」 305
「종약宗約」 308, 310
「주문지결朱門旨訣」 86, 239
「중용서中庸序」 172
「중용장구서中庸章句序」 173, 180
「초학획일지도初學劃一之圖」 58, 61, 93~94, 98~101, 103
「태극도太極圖」 232, 241

『가례家禮』(『朱子家禮』) 103~106, 108~109, 111, 230~231, 240~242
『가례원류家禮源流』 55, 74, 82~83, 89, 104, 102, 106~107, 230~231, 233
『가례집람家禮輯覽』 104, 107, 242
『간양록看羊錄』 284, 290
『건차록巾車錄』 290
『격몽요결擊蒙要訣』 67, 98, 103, 109, 111, 137, 187, 239
『경서질의經書質疑』 119
『계갑록癸甲錄』 205, 232, 234
『근사록近思錄』 140, 233, 240~241
『근사후록近思後錄』 185

314

『기선록記善錄』 119

『노릉록魯陵錄』 290

『노릉지魯陵志』 284, 287, 290, 309

『노서유고魯西遺稿』 234, 242

『논맹천설論孟淺說』 138

『논어論語』 140, 196, 296, 307

『대학大學』 66~67, 166, 303, 307

『대학연의大學衍義』 52

『동토집童土集』 289

『동호문답東湖問答』 250

『만언봉사萬言封事』 66

『명재유고明齋遺稿』 48~50, 52, 68, 78, 88, 114

『목민심감牧民心鑑』 43

『무오록戊午錄』 290

『사변록思辨錄』 142~143

『상례비요喪禮備要』 82, 102, 104, 106~107, 109, 242

『상례유서喪禮遺書』 82, 94, 102, 110~111

『서경書經』 132, 175

『서명西銘』 143

『석호유고石湖遺稿』 263

『성학집요聖學輯要』 66~67

『소학小學』 96, 103, 231, 240

『송자대전宋子大全』 113~114

『수은집睡隱集』 205

『승정원일기承政院日記』 261

『시경詩經』 132

『심경心經』 240

『심경석의心經釋疑』 119

『악기樂記』 175

『예기禮記』 106

『용재총화慵齋叢話』 290

『용학곤득庸學困得』 138

『우계문도파산급문제현집』 203

『위학지방爲學之方』 62, 67, 137, 239

『의례儀禮』 107

『의례문답疑禮問答』 82, 84, 89, 94, 101, 106~107, 109

『의례문해疑禮問解』 104, 106~107, 109, 233, 242

『의례문해속疑禮問解續』 102, 104, 106

『이정유서二程遺書』 118

『이정전서二程全書』 140

『리학통록理學通錄』 134

『전례문답典禮問答』 107

『전습록傳習錄』 52

『제례유서祭禮遺書』 82, 94, 102, 110

『주문지결朱門旨訣』 67, 187

『주역周易』 132, 232, 302

『주자대전朱子大全』 118, 122

『주자어류朱子語類』 118, 233

『중용中庸』 21~22, 67, 85

『중용장구中庸章句』 28

『추강집秋江集』 290

『팔송봉사八松封事』 203~205

『하곡집霞谷集』 52

필자소개 (게재순)

■ 이 애 희

고려대학교 철학과를 졸업하고 같은 대학교 대학원 동양철학과에서 석사학위와 박사학위를 받았다. 현재 강원대학교 윤리교육과 교수로 재직중이다. 저서로는『조선후기 인성·물성 논쟁의 연구』,『조선전기 성리학 연구』,『조선유학의 개념들』등이 있고, 논문으로는「강원유학의 실학적 전개양상에 관한 연구」,「한원진(1682~1751)의 인성·물성론」,「도설을 통해본 조식의 성리설」등 다수가 있다.

■ 리 기 용

연세대학교 신학과를 졸업하고 같은 대학교 대학원 동양철학과에서 석사학위와 박사학위를 받았다. 현재 연세대학교 철학과 교수로 재직중이다. 저서로는『동양철학과 현대사회』,『한국철학의 탐구 중 퇴율이후 조선성리학의 발전』,『21세기 새문화 창조와 율곡학』등이 있고, 논문으로는「중봉 조헌의 도학」,「퇴계학파의 율곡 인심도심론 비판」,「율곡 성리학 해석의 쟁점」등 다수가 있다.

■ 황 의 동

충남대학교 철학과를 졸업하고 성균관대학교 대학원 동양철학과에서 석사학위를, 충남대학교 대학원 철학과에서 박사학위를 받았다. 현재 충남대학교 철학과 교수로 재직중이다. 저서로는『한국유학사상대계3』,『우계학파연구』,『위기의 시대 유학의 역할』등이 있고, 논문으로는「송시열과 윤증의 갈등과 학문적 차이」,「충암 김정의 도학정신과 경세론」,「연재 송병선의 의리적 학풍과 성리학」등 다수가 있다.

■ 유 권 종

고려대학교 철학과를 졸업하고 같은 대학교 대학원 철학과에서 석사학위와 박사학위를 받았다. 현재 중앙대학교 철학과 교수로 재직중이다. 저서로는『한국유학사상대계3』,『퇴계학맥의 지역적 전개』,『여헌 장현광의 학문세계 : 우주와 인간』등이 있고, 논문으로는「藥泉 南九萬의 儒學 思想」,「訥齋 梁誠之의 敎育思想」,「退溪學派의 禮記 해석에 대한 고찰」등 다수가 있다.

■ 김 문 준

성균관대학교 철학과를 졸업하고 한국학중앙연구원에서 석사학위를, 성균관대학교 동양철학과에서 박사학위를 받았다. 현재 건양대학교 교양학부 교수로 재직중이다. 저서로는『동양철학의 이해』등이 있고, 논문으로는「퇴계 이황의 인간성 이해와 그 회복의 방법」,「율곡 수양론의 이론근거와 방법」,「사계 사상이 후대에 미친 영향」,「우암 송시열의 의리사상과 그 의의」등 다수가 있다.

■ 권정안

성균관대학교 유학과를 졸업하고 같은 대학교 대학원 동양철학과에서 석사학위와 박사
학위를 받았다. 현재 공주대학교 한문교육과 교수로 재직중이다. 저서로는『현대인의 유
교읽기』,『현대한국종교의 역사이해 유교의 역사이해』등이 있고, 논문으로는「간재의
경학사상」,「민중의 자각과 민족국가의식」,「주돈이 사상에 나타난 세계의 인간화와 인간
의 세계화」등 다수가 있다.

■ 楊祖漢

香港(홍콩) 新亞學院 哲學系를 졸업하고 현재 臺灣 國立 中央大學 中文系 교수로 재
직중이다. 주요저서로는『儒家的心學傳統』,『儒學與當今世界』,『當代儒學思辨錄』등 다
수가 있다.

■ 樓宇烈

北京大學 哲學系을 졸업하고 현재 北京大學 哲學系 교수로 재직중이다. 주요저서로는
『王弼老子注』,『東方哲學與文化』,『中國哲學史』등 다수가 있다.

■ 이상익

성균관대학교 한국철학과를 졸업하고 같은 대학교 대학원 동양철학과에서 석사학위와
박사학위를 받았다. 현재 영산대학교 교양학부 교수로 재직중이다. 역서로는『譯註 庸學
辨疑』등이 있고 저서로는『畿湖性理學論考』,『儒敎傳統과 自由民主主義』등이 있다. 논
문으로는「주자 성리학의 本旨와 율곡철학」,「朱子와 栗谷의 經世論」,「『성학집요』를 통
해 본 율곡의 정치학적 기획」등 다수가 있다.

■ 이향배

충남대학교 한문과를 졸업하고 충남대학교 대학원 국어국문학과에서 석사학위를 받고
단국대학교 대학원 한문학과에서 박사학위를 받았다. 현재 충남대학교 한문학과 교수
로 재직중이다. 저서로는『한국한시비평론』등이 있으며, 논문으로는「存齋 魏伯珪 文
學論 研究」,「근현대 대전·충남지역 漢學家의 학맥연구」,「한국시론상 학시전범론의 전개
양상 연구」등 다수가 있다.

퇴계원전총서

고경중마방古鏡重磨方 — 퇴계 선생의 마음공부 이황 편저, 박상주 역해, 204쪽, 12,000원
활인심방活人心方 — 퇴계 선생의 마음으로 하는 몸공부 이황 편저, 이윤희 역해, 308쪽, 16,000원

한국철학총서

조선 유학의 학파들 한국사상사연구회 편저, 688쪽, 24,000원
실학의 철학 한국사상사연구회 편저, 576쪽, 17,000원
윤사순 교수의 한국유학사상론 윤사순 지음, 528쪽, 15,000원
한국유학사 1 김충열 지음, 372쪽, 15,000원
퇴계의 생애와 학문 이상은 지음, 248쪽, 7,800원
율곡학의 선구와 후예 황의동 지음, 480쪽, 16,000원
圖로 보는 한국 유학 한국사상사연구회 지음, 400쪽, 14,000원
다카하시 도루의 조선유학사 — 일제 황국사관의 빛과 그림자 다카하시 도루 지음, 이형성 편역, 416쪽, 15,000원
퇴계 이황, 예 잇고 뒤를 열어 고금을 꿰뚫으셨소 — 어느 서양철학자의 퇴계연구 30년 신귀현 지음, 328쪽, 12,000원
조선유학의 개념들 한국사상사연구회 지음, 648쪽, 26,000원
성리학자 기대승, 프로이트를 만나다 김용신 지음, 188쪽, 7,000원
유교개혁사상과 이병헌 금장태 지음, 336쪽, 17,000원
남명학파와 영남우도의 사림 박병련 외 지음, 464쪽, 23,000원
쉽게 읽는 퇴계의 성학십도 최재목 지음, 152쪽, 7,000원
홍대용의 실학과 18세기 북학사상 김문용 지음, 288쪽, 12,000원
남명 조식의 학문과 선비정신 김충열 지음, 512쪽, 26,000원

연구총서

논쟁으로 보는 중국철학 중국철학연구회 지음, 352쪽, 8,000원
김충열 교수의 중국철학사 1 — 중국철학의 원류 김충열 지음, 360쪽, 9,000원
논쟁으로 보는 한국철학 한국철학사상연구회 지음, 326쪽, 10,000원
반논어(論語新形) 趙紀彬 지음, 조남호·신정근 옮김, 768쪽, 25,000원
논쟁으로 보는 불교철학 이효걸·김형준 외 지음, 320쪽, 10,000원
중국철학과 인식의 문제(中國古代哲學問題發展史) 方立天 지음, 이기훈 옮김, 208쪽, 6,000원
문제로 보는 중국철학 — 우주, 본체의 문제(中國古代哲學問題發展史) 方立天 지음, 이기훈·황지원 옮김, 232쪽, 6,800원
중국철학과 인성의 문제(中國古代哲學問題發展史) 方立天 지음, 박경환 옮김, 191쪽, 6,800원
중국철학과 지행의 문제(中國古代哲學問題發展史) 方立天 지음, 김학재 옮김, 208쪽, 7,200원
현대의 위기 동양 철학의 모색 중국철학회 지음, 340쪽, 10,000원
역사 속의 중국철학 중국철학회 지음, 448쪽, 15,000원
일곱 주제로 만나는 동서비교철학(中西哲學比較面面觀) 陳衛平 편저, 고재욱·김철운·유성선 옮김, 320쪽, 11,000원
중국철학의 이단자들 중국철학회 지음, 240쪽, 8,200원
공자의 철학(孔孟荀哲學) 蔡仁厚 지음, 천병돈 옮김, 240쪽, 8,500원
맹자의 철학(孔孟荀哲學) 蔡仁厚 지음, 천병돈 옮김, 224쪽, 8,000원
순자의 철학(孔孟荀哲學) 蔡仁厚 지음, 천병돈 옮김, 272쪽, 10,000원
서양문학에 비친 동양의 사상 한림대학교 인문학연구소 엮음, 360쪽, 12,000원
유학은 어떻게 현실과 만났는가 — 선진 유학과 한대 경학 박원재 지음, 218쪽, 7,500원
유교와 현대의 대화 황의동 지음, 236쪽, 7,500원
동아시아의 사상 오이환 지음, 200쪽, 7,000원
역사 속에 살아있는 중국 사상(中國歷史に生きる思想) 시게자와 도시로 지음, 이혜경 옮김, 272쪽, 10,000원
덕치, 인치, 법치 — 노자, 공자, 한비자의 정치 사상 신동준 지음, 488쪽, 20,000원
육경과 공자 인학 남상호 지음, 312쪽, 15,000원
리의 철학(中國哲學範疇精粹叢書 — 理) 張立文 주편, 안유경 옮김, 524쪽, 25,000원
기의 철학(中國哲學範疇精粹叢書 — 氣) 張立文 주편, 김교빈 외 옮김, 572쪽, 27,000원

강의총서

김충열교수의 유가윤리강의 김충열 지음, 182쪽, 5,000원
김충열교수의 철학강의 김충열 지음, 336쪽, 7,800원
김충열교수의 노자강의 김충열 지음, 434쪽, 20,000원

일본사상총서

일본 신도사(神道史) 무라오카 츠네츠구 지음, 박규태 옮김, 312쪽, 10,000원
도쿠가와 시대의 철학사상(德川思想小史) 미나모토 료엔 지음, 박규태·이용수 옮김, 260쪽, 8,500원
일본인은 왜 종교가 없다고 말하는가(日本人はなぜ 無宗教のか) 아마 도시마로 지음, 정형 옮김, 208쪽, 6,500원
일본사상이야기40(日本がわかる思想入門) 나가오 다케시 지음, 박규태 옮김, 312쪽, 9,500원
사상으로 보는 일본문화사(日本文化の歷史) 비토 마사히데 지음, 엄석인 옮김, 252쪽, 10,000원
일본도덕사상사(日本道德思想史) 이에나가 사부로 지음, 세키네 히데유키·윤종갑 옮김, 328쪽, 13,000원
천황의 나라 일본 — 일본의 역사와 천황제 고토 야스시 지음, 이남희 옮김, 312쪽, 13,000원

예술철학총서

중국철학과 예술정신 조민환 지음, 464쪽, 17,000원
풍류정신으로 보는 중국문학사 최병규 지음, 400쪽, 15,000원
율려와 동양사상 김병훈 지음, 272쪽, 15,000원

동양문화산책

공자와 노자, 그들은 물에서 무엇을 보았는가 사라 알란 지음, 오만종 옮김, 248쪽, 8,000원
주역산책(易學漫步) 朱伯崑 외 지음, 김학권 옮김, 260쪽, 7,800원
공자의 이름으로 죽은 여인들 田汝康 지음, 이재정 옮김, 248쪽, 7,500원
동양을 위하여, 동양을 넘어서 홍원식 외 지음, 264쪽, 8,000원
서원, 한국사상의 숨결을 찾아서 안동대학교 안동문화연구소 지음, 344쪽, 10,000원
녹차문화 홍차문화 츠노야마 사가에 지음, 서은미 옮김, 232쪽, 7,000원
거북의 비밀, 중국인의 우주와 신화 사라 알란 지음, 오만종 옮김, 296쪽, 9,000원
문학과 철학으로 떠나는 중국 문화 기행 양회석 지음, 256쪽, 8,000원
류짜이푸의 얼굴 찌푸리게 하는 25가지 인간유형 류짜이푸(劉再復) 지음, 이기면·문성자 옮김, 320쪽, 10,000원
안동 금계마을 — 천년불패의 땅 안동대학교 안동문화연구소 지음, 272쪽, 8,500원
안동 풍수 기행, 와혈의 땅과 인물 이완규 지음, 256쪽, 7,500원
안동 풍수 기행, 돌혈의 땅과 인물 이완규 지음, 328쪽, 9,500원
영양 주실마을 안동대학교 안동문화연구소 지음, 332쪽, 9,800원
예천 금당실·맛질 마을 — 정감록이 꼽은 길지 안동대학교 안동문화연구소 지음, 284쪽, 10,000원
터를 안고 仁을 펴다 — 퇴계가 굽어보는 하계마을 안동대학교 안동문화연구소 지음, 360쪽, 13,000원
안동 가일 마을 — 풍산들기에 의연히 서다 안동대학교 안동문화연구소 지음, 344쪽, 13,000원

동양사회사상총서

주역사회학 김재범 지음, 296쪽, 10,000원
유교사회학 이영찬 지음, 488쪽, 17,000원
깨달음의 사회학 홍승표 지음, 240쪽, 8,500원
동양사상과 탈현대 홍승표 지음, 272쪽, 11,000원

예문동양사상연구원총서

한국의 사상가 10人—원효 예문동양사상연구원/고영섭 편저, 572쪽, 23,000원
한국의 사상가 10人—의천 예문동양사상연구원/이병욱 편저, 464쪽, 20,000원
한국의 사상가 10人—지눌 예문동양사상연구원/이덕진 편저, 644쪽, 26,000원
한국의 사상가 10人—퇴계 이황 예문동양사상연구원/윤사순 편저, 464쪽, 20,000원
한국의 사상가 10人—남명 조식 예문동양사상연구원/오이환 편저, 576쪽, 23,000원
한국의 사상가 10人—율곡 이이 예문동양사상연구원/황의동 편저, 600쪽, 25,000원
한국의 사상가 10人—하곡 정제두 예문동양사상연구원/김교빈 편저, 432쪽, 22,000원
한국의 사상가 10人—다산 정약용 예문동양사상연구원/박홍식 편저, 572쪽, 29,000원
한국의 사상가 10人—혜강 최한기 예문동양사상연구원/김용헌 편저, 520쪽, 26,000원
한국의 사상가 10人—수운 최제우 예문동양사상연구원/오문환 편저, 464쪽, 23,000원